श्रीमद्भगवद्गीता

バガヴァッド・ギーター

ローマ字とカタカナに転写したサンスクリット原典とその日本語訳

日本ヴェーダーンタ協会

Published by:
The President
The Vedanta Society of Japan
4-18-1 Hisagi Zushi-shi Kanagawa-ken 249-0001
Tel 046-873-0428 Fax 046-873-0592
E-mail info@vedanta.jp Web: vedanta.jp

Vasudeva sutaṁ devaṁ kaṁsa cāṇūra mardanaṁ /
Devakī paramānandaṁ Kṛṣṇaṁ vande jagad guruṁ //

ヴァスデーヴァ　スタン　デーヴァン　カンサ　チャーヌーラ　マルダナン / デーヴァキー　パラマーナンダン　クリシュナン　ヴァンデー　ジャガッド　グルン //

ヴァスデーヴァーの息子、カンサとチャーヌーラの破壊者、デーヴァキーに至福の喜びを与えるお方、世界の導師であられる、主クリシュナを私は礼拝致します。

Sarvopaniṣado gāvo dogdhā Gopāla-nandanaḥ /
Pārtho vatsaḥ sudhīr bhoktā dugdhaṁ gītāmṛtaṁ mahat //

サルヴォーパニシャドー　ガーヴォー　ドーグダー　ゴーパーラ・ナンダナハ / パールトー　ヴァッツサハ　スディール　ボークター　ドゥグダン　ギータームリタン　マハット //

全てのウパニシャッド聖典は牝牛であり、それから牛乳を搾り取るのは牧童であるクリシュナである。プリターの息子（アルジュナ）は、そのミルクを飲む子牛であり、清らかな知性を持つ賢者たちも同様にこのミルクを飲む。この甘露のミルクこそが、偉大なる不滅のギーターなのである。

目　次

刊行の言葉 …… 6

監修の言葉 …… 9

Chapter 1 *Arjunaviṣādayogaḥ* …… 13
第１章　アルジュナの苦悩

Chapter 2 *Sāṁkhyayogaḥ* …… 27
第２章　論理的思考の道

Chapter 3 *Karmayogaḥ* …… 49
第３章　奉仕の道

Chapter 4 *Jñānakarmasaṁnyāsayogaḥ* …… 61
第４章　知識・行為・放棄の道

Chapter 5 *Saṁnyāsayogaḥ* …… 73
第５章　離欲・無差別の道

Chapter 6 *Dhyānayogaḥ* …… 81
第６章　瞑想（心の制御）の道

Chapter 7 *Jñānavijñānayogaḥ* …… 95
第７章　（至高者に関する）知識・識別の道

Chapter 8 *Akṣarabrahmayogaḥ* …… 105
第８章　不滅の至高者（ブラフマン）に到る道

Chapter 9 *Rājavidyārājaguhyayogaḥ* ……113
第９章　最高知識・最高神秘の道

Chapter 10 *Vibhūtiyogaḥ* ……123
第１０章　超越者認識の道

Chapter 11 *Viśvarūpadarśanayogaḥ* ……135
第１１章　（至上神の）宇宙的形相拝見の道

Chapter 12 *Bhaktiyogaḥ* ……155
第１２章　信愛（バクティ）の道

Chapter 13 *Kṣetrakṣetrajñavibhāgayogaḥ* ……161
第１３章　場（物質源・肉体）と場の認識者（精神源・霊魂）識別の道

Chapter 14 *Guṇatrayavibhāgayogaḥ* ……171
第１４章　物質自然の三性質識別の道

Chapter 15 *Puruṣottamayogaḥ* ……179
第１５章　超越霊（滅・不滅を超越した普遍存在）の道

Chapter 16 *Daivāsurasampadvibhāgayogaḥ* ……185
第１６章　神性と魔性を識別する道

Chapter 17 *Śraddhātrayavibhāgayogaḥ* ……193
第１７章　信仰の三面識別の道

Chapter 18 *Mokṣayogaḥ* ……201
第１８章　解脱の道

刊行の言葉

「バガヴァッド・ギーター」は、世界中で最も古くかつ重要な宗教書の一つであり、かつまた人類の聖典でもあります。それは、サンスクリットで書かれたインドの古典叙事詩「マハーバーラタ」の一部であり、その中の神聖な知識と最高の智慧によって、人々の間にあまねく知れ渡っております。そしてまた、それは「マハーバーラタ」の最重要部分であるだけでなく、「ヴェーダ」や「ウパニシャッド」の精髄でもあります。

「バガヴァッド・ギーター」は、単なる精神的指導者としてではなく、永遠の実在者ブラフマンの化身とみられる主クリシュナの託宣（メッセージ）が含まれています。ヨーガの状態のもとで話された主クリシュナのこのメッセージは、クルクシェーットラ平原における大合戦を前にして、戦うべきか否かを決めかねて苦悩する勇者アルジュナに、はっきりした目覚めと決断をもたらしました。戦闘場面を背景にはしているものの、「バガヴァッド・ギーター」の真の目的は戦争を売り物にしようというのではなく、人が自分の為すべきことを私欲を捨て全身全霊を傾けて遂行するよう勧めることにあります。

また、人間に行動することを勧める「バガヴァッド・ギーター」は、一宗一派に偏った立場はとらず、普遍的な神学を説いており、あらゆる宗教の本質を含むと同時に、神の実体験へと向かう様々な方法や道を調和させてもいます。その内容は、かなり哲学的ではありますが、しかしまた非常に実践的でもあります。それは、人生の様々な問題を論じ、どうしたならば私達がそうした問題を解決し、完全なものになりうるかを、示唆してくれています。

「バガヴァッド・ギーター」に関する偉大な学者であり注釈者でも

あるマドゥスダン・サラッスワティ氏は、１８章から成るギーター聖典を６章ずつ三等分し、最初の６章は奉仕行（カルマ・ヨーガ)、次の６章は信愛行（バクティ・ヨーガ)、最後の６章は知識行（ギャーナ・ヨーガ）に関するものとしています。

しかしながら、ギーター聖典に関する最高の注釈者であるシャンカラーチャーリヤ師は、そうした区分を一切設けず、聖典の中に示された霊的発達は次のような段階を経てなされるのだ、と説いております。即ち、(第１段階）霊的な儀式や勤めを、その報果を願いつつ行なう、(第２段階）霊的な儀式や勤めを、何らの報果を求めず、ただ神への献身として行なう、(第３段階）神への献身と瞑想によって自分の心を浄化する、(第４段階）師と経典を通して真の知識を習得し、儀式や勤めを放棄する、(第５段階）真の知識を確信し、無知から解放され、至高の実在ブラフマンを自覚する、つまり完全な自由を獲得する。

他の国々や宗教に対するギーター聖典の影響については、近代インドの著名な哲学者であるＳ・ラーダクリシュナン博士が、次のように言っています。「ギーター聖典は、昔は中国や日本に対して、最近では西洋の諸国に影響を及ぼしているが、大乗仏教に関する２つの主要聖典である『マハーヤナ・スラッドートパッティ（＝大乗起信論)』と『サッダールマ・プンダリーカ（＝妙法蓮華経)』は、ギーター聖典の教えに大きな影響を受けている」と。

ギーター聖典は、日本語を含む、世界中のほとんどすべての主要言語に翻訳されていますが、本書を刊行する目的は、ギーター聖典の簡単明瞭でかつ真正の翻訳を日本人読者に提供することと、サンスクリットの原典をローマ字とカタカナに転写し、それに頼って原典を朗読したり、カセットテープやＣＤの助けを借りながら朗誦したいと思う人が、誰でも気楽に安心してそれができるようにしてやることです。なお、聖典の中の難解な部分に関しては、脚注の形で説明してあります。

本書を刊行するに当たり、まず田中嫺玉女史に対し、長い間絶版になっていた同女史のギーター聖典訳の再版を許可してくださったことに、篤く御礼申し上げます。次に、東京外国語大学名誉教授で元清泉女子大学教授の奈良毅博士に対し、本書の監修の労をとってくださったことに、心より感謝申し上げます。同博士はまことに素晴らしい仕事をしてくださり、本書を権威のある完全無欠のものにすべく、いかなる労も惜しみませんでした。またサンスクリットの原典をローマ字に転写してくださったコルカタ市のアドヴァイタ・アシュラムを初め、そのローマ字からカタカナに転写してくれた日本ヨーガ・ニケタンの木村慧心氏、本書を刊行するに当たり様々な段階で協力してくれた日本ヴェーダーンタ協会の信者の皆さんにも、篤く御礼申し上げます。

もしも本書が、気楽にギーター聖典を学び朗誦したいと思う人の役に立つならば、本書刊行の目的は達成されたこととなります。ギーター聖典の学習と朗誦を信仰深い態度で行なうことにより、あなたはこれまでの霊的素地がどのようなものであろうと、必ずや高い意識状態に高められていき、平和、歓喜、勇気、智慧の中に永遠に留まることでありましょう。

監修の言葉

私が日本ヴェーダーンタ協会代表のメーダサーナンダ師より本誌の監修を依頼されたのは２年前のことですが、その具体的内容は、１９８８年に（株）三学出版より出版された田中嫺玉（孝枝）さん訳の「バガヴァッド・ギーター　神の詩」を底本とし、その訳がサンスクリットの原文に照らして妥当なものであるかどうか、また木村慧心氏が行なったカタカナへの転写が妥当なものであるかどうか、を監修して欲しい、というものでした。その頃他のたくさんの仕事を抱えていた私は、時間的余裕がないことを理由にお断りしようとは思ったのですが、自分の生き方の原則が「求めず、拒まず」であることを思い起こし、結局は引き受けることといたしました。

そこで監修の仕事を始めるにあたり、まず以下のような原則を定めました。

（１）田中さんの韻文調の訳と注釈をできるだけ生かし、そのままの形でとりいれる。
（２）ただし、私がサンスクリットの原文に照合し、田中さんの訳が適当でないと判断した場合は、私自身の日本語訳と差し替える。
（３）原文の単語や文配列をできるだけ日本語訳に反映させるため、必要があれば、田中さんの訳の語や文表現の順序を変えることを厭わない。

この三原則を頭において監修を始めたのですが、実際には、まず私自身がサンスクリットの原文を日本語に訳し、それを田中さんの訳と比較して、ほぼ同じであれば田中さんの訳をそのまま採用し、田中さんの訳が少し原文の意からずれていると感じた場合は、私自身の訳と差し替えました。次に、できるだけサンスクリットの原文にある語順・文順を尊重し、それに沿って忠実に訳した私の日本語訳と、田中さんの訳にある語順・文順が違っていた場合は、私の方を採用いたしました。ただし、ところどころに付けられた人名やヒンドゥー教特有の宗教用語に関する田中さんの註は、非常に適切なものと判断し、大部分をそのまま保存してあります。

また、私の訳や田中さんの訳において、表面的な意味はわかるものの、作中の人物（特にクリシュナ神）あるいは作者ヴャーサ師の真意が、読者に理解されないのではないかと考えられるものに関しては、以下の訳者たちの翻訳や注釈を参照して訳を補正しました。

（1）スワーミー・タパッシヤーナンダ訳「シュリーマッド・バガヴァッド・ギーター」アドヴァイタ・アシュラム発行、コルカタ、１９５６年：(英文)
（2）スワーミー・チドゥバヴァーナンダ訳「シュリーマッド・バガヴァッド・ギーター」シュリー・ラーマクリシュナ・タポーヴァナム発行、ティルッパライットゥライ、１９７９年：(英文)
（3）スワーミー・スワルーパーナンダ訳「シュリーマッド・バガヴァッド・ギーター」アドヴァイタ・アシュラム発行、コルカタ、１９５６年：(英文)
（4）ジャヤダヤル・ゴヤンドカ訳「シュリーマッド・バガヴァッド・ギーター」ゴーヴィンダ・バヴァン・カリヤーヤラ・ギータ・プレス発行、ゴラクプール、１９９８年：(英文)
（5）スワーミー・プラブパーダ訳「真説バガヴァッド・ギーター」マクミラン会社発行、ニューヨーク、１９７２年：(英文)

（6）ジョゴディシュ・チョンドロ・ゴーシュ訳「スリーモド・ボゴボッド•ギータ」プレシデンシー•ライブラリー発行、コルカタ：(ベンガル語)

（7）池田運訳「シュリマド・バガワッドギータ」講談社出版サービスセンター発行、東京、２０００年：(日本語)

以上の訳書を参考にしながら、読者にとって理解しにくいと考えられるいくつかの訳語や表現を、より理解しやすいものにし得たことは幸いで、その意味で先人達に深い感謝の念を表明しておきたいと思います。しかしながら、それでもなお作者の真意がはっきりつかめなかったものがいくつか残りましたので、それに関しては、クリシュナ神とヴァーサ師に祈願したのち瞑想に入り、数時間あるいは数日間ののち私の心の中に浮かんだ納得のいく訳語や表現を採用いたしました。

なお、サンスクリット原文のローマ翻字は、上記参考訳書の（2）と（5）に載っているものを採用しました。その上でそれをさらに日本語のカタカナに転写したものが、本書に見られるカタカナ表記となっています。初めは、他の方が転写された既存のカタカナ表記を利用しようと考えたのですが、私の転写方式とかなり異なっていたため、結局私自身のつくった方式に従って転写したものを用いることとなってしまいました。私としては、今から２千年以上も前のインドのバラモン僧や学者達が使っていたと推定される古い発音を、できるだけ忠実に再現しようと努めたつもりであります。

この仕事を始めてからもう２年以上が経過したわけですが、この間の言うに言われぬ様々な苦労や経験を経て私が悟りえたことは、何事も人間の意志や努力だけでは成就し得ないということです。　私がこの監修の仕事に没頭しようと思ったところで、急な用事が突然出て来たり、体の調子が悪くなったり、また体調も万全で時間的余裕もでき、今日一日をこの仕事に振り向けようと決意したのに、一向に気分が乗らず、いい訳語がなかなか思い浮かばない、ということもありました。

スワーミー・メーダサーナンダ師のご依頼があり、田中さんを始めいろいろな先人達の翻訳や注釈があり、その上に神様の恩寵があって初めて、私のささやかな監修者としての努力も実を結ぶことができたのだと信じております。人間である私がやったことですから、たとえ最善を尽くしてやったとしても、決して完璧であろうはずがありません。読者の皆様が本書をご利用になる際、もし誤植や誤訳が目に付きましたら、それをお知らせ下さい。将来第2版が印刷されるときに訂正し、より良き訳書に改善していきたいと願っております。

最後に、私の監修した日本語訳の表記とカタカナ表記を点検・校正してくださった山田泰子、平野久仁子、鍵山真由美、阪本倉造の皆さんに心より感謝を申し上げます。

東京外国語大学名誉教授・哲学博士 奈良毅

Prathamo'dhyāyaḥ:Arjunaviṣādayogaḥ

プラタモーッデャーヤハ：アルジュナ・ヴィシャーダ・ヨーガハ

第１章　アルジュナの苦悩

Dhṛtarāṣṭra uvāca:
Dharma-kṣetre kuru-kṣetre samavetā yuyutsavaḥ /
Māmakāḥ pāṇḍavāś cai'va kim akurvata sañjaya // 1

ドリタラーシュトラ　ウヴァーチャ：
ダルマ・クシェーットレー　クル・クシェーットレー　サマヴェーター　ユユツァヴァハ / マーマカーハ　パーンダヴァーシュ チャイヴァ　キム　アクルヴァタ　サンジャヤ //

ドリタラーシュトラ王が尋ねられます。「聖地クルクシェーットラに戦うべく大軍を集結したわが息子たちとパーンドゥの息子たちの様子はどうであった？」と。

Sañjaya uvāca:
Dṛṣṭvā tu pāṇḍavānīkaṁ vyūḍhaṁ duryodhanas tadā /
Ācāryam upasaṅgamya rājā vacanam abravīt // 2

サンジャヤ　ウヴァーチャ：
ドリシュトヴァー　トゥ　パーンダヴァーニーカン　ヴューダン　ドゥルヨーダナス タダー / アーチャーリヤム　ウパサンガミヤ　ラージャー　ヴァチャナム　アブラヴィート //

サンジャヤが答えます。「ご子息ドゥルヨーダナ王子はパーンドゥ兄弟の堅固な陣容を見渡した後、軍師のもとに赴き次のように申されました。

Paśyaitāṁ pāṇḍu-putrāṇām ācārya mahatīṁ camūm /
Vyūḍhāṁ drupada-putreṇa tava śiṣyeṇa dhīmatā // 3

パッシャイターン　パーンドゥ・プットラーナーム　アーチャーリヤ　マハティーン　チャムーム / ヴューダーン　ドルパダ・プットレーナ　タヴァ シッシュエーナ　ディーマター //

『わが師よ。パーンドゥ軍のあの強力な大陣容をご覧下さい。あれは、あなた様の弟子であるドルパダの息子が配置布陣したものです。

Atra śūrā maheṣvāsā bhīmārjuna-samā yudhi /
Yuyudhāno virāṭaś ca drupadaś ca mahā-rathaḥ // 4

アットラ　シューラー　マヘーシュヴァーサー　ビーマールジュナ・サマー　ユディ / ユユダーノー　ヴィラータシュ チャ　ドルパダシュ　チャ　マハー・ラタハ //

あの中にはビーマやアルジュナに匹敵(ひってき)する弓の達人がおり、ユユダーナ、ヴィラータ、ドルパダといった大戦士達もきら星のごとく並んでいます。

Dhṛṣṭaketuś cekitānaḥ kāśi-rājaś ca vīryavān /
Purujit kuntibhojaś ca śaibyaś ca nara-puṅgavaḥ // 5

ドリシタケートゥシュ　チェーキターナハ　カーシ・ラージャシュ　チャ　ヴィーリャヴァーン / プルジト　クンティボージャシュ　チャ　シャイッビャシュ　チャ　ナラ・プンガヴァハ

またドリシュタケートゥ、チェーキターナ、カーシ国の王といった豪傑(ごうけつ)やプルジト、クンティボージャ、シャイッビャなど、音に聞こえた英雄たちもいます。

Yudhāmanyuś ca vikrānta uttamaujāś ca vīryavān /
Saubhadro draupadeyāś ca sarva eva mahā-rathāḥ // 6

ユダーマンニュシュ　チャ　ヴィクラーンタ　ウッタマウジャーシュ　チャ　ヴィーリャヴァーン / サウバッドロー　ドラウパデーヤーシュ　チャ　サルヴァ　エーヴァ　マハー・ラターハ //

さらに剛力(ごうりき)のユダーマンニュ、勇猛なウッタマウジャー、またスバッドラとドラウパディーの息子など、いずれも戦車に乗った偉大な勇士達がいます。

Asmākaṁ tu viśiṣṭā ye tān nibodha dvij'ottama /
Nāyakā mama sainyasya saṁjñ'ārthaṁ tān bravīmi te // 7

アスマーカン　トゥ　ヴィシシュター　イェー　ターン　ニボーダ　ドヴィジョーッタマ / ナーヤカー　ママ　サイニャッシヤ　サンジュニャールタン　ターン　ブラヴィーミ　テー //

でも、最高のバラモン*である我が師よ。我が方の優れた軍人達をもご覧ください。我が方の将軍や兵士たちについて、私が御参考までにご説明申し上げますので。

*一般に軍人はクシャトリア階級なのだが、ドローナ軍師は最高位のバラモン階級。

Bhavān bhīṣmaś ca karṇaś ca kṛpaś ca samitiñ-jayaḥ /
Aśvatthāmā vikarṇaś ca saumadattir Jayadrathaḥ // 8

バヴァーン　ビーシュマシュ　チャ　カルナシュ　チャ　クリパシュ　チャ　サミティン・ジャヤハ / アシュヴァッターマー　ヴィカルナシュ　チャ　サウマダッティル　ジャヤドラタハ //

まず師ご自身とビーシュマ、カルナ、クリパ、など常勝不敗の豪傑(ごうけつ)がおられますし、アシュワッターマ、ヴィカルナ、ソーマダッタの息子などもいます。

Anye ca bahavaḥ śūrā mad-arthe tyakta-jīvitāḥ /
Nānā-śastra praharaṇāḥ sarve yudha-viśāradāḥ // 9

アンニェー　チャ　バハヴァハ　シューラー　マド・アルテー　テャクタ・ジーヴィターハ / ナーナー・シャストラ　プラハラナーハ　サルヴェー　ユダ・ヴィシャールダーハ //

そのほか私のために命を賭けてくれる大勢の勇士がおりますし、彼等はいずれも各種の武器をたずさえた戦の巧者(こうしゃ)たちばかりです。

Aparyāptaṁ tad asmākaṁ balaṁ bhīṣm'ābhirakṣitam /
Paryāptaṁ tv idam eteṣāṁ balaṁ bhīm'ābhirakṣitam // 10

アパリヤープタン　タド　アスマーカン　バラン　ビーシュマービラクシタム / パリヤープタン　トヴィダム　エーテーシャーン　バラン　ビーマービラクシタム //

それにわが方のビーシュマ祖父様*の率いる軍は計り知れぬ強大な力を持っていますが、相手方ビーマの率いるパーンドゥ軍の強さには自ずと限界がありましょう。

*王家の最長老なので敬愛されて祖父様と呼ばれている。

Ayaneṣu ca sarveṣu yathā-bhāgam avasthitāḥ /
Bhīṣmam evābhirakṣantu bhavantaḥ sarva eva hi // 11

アヤネーシュ　チャ　サルヴェーシュ　ヤター・バーガム　アヴァスティターハ / ビーシュママム　エーヴァービラクシャントゥ　バヴァンタハ　サルヴァ　エーヴァ　ヒ //

それでも、味方の将軍達には、それぞれの持ち場において、大元師のビーシュマ祖父様をしっかりと補佐していただきたいのです』と。

Tasya sañjanayan harṣaṁ kuru-vṛddhaḥ pitāmahaḥ /
Siṁha-nādaṁ vinady'occaiḥ śaṅkhaṁ dadhmau pratāpavān // 12

タッシヤ　サンジャナヤン　ハルシャン　クル・ヴリッダハ　ピターマハハ / シンハ・ナーダン　ヴィナッディオーッチャイヒ　シャンカン　ダドマウ　プラターパヴァーン //

するとクル王家の勇ましき最長老ビーシュマ祖父様は、獅子吼(ししく)のごとき雄叫(おたけ)びをあげ、法螺貝(ほらがい)を高らかに吹き鳴らして、ドゥルヨーダナ王子を鼓舞(こぶ)されました。

Tataḥ śaṅkhāś ca bheryaś ca paṇav'ānaka-gomukhāḥ /
Sahas'aiv'ābhyahanyanta sa śabdas tumulo'bhavat // 13

タタハ　シャンカーシュ　チャ　ベーリヤシュ　チャ　パナヴァーナカ・ゴームカーハ / サハサイヴァーッビャハンニャンタ　サ　シャブダス　トゥムローバヴァト //

それにつづいて全軍の法螺貝(ほらがい)、大鼓、ラッパ笛などがいっせいに鳴り響き、耳を聾(ろう)せんばかりとなりました。

Tataḥ śvetair hayair yukte mahati syandane sthitau
Mādhavaḥ pāṇḍavaś c'aiva divyau śaṅkhau pradadhmatuḥ // 14

タタハ　シュヴェータイル　ハヤイル　ユクテー　マハティ　シヤンダネー　スティタウ / マーダヴァハ　パーンダヴァシュ　チャイヴァ　ディッヴァウ　シャンカウ　プラダドマトゥフ //

さらにパーンドゥ方からは、白馬の挽(ひ)く戦車に乗ったマーダヴァ（クリシュナ）とパーンドゥ家の王子（アルジュナ*）が、神秘の法螺貝(ほらがい)を吹き鳴らします。

*パーンドゥ兄弟の三番目。

Pāñcajanyaṁ hṛṣīkeśo devadattaṁ dhanañjayaḥ /
Pauṇḍraṁ dadhmau mahā-śaṅkhaṁ bhīma-karmā vṛkodaraḥ // 15

パーンチャジャンニャン　フリシーケーショー　デーヴァダッタン　ダナンジャヤハ / パウンドラン　ダドマウ　マハー・シャンカン　ビーマ・カルマー　ヴリコーダラハ //

クリシュナは“五生”という名の法螺貝を、アルジュナは“神授”とよぶ法螺貝を、猛将ビーマ*は“白蓮”という巨大なる法螺貝を吹いたのです。

＊パーンドゥ兄弟の二番目。

Anantavijayaṁ rājā kuntī-putro yudhiṣṭhiraḥ /
Nakulaḥ sahadevaś ca sughoṣa-maṇipuṣpakau // 16

アナンタヴィジャヤン　ラージャー　クンティー・プットロー　ユディシュティラハ / ナクラハ　サハデーヴァシュ　チャ　スゴーシャ・マニプシュパカウ //

またクンティー妃の息子ユディスティラ*王は“常勝”という名の法螺貝を、ナクラ*は“妙音”を、サハデーヴァ*は“宝花”と呼ばれる法螺貝を、それぞれ吹き鳴らしました。

＊パーンドゥ家の長兄で主将。ナクラ、サハデーヴァは双生児でパーンドゥ兄弟の末弟。

Kāśyaś ca parameṣvāsaḥ śikhaṇḍī ca mahā-rathaḥ /
Dhṛṣṭadyumno virāṭaś ca sātyakiś c'āparājitaḥ // 17

カーシヤシュ　チャ　パラメーシュヴァーサハ　シカンディー　チャ　マハー・ラタハ / ドリシュタデュムノー　ヴィラータシュ　チャ　サーッテャキシュ　チャーパラージタハ //

さらに弓の名人カーシ国の王、大戦士のシカンディー、ドリシュタデュムナ、ヴィラータ、無敵の勇者サーテャキ、

Drupado draupadeyāś ca sarvaśaḥ pṛthivī-pate
Saubhadraś ca mahā-bāhuḥ śaṅkhān dadhmuḥ pṛthak pṛthak // 18

ドルパドー　ドラウパデーヤーシュ　チャ　サルヴァシャハ　プリティヴィー・パテー / サウバッドラシュ　チャ　マハー・バーフフ

シャンカーン　ダドムフ　プリタク　プリタク //

そしてドルパダ王*やドラウパディー妃*の息子たち、スバッドラ妃*の腕自慢の息子らも、それぞれの法螺貝（ほらがい）を吹き鳴らしたのです。おお、ドリタラーシュトラ大王様！

*パーンチャーラ国の王ドルパダはドラウパディー妃の父親。
*スバッドラはクリシュナの妹でアルジュナの妻

Sa ghoṣo dhārtarāṣṭrāṇāṁ hṛdayāni vyadārayat /
Nabhaś ca pṛthivīṁ c'aiva tumulo vyanunādayan // 19

サ　ゴーショー　ダールタラーシュトラーナーン　フリダヤーニ　ヴャダーラヤト / ナバシュ　チャ　プリティヴィーン　チャイヴァ　トゥムロー ヴャヌナーダヤン //

その耳を聾（ろう）さんばかりの轟音（ごうおん）は天と地とにどよめきわたり、ドリタラーシュトラ王側の軍人達の度肝（どぎも）を抜いてしまいました。

Atha vyavasthitān dṛṣṭvā dhārtarāṣṭrān kapi-dhvajaḥ /
Pravṛtte śastra-sampāte dhanur udyamya pāṇḍavaḥ // 20

アタ　ヴャヴァステイターン　ドリシュトヴァー　ダールタラーシュトラーン　カピ・ドヴァジャハ / プラヴリッテー　シャストラ・サンパーテー　ダヌル　ウッデャンミャ　パーンダヴァハ //

さて自分の戦車に猿の旗印（はたじるし）を掲げているアルジュナは、ドリタラーシュトラ王*側の軍が戦闘の準備をし、今にも矢を放とうとする様子を見て、自分の弓を取り上げました。

*ドリタラーシュトラ大王はドゥルヨーダナ達の父親。

Hṛṣīkeśaṁ tadā vākyam idam āha mahīpate /
Arjuna uvāca:
Senayor ubhayor madhye rathaṁ sthāpaya me'cyuta // 21

フリシーケーシャン　タダー　ヴァーッキャム　イダム　アーハ　マヒーパテー /
アルジュナ　ウヴァーチャ：
セーナヨール　ウバヨール　マッデー　ラタン　スターパヤ　メーッチュタ //

そしてフリシーケーシャ*（クリシュナ）に向かってこのように申したのです。大王様！
アルジュナが申します。『永遠不滅のお方（クリシュナ）よ！ どうか私の戦車を両軍の間にひき出して下さい。

*クリシュナの別名。フリシーケーシャは「感覚の支配者」の意。

Yāvad etān nirekṣe'haṁ yoddhu-kāmān avasthitān /
Kair mayā saha yoddhavyam asmin raṇa-samudyame // 22

ヤーヴァド　エーターン　ニリークシェーハン　ヨーッドゥ・カーマーン　アヴァスティターン / カイル　マヤー　サハ　ヨーッダッヴャム　アスミン　ラナ・サムッデャメー //

戦いを挑もうとしてここに来ている人々を私はよく見ておきたいし、戦闘で私が戦わねばならぬ相手を、よく見定めてもおきたいものですから。

Yotsyamānān avekṣe'ham ya ete'tra samāgatāḥ /
Dhārtarāṣṭrasya durbuddher yuddhe priyacikīrṣavaḥ // 23

ヨーッツヤマーナーン　アヴェークシェーハム　ヤ　エーテーットラ　サマーガターハ / ダールタラーシュトラッシヤ　ドゥルブッデール　ユッデー　プリヤチキールシャヴァハ //

ドリタラーシュトラ王の邪悪な息子たちを喜ばせようと思い、この戦場に集結している人々の顔を、私によく見せてほしいのです。』と。

Sañjaya uvāca:
Evam uktvā hṛṣīkeśo guḍākeśena bhārata /
Senayor ubhayor madhye sthāpayitvā rath'ottamam // 24

サンジャヤ　ウヴァーチャ：
エーヴァム　ウクトヴァー　フリシーケーショー　グーダーケーシェーナ　バーラタ / セーナヨール　ウバヨール　マッデー　スターパイットヴァー　ラトーッタマム //

サンジャヤが述べます。「バーラタ王の御子孫であられる大王様（ドリタラーシュトラ）！ このようにアルジュナに頼まれたフリシーケーシャ（クリシュナ）は、両軍の真ん中にその見事な戦車をひき出し、

Bhīṣma-droṇa pramukhataḥ sarveṣāṁ ca mahī-kṣitām /

Uvāca pārtha paśy'aitān samavetān kurūn iti // 25

ビーシュマ・ドローナ　プラムカタハ　サルヴェーシャーン　チャマヒー・クシターム / ウヴァーチャ　パールタ　パッシャイターン　サマヴェーターン　クルーン　イティ //

ビーシュマやドローナを始めとする名だたる将軍たちが立ち並ぶ前で、アルジュナにこう言われました。『プリター妃の息子（アルジュナ）よ！　ここにいるクル族全員の顔ぶれをよく見るがいい。』と。

Tatr'āpaśyat sthitān pārthaḥ pitṝn atha pitāmahān /
Ācāryān mātulān bhrātṛn putrān pautrān sakhīṁs tathā // 26

タットラーパッシャト　スティターン　パールタハ　ピットリーンアタ　ピターマハーン / アーチャーリヤーン　マートゥラーン　ブラートリン　プットラーン　パウットラーン　サキーンス　タター //

そこでプリター妃の息子（アルジュナ）は、祖父を始め、師匠、母方の伯叔父（おじ）、兄弟、息子、孫、友人、などがいるのを見ました。

Śvaśurān suhṛdaś c'aiva senayor ubhayor api /
Tān samīkṣya sa kaunteyaḥ sarvān bandhūn avasthitān // 27

シュヴァシュラーン　スフリダシュ　チャイヴァ　セーナヨール　ウバヨール　アピ / ターン　サミーックシュヤ　サ　カウンテーヤハサルヴァーン　バンドゥーン　アヴァスティターン //

また義父や親交ある人々も両軍の中におり、さまざまな親類縁者が敵味方に分かれ相対峙（あいたいじ）しているのを、クンティー妃の息子（アルジュナ）は見たのです。

Kṛpayā parayā'viṣṭo viṣīdann idam abravīt /
Arjuna uvāca:
Dṛṣṭvemaṁ svajanaṁ kṛṣṇa yuyutsuṁ samupasthitam // 28

クリパヤー　パラヤーヴィシュトー　ヴィシーダンニダム　アブラヴィート /
アルジュナ　ウヴァーチャ：
ドゥリシュトヴェーマン　スヴァジャナン　クリシュナ　ユユツン　サムパスティタム //

悲痛の思いに駆られ、アルジュナはこのように申しました。『おお、クリシュナ様！　血縁の人々が互いに敵意を燃やし、今にも戦おうとしているのを見ますと、

Sīdanti mama gātrāṇi mukhaṁ ca pariśuṣyati /
Vepathuś ca śarīre me roma-harṣaś ca jāyate // 29

シーダンティ　ママ　ガーットラーニ　ムカン　チャ　パリシュッシヤティ / ヴェーパトゥシュ　チャ　シャリーレー　メー　ローマ・ハルシャシュ　チャ　ジャーヤテー //

私の手足は震え、口がカラカラになり、身体中に震えが走り、身の毛がよだってしまいます。

Gāṇḍīvaṁ sraṁsate hastāt tvakc'aiva paridahyate /
Na ca śaknomy avasthātuṁ bhramatī'va ca me manaḥ // 30

ガーンディーヴァン　スランサテー　ハスタート　トヴァクチャイヴァ　パリダッヒャテー / ナ　チャ　シャクノーミ　アヴァスタートゥン　ブラマティーヴァ　チャ　メー　マナハ //

また私の手からは愛弓ガーンディーヴァがずり落ち、全身の皮膚が燃えるように火照(ほて)ります。心が動揺し、混乱して、私はもう立っていることさえできません。

Nimittāni ca paśyāmi viparītāni keśava /
Na ca śreyo'nupaśyāmi hatvā svajanam āhave // 31

ニミッターニ　チャ　パッシャーミ　ヴィパリーターニ　ケーシャヴァ / ナ　チャ　シュレーヨーヌパッシャーミ　ハトヴァー　シュヴァジャナム　アーハヴェー //

私にはただ不吉な前兆が見えるだけです。おお、ケーシャヴァ*（クリシュナ）様！　血縁の人々を殺して、いったい何の益があると言うのでしょう。

＊クリシュナの別名。「麗しき長髪の人」の意。

Na kāṅkṣe vijayaṁ kṛṣṇa na ca rājyaṁ sukhāni ca /
Kiṁ no rājyena govinda kiṁ bhogair jīvitena vā // 32

ナ　カーンクシェー　ヴィジャヤン　クリシュナ　ナ　チャ　ラーッ

ジャン　スカーニ　チャ / キン　ノー　ラーッジェーナ　ゴーヴィンダ　キン　ボーガイル　ジーヴィテーナ　ヴァー //

クリシュナ様！　私は勝利も領土も幸福も欲しくはありません。私たちにとって、領土や快楽や生命などいったい何の意味があると言うのでしょうか。おお、ゴーヴィンド*（クリシュナ）様！

＊クリシュナの別名。「牛飼い主」の意。

Yeṣām arthe kāṅkṣitaṁ no rājyaṁ bhogāḥ sukhāni ca /
Ta ime'vasthitā yuddhe prāṇāṁs tyaktvā dhanāni ca // 33

イェーシャーム　アルテー　カーンクシタン　ノー　ラーッジャンボーガーハ　スカーニ　チャ / タ　イメーヴァスティター　ユッデープラナーンス　テャクトヴァー　ダナーニ　チャ //

領土や快楽や幸福を望んでいる人達が、皆この戦場にやって来て、生命や財産をみな捨てようとしています。

Ācāryāḥ pitaraḥ putrās tathaiva ca pitāmahāḥ /
Mātulāḥ śvaśurāḥ pautrāḥ śyālāḥ saṁbandhinas tathā // 34

アーチャーリヤーハ　ピタラハ　プットラース　タタイヴァ　チャ　ピターマハーハ / マートゥラーハ　シュヴァシュラーハ　パウットラーハ　シヤーラーハ　サンバンディナス　タター //

師や父や息子や祖父達はもちろんのこと、母方の伯叔父（おじ）や義父や孫や義兄弟などの親類縁者を、私は殺したくありません。

Etān na hantum icchāmi ghnato'pi madhusūdana /
Api trailokya-rājyasya hetoḥ kiṁ nu mahīkṛte // 35

エーターン　ナ　ハントゥム　イッチャーミ　グナトーピ　マドゥスーダナ / アピ　トライローッキャ・ラージャッシヤ　ヘートーホキン　ヌ　マヒークリテー //

たとえ私自身が殺されようと、あの人達を殺したくはありません。おお、マドゥスーダナ*（クリシュナ）様！　それによって地上の王国どころか、たとえ三界を手に入れられましょうとも、そんなことはしたくありません。

＊クリシュナの別名。「悪魔マドゥを滅ぼした人」の意。

Nihatya dhārtarāṣṭrān naḥ kā prītiḥ syāj janārdana; /
Pāpam ev'āśrayed asmān hatv'aitān ātatāyinaḥ // 36

ニハッテャ　ダールタラーシュトラーン　ナハ　カー　プリーティヒ　シヤージュ　ジャナールダナ / パーパム　エーヴァーシュライェード　アスマーン　ハットヴァイターン　アータターイナハ //

ドリタラーシュトラ王の息子達を殺していったい何になるのでしょうか？ おお、ジャナールダナ*（クリシュナ）様！ たとえ悪者であっても、それを殺したら私自身が罪を犯すことになります。

*クリシュナの別名。「全宇宙、生物の維持者」の意。最高神ヴィシュヌの化身なのでこの別名あり。

Tasmān n'ārhā vayaṁ hantuṁ dhārtarāṣṭrān svabāndhavān /
Svajanaṁ hi kathaṁ hatvā sukhinaḥ syāma mādhava // 37

タスマーン ナールハー　ヴァヤン　ハントゥン　ダールタラーシュトラーン　スヴァバーンダヴァーン / スヴァジャナン　ヒ　カタン　ハットヴァー　スキナハ　シヤーマ　マーダヴァ //

ですからドリタラーシュトラ王の息子やその友人達を、また血縁の者達を殺して、私達は本当に幸せになるのでしょうか。おお、マーダヴァ（クリシュナ）様！

Yady apy ete na paśyanti lobh'opahata-cetasaḥ /
Kula-kṣaya-kṛtaṁ doṣaṁ mitra-drohe ca pātakam // 38

ヤディ　アピ　エーテー　ナ　パッシャンティ　ローボーパハタ・チェータサハ / クラ・クシャヤ・クリタン　ドーシャン　ミットラ・ドローヘー　チャ　パータカム //

彼等が、貪欲（どんよく）に目が眩（くら）み、一族を殺したり、友人を傷つけたりすることに、たとえ疚（やま）しさを感じなかったとしても、

Kathaṁ na jñeyam asmābhiḥ pāpād asmān nivartituṁ /
Kula-kṣaya-kṛtaṁ doṣam prapaśyadbhir janārdana // 39

カタン　ナ　ジュネーヤム　アスマービヒ　パーパード　アスマーン　ニヴァルティトゥム / クラ・クシャヤ・クリタン　ドーシャン　プラパッシャドビル　ジャナールダナ //

そんなことはすべきでないと知っている私達までが、何故一族を滅

ぼすような罪を犯さなければいけないのでしょうか。おお、ジャナールダナ（クリシュナ）様！

Kula-kṣaye praṇaśyanti kula-dharmāḥ sanātanāḥ /
Dharme naṣṭe kulaṁ kṛtsnam adharmo'bhibhavatyuta // 40

クラ・クシャイェー　プラナッシヤンティ　クラ・ダルマーハ　サナータナーハ / ダルメー　ナシュテー　クラン　クリツナム　アダルモービバヴァッテュタ //

一族が滅亡すると、そこに長く伝わってきた伝統が失われ、家族全員が無信仰者に変わってしまう、と言われています。

Adharm'ābhibhavāt kṛṣṇa praduṣyanti kula-striyaḥ /
Strīṣu duṣṭāsu vārṣṇeya jāyate varṇa-saṅkaraḥ // 41

アダルマービバヴァート　クリシュナ　プラドゥッシャンティ　クラ・ストゥリヤハ / ストゥリーシュ　ドゥシュタース　ヴァールシュネーヤ　ジャーヤテー　ヴァルナ・サンカラハ //

おお、クリシュナ様！　無信仰者がはびこれば、一族の婦人達は堕落するでしょうし、女性達が堕落すれば、不純な子ども達が生まれてしまいます。おお、ヴァールシュネーヤ*（クリシュナ）様！

*ヴリシュニ族の子孫の意で、クリシュナの別名。

Saṅkaro narakāy'aiva kula-ghnānāṁ kulasya ca /
Patanti pitaro hy eṣāṁ lupta-piṇḍ'odaka-kriyāḥ // 42

サンカロー　ナラカーヤイヴァ　クラ・グナーナーン　クラッシヤチャ / パタンティ　ピタロー　ヒ　エーシャーン　ルプタ・ピンドーダカ・クリヤーハ //

不純な子ども達が生まれれば、一族もその殺害者も地獄の苦しみを味わいます。なぜならば、祖先は供物の水や食物を受けられず、浮かばれなくなってしまうからです。

Doṣair etaiḥ kula-ghnānāṁ varṇa-saṅkara-kārakaiḥ /
Utsādyante jāti-dharmāḥ kula-dharmāś ca śāśvatāḥ // 43

ドーシャイル　エータイハ　クラ・グナーナーン　ヴァルナ・サンカラ・カーラカイヒ / ウツサーディャンテー　ジャーティ・ダルマーハ　クラ・ダルマーシュ　チャ　シャーシュヴァターハ //

一族を滅ぼしたり、社会制度を乱したりする者の罪によって、社会や一族の伝統的な規律も道徳も、みな崩れてしまうことでしょう。

Utsanna-kula-dharmāṇāṁ manuṣyāṇāṁ janārdana /
Narake niyataṁ vāso bhavatī'ty anuśuśruma // 44

ウツサンナ・クラ・ダルマーナーン　マヌッシヤーナーン　ジャナールダナ / ナラケー　ニヤタン　ヴァーソー　ババティーティ　アヌシュシュルマ //

おお、ジャナールダナ（クリシュナ）様！　私は常々こう聞かされております。〈一族の伝統的な規律を破壊する者は、必ずや地獄に堕ち、そこに永遠に住みつくこととなるであろう〉と。

Aho bata mahat pāpaṁ kartuṁ vyavasitā vayam /
Yad rājya-sukha-lobhena hantuṁ svajanam udyatāḥ // 45

アホー　バタ　マハト　パーパン　カルトゥン　ヴャヴァシター　ヴァヤム / ヤド　ラッージャ・スカ・ローベーナ　ハントゥン　スヴァジャナム　ウッデャターハ //

ああ、私達は何という大罪を犯そうとしているのでしょう。領土や栄華を欲するあまり、血縁の人々を殺そうとしているのですから。

Yadi mām apratīkāram aśastraṁ śastra-pāṇayaḥ /
Dhārtarāṣṭrā raṇe hanyus tan me kṣemataraṁ bhavet // 46

ヤディ　マーム　アプラティーカーラム　アシャストラン　シャストラ・パーナヤハ / ダールタラーシュトラー　ラネー　ハンニュス　タン　メー　クシェーマタラン　バヴェート //

ですから、ドリタラーシュトラ王の息子達が、たとえ武器を手にして私に打ちかかってきたとしても、私は武具を外して抵抗せず、ただ黙って戦場に立っている方がいいのではないでしょうか』と。

Sañjaya uvāca:
Evam uktvārjunaḥ saṅkhye rathopastha upāviśat /
Visṛjya saśaraṁ cāpaṁ śoka-saṁvigna-mānasaḥ // 47

サンジャヤ　ウヴァーチャ：
エーヴァム　ウクトヴァールジャナハ　サンキェー　ラトーパスタ　ウパーヴィシャト / ヴィスリッジヤ　サシャラン　チャーパン　ショーカ・サンヴィグナ・マーナサハ //

サンジャヤが述べます。「アルジュナはこのように言い、弓も矢もその場に投げ捨て、悲しみにうちひしがれたまま、戦車の床に座りこんでしまいました。」と。

Iti Arjunaviṣādayogaḥ nāma prathamo'dhyāyaḥ

イティ　アルジュナ　ヴィシャーダ　ヨーガハ
ナーマ　プラタモーッデャーヤハ

Dvitīyo'dhyāyaḥ:Sāṁkhyayogaḥ

ドヴィティーヨーッデャーヤハ：サーンキャ・ヨーガハ

第２章　論理的思考の道（ヨーガ）*

＊ヨーガとは至高者（神）と合一すること、その方法。
行動・仕事を通じて真理体得する道、献身奉仕の道。

Sañjaya uvāca:
Taṁ tathā kṛpayā'viṣṭam aśru-pūrṇākul'ekṣaṇam /
Viṣīdantaṁ idam vākyam uvāca madhusūdanaḥ // 1

サンジャヤ　ウヴァーチャ：
タン　タター　クリパヤーヴィシュタム　アシュル・プールナークレークシャナム / ヴィシーダンタン　イダム　ヴァーッキャム　ウヴァーチャ　マドゥスーダナハ //

サンジャヤが語ります。「憐れみと悲しみに胸ふさがれ眼に涙をためているアルジュナを見て、マドゥスーダナ（クリシュナ）は、次のように言われました。

Śrī Bhagavān uvāca:
Kutas tvā kaśmalam idaṁ viṣame samupasthitam /
Anārya-juṣṭam asvargyam akīrtikaram arjuna // 2

シュリー　バガヴァーン　ウヴァーチャ：
クタストヴァー　カシュマラム　イダン　ヴィシャメー　サムパスティタム / アナーリヤ・ジュシュタム　アスヴァルッギャム　アキールティカラム　アルジュナ //

至高者クリシュナが語られます。『アルジュナよ！　こんな大事な時に、君のどこからそんな弱気が出てくるのだ。高貴な家柄の君らしくもない。そんなことでは高い天界*に行けず、不名誉なまま下界に堕ちてしまうことになるぞ。

＊一つの天体が一つの世界。宇宙には低級——高級の多種多様な星＝世界がある。地上＝地球もその中の一つ。

Klaibyaṁ māsma gamaḥ pārtha naitat tvayy upapadyate /
Kṣudraṁ hṛdaya-daurbalyaṁ tyaktv'ottiṣṭha parantapa // 3

クライッビャン　マースマ　ガマハ　パールタ　ナイタット　トヴァイ　ウパパッデャテー / クシュドラン　フリダヤ・ダウルバッリャン　テャクトヴォーッティシュタ　パランタパ //

プリター妃*の息子（アルジュナ）よ！　そんな態度は、男らしくもないし、まったく君にはふさわしくない。さあ、弱気を捨てて立ち上がりなさい。敵を撃破する勇者（アルジュナ）よ！』と。

*クリシュナの叔母。したがってクリシュナとアルジュナは従兄弟同士。

Arjuna uvāca:
Kathaṁ bhīṣmaṁ ahaṁ saṁkhye droṇaṁ ca madhusūdana /
Iṣubhiḥ pratiyotsyāmi pūj'ārhav arisūdana // 4

アルジュナ　ウヴァーチャ：
カタン　ビーシュマン　アハン　サンキェー　ドローナン　チャ　マドゥスーダナ / イシュビヒ　プラティヨーッツヤーミ　プージャールハヴァリスーダナ //

アルジュナが申します。『でも、マドゥスーダナ（クリシュナ）様！私が崇拝するビーシュマ祖父やドローナ師に、戦場でどうして弓など引けましょうか。おお無敵のクリシュナ様！

Gurūn ahatvā hi mahā'nubhāvān
śreyo bhoktuṁ bhaikṣyam apīha loke /
Hatvā'rtha kāmāṁs tu gurūn ih'aiva
bhuñjīya bhogān rudhirapradigdhān // 5

グルーン　アハットヴァー　ヒ　マハーヌバーヴァーン / シュレーヨー　ボークトゥン　バイックシャム　アピーハ　ローケー / ハトヴァールタ　カーマーンス　トゥ　グルーン　イハイヴァ / ブンジーヤ　ボーガーン　ルディラプラディグダーン //

師と仰ぐ偉大な方々を殺すくらいなら、私はむしろ乞食になって暮らす方がましです。なぜなら、もし私があの方々を殺したならば、私の手にする富も財もみな血で呪われることとなるからです。

Na c'aitad vidmaḥ kataran no garīyo
yad vā jayema yadi vāno jayeyuḥ /

Yān eva hatvā na jijīviṣāmas
te'vasthitāḥ pramukhe dhārtarāṣṭrāḥ // 6

ナ　チャイタド　ヴィドマハ　カタラン ノー　ガリーヨー / ヤド ヴァージャイエーマ　ヤディ　ヴァーノー　ジャイエーユフ / ヤーン　エーヴァ　ハットヴァー　ナ　ジジーヴィシャーマス / テーヴァスティターハ　プラムケー　ダールタラーシュトラーハ //

敵に勝つべきか、負けるべきか、どうすればいいのか、私にはわかりません。ドリタラーシュトラ王の息子達と今対陣してはいるものの、彼等が死ねば、私の生き甲斐もまたなくなってしまうのではないでしょうか。

Kārpaṇya-doṣ'opahata-svabhāvaḥ
pṛcchāmi tvāṁ-dharma-sammūḍha-cetāḥ /
Yac chreyaḥ syān niścitaṁ brūhi tan me
siṣyas te'haṁ śādhi māṁ tvāṁ prapannam // 7

カールパンニャ・ドーショーパハタ・スヴァバーヴァハ / プリッチャーミ　トヴァーン・ダルマ・サンムーダ・チェーターハ / ヤッ チュレーヤハ　シヤーン　ニシュチタン　ブルーヒ　タン　メー / シッシヤス　テーハン　シャーディ　マーン　トヴァーン　プラパンナム //

私は心の弱さゆえに平静（へいせい）さを失い、義に叶う道がわからず、迷っています。あなた様の弟子として絶対服従いたしますので、どうぞ私に最善の方法をお教え下さい。

Na hi prapaśyāmi mam'āpanudyād
yac chokam ucchoṣaṇam indriyāṇām /
Avāpya bhūmāv asapatnaṁ ṛddhaṁ
rājyaṁ surāṇām api c'ādhipatyam // 8

ナ　ヒ　プラパッシャーミ　ママーパヌッディャード / ヤッ　チョーカム　ウッチョーシャナム　インドリヤーナーム / アヴァーッピヤ　ブーマーヴァサパトナン　リッダン / ラーッジャン　スラーナーム　アピチャーディパッテャム //

たとえ地上に富める王国を持ち、また天界の神々を支配するほどの力を持ったとしても、私のあらゆる感覚を麻痺（まひ）させてしまうこの心の悲しみを追い払うことができませんので。』と。

Sañjaya uvāca:
Evam uktvā hṛṣīkeśaṁ guḍākeśaḥ parantapaḥ /
Na yotsya iti govindam uktvā tūṣṇīṁ babhūva ha // 9

サンジャヤ　ウヴァーチャ：
エーヴァム　ウクトヴァー　フリシーケーシャン　グダーケーシャハ　パランタパハ / ナ　ヨーツヤ　イティ　ゴーヴィンダム　ウクトヴァー　トゥーシュニーン　バブーヴァ　ハ //

サンジャヤが述べます。「"敵を撃破する勇者"（アルジュナ）は、フリシーケーシャ（クリシュナ）に向かい、『ゴーヴィンダ（クリシュナ）様。私は戦いません。』と言ったきり、黙りこんでしまいました。

Tam uvāca hṛṣīkeśaḥ prahasann iva bhārata /
Senayor ubhayor madhye viṣīdantam idaṁ vacaḥ // 10

タム　ウヴァーチャ　フリシーケーシャハ　プラハサンニヴァ　バハーラタ / セーナヨール　ウバヨール　マッディエー　ヴィシーダンタム　イダン　ヴァチャハ //

おお、バーラタ王の御子孫であられる（ドリタラーシュトラ）大王よ！この時フリシーケーシャは笑いながら、両軍の間にあって悲しみに沈むアルジュナに向かい、こう言われました。

Śrī Bhagavān uvāca:
Aśocyān anvaśocas tvaṁ prajñā-vādāṁś ca bhāṣase /
Gat'āsūn agat'āsūṁś ca n'ānuśocanti paṇḍitāḥ // 11

シュリーバガヴァーン　ウヴァーチャ：
アショーチヤーン　アンヴァショーチャス　トヴァン　プラジュニャー・ヴァーダーンシュ　チャ　バーシャセー / ガタースーン　アガタースーンシュ　チャ　ナーヌショーチャンティ　パンディターハ //

至高者クリシュナが言われます。『君はもっともらしいことを言っているが、悲しむ価値のないことを悲しんでいるに過ぎぬ。しかし真の賢者は、生も死も悲しまないものだ。

Na tv'ev'āhaṁ jātu nāsaṁ na tvaṁ n'eme jan'ādhipāḥ /
Na c'aiva na bhaviṣyāmaḥ sarve vayam ataḥ param // 12

ナ　トヴェーヴァーハン　ジャートゥ　ナーサン　ナ　トヴァン　ネー

メー　ジャナーディパーハ / ナ　チャイヴァ　ナ　バヴィッシヤーマハ　サルヴェー　ヴァヤム　アタハ　パラム //

私も君も、ここにいる全ての王たちも、かつて存在しなかったことはないし、将来存在しなくなることもない。実は、始めも終わりもなく、永遠に存在し続けるのだ。

Dehino'smin yathā dehe kaumāraṁ yauvanaṁ jarā /
Tathā dehā'ntara prāptir dhīras tatra na muhyati // 13

デーヒノースミン　ヤター　デーヘー　カウマーラン　ヤウヴァナン　ジャラー / タター　デーハーンタラ　プラープティル　ディーラス　タットラ　ナ　ムッヒャティ //

肉体をまとった魂は、幼年から青壮年を経て老年に達し、死とともに直ちに他の身体に移るが、覚者はこうした変化に心を乱されることはない。

Mātrā-sparśās tu kaunteya śīt'oṣṇa-sukha-duḥkhadāḥ /
Āgam'āpāyino'nityāḥ tāṁs titikṣasva bhārata // 14

マーットラー・スパルシャース　トゥ　カウンテーヤ　シートーシュナ・スカ・ドゥッカダーハ / アーガマーパーイノーニッテャーハ　ターンス　ティティクシャッスヴァ　バーラタ //

クンティー妃の息子（アルジュナ）よ！　寒暑苦楽は、夏冬のめぐるごとく去来するが、すべて感覚によって起こる一時的な作用にすぎぬ。バーラタ王の子孫（アルジュナ）よ！ それに惑わされず、じっと見つめるがよい。

Yaṁ hi na vyathayanty ete puruṣaṁ puruṣ'arṣabha /
Sama-duḥkha-sukhaṁ dhīraṁ so'mṛtatvāya kalpate // 15

ヤン　ヒ　ナ　ヴャタヤンティ エーテー　プルシャン　プルシャルシャバ / サマ・ドゥッカ・スカン　ディーラン　ソームリタットヴァーヤ　カルパテー //

人類の中で最も秀れた男（アルジュナ）よ！　幸と不幸に心乱されず、常に泰然（たいぜん）として動かぬ者こそ、永遠の不滅性（解脱（げだつ））を得ることができるのだ。

N'āsato vidyate bhāvo n'ābhāvo vidyate sataḥ /
Ubhayor api dṛṣṭo'ntas tv anayos tattva darśibhiḥ // 16

ナーサトー　ヴィッデャテー　バーヴォー　ナーバーヴォー　ヴィッデャテー　サタハ / ウバヨール　アピ　ドゥリシュトーンタス　トヴァナヨースタットヴァ　ダルシビヒ //

非実在（物質現象）は一時的に現われても持続せず､実在（精神現象）は永遠に存在し続けるが、真理を知る人は、この両者の本質をよく弁(わきま)えていなくてはならぬ。

Avināśi tu tad viddhi yena sarvam idaṁ tatam /
Vināśam avyayasy'āsya na kaścit kartum arhati // 17

アヴィナーシ　トゥ　タド　ヴィッディ　イェーナ　サルヴァム　イダン　タタム / ヴィナーシャム　アッヴャヤッシヤーシヤ　ナ　カシュチト　カルトゥム　アルハティ //

万有にあまねく充満しているもの（＝魂）は、決して傷つきもせず壊されもしない。いかなる者といえども、不滅の魂を破壊することはできないのだ。

Antavanta ime dehā nityasyo'ktāḥ śarīriṇaḥ /
Anāśino'prameyasya tasmād yudhyasva bhārata // 18

アンタヴァンタ　イメー　デーハー　ニッテャッシヨークターハ　シャリーリナハ / アナーシノープラメーヤッシヤ　タスマード　ユッデャスヴァ　バーラタ //

いかなる物質体もいつかは壊(こわ)れるが、その中にあると言われる魂は、無限大でしかも不滅なのだ。故にバーラタ王の子孫(アルジュナ)よ！心置きなく戦うがいい！

Ya enaṁ vetti hantāraṁ yaś c'ainaṁ manyate hatam /
Ubhau tau na vijānīto nāyaṁ hanti na hanyate // 19

ヤ　エーナン　ヴェッティ　ハンターラン　ヤシュ チャイナン　マンニャテー　ハタム / ウバウ　タウ　ナ　ヴィジャーニートー　ナーヤン　ハンティ　ナ　ハンニャテー //

誰かが他を殺す、また殺されると思うのは、その者が自我の実相を知らないからなのだ。真実を知る者は、自我の本体が殺しも殺されもしないことを知っている。

Na jāyate mriyate vā kadācin
nāyaṁ bhūtvā'bhavitā vā na bhūyaḥ /
Ajo nityaḥ śāśvato'yaṁ purāṇo
na hanyate hanyamāne śarīre // 20

ナ　ジャーヤテー　ムリヤテー　ヴァー　カダーチン / ナーヤン　ブーットヴァーバヴィター　ヴァ　ナー　ブーヤハ / アジョー　ニッテャハ　シャーシュヴァトーヤン　プラーノー / ナ　ハンニャテー　ハンニャマーネー　シャリーレー //

魂（真我アートマン）は生まれることも死ぬこともなく、かつて現れたこともなく、これから現れることもない。それは、生まれもせず永遠に在り続ける最も古い存在で、たとえ肉体が壊れても、壊されることはない。

Ved'āvināśinaṁ nityaṁ ya enam ajam avyayam /
Kathaṁ sa puruṣaḥ pārtha kaṁ ghātayati hanti kam // 21

ヴェーダーヴィナーシナン　ニッテャン　ヤ　エーナム　アジャム　アッヴャヤム / カタン　サ　プルシャハ　パールタ　カン　ガーターヤティ　ハンティ　カム //

プリター妃の息子（アルジュナ）よ！　このように魂が不生不滅、不壊不変であることを知る者が、どうして誰かを殺したり、また誰かに殺されたりすることなど、あり得ようか。

Vāsāṁsi jīrṇāni yathā vihāya
navāni gṛhṇāti naro'parāṇi /
Tathā śarīrāṇi vihāya jīrṇāny anyāni
saṁyāti navāni dehī // 22

ヴァーサーンシ　ジールナーニ　ヤター　ヴィハーヤ / ナヴァーニ　グリフナーティ　ナローパラーニ / タター　シャリーラーニ　ヴィハーヤ　ジールナーニ　アンニャーニ / サンヤーティ　ナヴァーニ　デーヒー //

人が古くなった衣服を脱ぎ捨て、新しい別の衣服に着替えるように、魂も、使い古した肉体を捨て去り、新しい肉体を纏っていくのだ。

Nainaṁ chindanti śastrāṇi nainaṁ dahati pāvakaḥ /
Na c'ainaṁ kledayanty āpo na śoṣayati mārutaḥ // 23

ナイナン　チンダンティ　シャストラーニ　ナイナン　ダハティ　パーヴァカハ / ナ　チャイナン　クレーダヤンティ　アーポー　ナ　ショーシャヤティ　マールタハ //

いかなる武器であろうと、魂を切り刻むことはできぬし、火で焼くことも、水で溶かすことも、風で枯らすこともできない。

Acchedyo'yam adāhyo'yam akledyo'śoṣya eva ca /
Nityaḥ sarvagataḥ sthāṇuḥ acalo'yaṁ sanātanaḥ // 24

アッチェーディヨーヤム　アダーッヒョーヤム　アクレーッデョーショーッシヤ　エーヴァ　チャ / ニッテャハ　サルヴァガタハ　スターヌフ　アチャローヤン　サナータナハ //

この魂は、壊れもせず、焼けもせず、溶けもせず、枯れることもない。いつでも、どこにでも在り、不変、不動、永遠の実在なのだ。

Avyakto'yam acintyo'yam avikāryo'yam ucyate /
Tasmād evaṁ viditv'ainaṁ n'ānuśocitum arhasi // 25

アッヴャクトーヤム　アチンティヨーヤム　アヴィカーリヨーヤム　ウッチャテー / タスマード　エーヴァン　ヴィディットヴァイナン　ナーヌショーチトゥム　アルハシ //

それ*は、眼で見ることも、心で認識することもできないが、永遠に変化しないものだと言われている。そのことをよく心得たなら、君が嘆き悲しむ必要はないはずだ。

＊魂（アートマン）＝自己の本体。肉体はその衣服にすぎない。アートマン・ブラフマンなど永遠の実在を指す場合、インド哲学ではなるべく普通名詞を用いず「それ、これ」等の代名詞を用いる。魂、神、精神、霊などの語は人によって定義が違うからである。

Atha c'ainaṁ nitya-jātaṁ nityaṁ vā manyase mṛtam /
Tathāpi tvaṁ mahā-bāho n'ainaṁ śocitum arhasi // 26

アタ　チャイナン　ニッテャ・ジャータン　ニッテャン　ヴァー　マンニャセー　ムリタム / タターピ　トヴァン　マハー・バーホー　ナイナン　ショーチトゥム　アルハシ //

また、これが誕生と死を絶え間なく繰り返すものと、たとえ君がそう考えたにせよ、悲しむ理由などどこにもないのだ。剛勇の士（アルジュナ）よ！

Jātasya hi dhruvo mṛtyur dhruvaṁ janma mṛtasya ca /
Tasmād aparihārye'rthe na tvaṁ śocitum arhasi // 27

ジャータッシヤ　ヒ　ドゥルヴォー　ムリッテュル　ドゥルヴァン　ジャンマ　ムリタッシヤ　チャ / タスマード　アパリハーリエールテー　ナ　トヴァン　ショーチトゥム　アルハシ //

なぜなら、生まれた者は必ず死に、死んだ者は必ず生まれるからだ。だから必然で避けられぬことを、君が嘆く必要などさらさらない。

Avyakt'ādīni bhūtāni vyakta-madhyāni bhārata /
Avyakta-nidhanāny eva tatra kā paridevanā // 28

アッヴィヤクターディーニ　ブーターニ　ヴャクタ・マッデャーニ　バーラタ / アッヴャクタ・ニダナーニ　エーヴァ　タットラ　カー　パリデーヴァナー //

万物は、原初（はじめ）は色相（形）が無く、途中の一時期に形が表われ、終わりにまた形が無くなっていく。バーラタ王の子孫(アルジュナ)よ！故に、そのことでいったい何を悲しむ必要があるというのか。

Āścaryavat paśyati kaścit enam
āścaryavad vadati that'aiva c'ānyaḥ /
Āścaryavac c'ainam anyaḥ śṛṇoti
śrutvā'py enaṁ veda na c'aiva kaścit // 29

アーシュチャリヤヴァト　パッシヤティ　カシュチト　エーナム / アーシュチャリヤヴァド　ヴァダティ　タタイヴァ　チャーンニャハ / アーシュチャリヤヴァッ　チャイナム　アンニャハ　シュリノーティ / シュルットヴァーピ　エーナン　ヴェーダ　ナ　チャイヴァ　カシュチト //

ある人は、それ（魂）を驚嘆（きょうたん）すべきものとして見、またある人は、それを驚嘆（きょうたん）すべきものとして語り、またある人は、それを驚嘆（きょうたん）すべきものとして聴くが、他の人々はそれについて聞いても全く理解できないでいる。

Dehī nityam avadhyo'yaṁ dehe sarvasya bhārata /
Tasmāt sarvāṇi bhūtāni na tvaṁ śocitum arhasi // 30

デーヒー　ニッテャム　アヴァッデョーヤン　デーヘー　サルヴァッシヤ　バーラタ / タスマート　サルヴァーニ　ブーターニ　ナ　トヴァム　ショーチトゥム　アルハシ //

バーラタ王の子孫（アルジュナ）よ！ 肉体の中に住むそれは、永遠不滅にして、殺すことなど不可能なのだ。故に、全ての生物の死について、君がなんら悲しむことはない。

Svadharmam api c'āvekṣya na vikaṁpitum arhasi /
Dharmyāddhi yuddhāc chreyo'nyat kṣatriyasya na vidyate // 31

スヴァダルマム　アピ　チャーヴェークシヤ　ナ　ヴィカンピトゥム　アルハシ / ダルミャーッディ　ユッダーッ　チュレーヨーニャト　クシャットリヤッシヤ　ナ　ヴィッデャテー //

武士階級（クシャトリア）の義務を考えるなら、正義（ダルマ）を護る戦いに加わることは、武人にとってこれに優（まさ）る幸せはない。だから君が戦うことをためらう理由など一切ないのだ。

Yadṛcchayā c'opapannaṁ svarga-dvāram apāvṛtam /
Sukhinaḥ kṣatriyāḥ pārtha labhante yuddham īdṛśam // 32

ヤドリッチャヤー　チョーパパンナン　スヴァルガ・ドヴァーラム　アパーヴリタム / スキナハ　クシャットリヤーハ　パールタ　ラバンテー　ユッダム　イードリシャム //

このような戦いの機会にめぐり会うことは、武人にとってはまことに幸せなこと。プリター妃の息子（アルジュナ）よ！ だから君には、まるで天国への門が大きく開かれているようなものだ。

Atha cet tvam imaṁ dharmyaṁ saṅgrāmaṁ na kariṣyasi /
Tataḥ svadharmaṁ kīrtiṁ ca hitvā pāpam avāpsyasi // 33

アタ　チェーットヴァム　イマン　ダルミヤン　サングラーマン　ナ　カリッシヤシ / タタハ　スヴァダルマン　キールティン　チャ　ヒットヴァー　パーパム　アヴァープシヤシ //

だから、この正義の戦いに君がもし参戦しないなら、武人としての名誉を失うだけでなく、己の義務を果たさぬ罪を犯すことともなろう。

Akīrtiṁ c'āpi bhūtāni kathayiṣyanti te'vyayām /
Sambhāvitasya cākīrtir maraṇād atiricyate // 34

アキールティン　チャーピ　ブーターニ　カタイシヤンティ　テーッヴャヤーム / サンバーヴィタッシヤ　チャーキールティル　マラナード　アティリッチャテー //

人々は、君の汚名（おめい）を後の世までも語り継ぐであろうから、名誉（ほまれ）高き者にとり、この屈辱（くつじょく）は死よりも耐えがたいものとなろう。

Bhayād raṇād uparataṁ maṁsyante tvāṁ mahā-rathāḥ /
Yeṣāṁ ca tvaṁ bahumato bhūtvā yāsyasi lāghavam // 35

バヤード　ラナード　ウパラタン　マンシヤンテー　トヴァーン　マハー・ラターハ / イェーシャーン　チャ　トヴァン　バフマトー　ブーットヴァー　ヤーシヤシ　ラーガヴァム //

いままで君を讃えていた武将達も、君が戦いを恐れ、戦場から逃げ出したと思い、以後君を、卑怯者（ひきょうもの）よ憶病者（おくびょうもの）よと蔑（さげす）むことであろう。

Avācya-vādāṁś ca bahūn vadiṣyanti tav'āhitāḥ /
Nindantas tava sāmarthyaṁ tato duḥkhataraṁ nu kim // 36

アヴァーッチヤ・ヴァーダーンシュ　チャ　バフーン　ヴァディッシヤンティ　タヴァーヒターハ / ニンダンタス　タヴァ　サーマルッテャン　タトー　ドゥッカタラン　ヌ　キム //

敵方の者たちは君を中傷し、罵詈雑言（ばりぞうごん）を浴びせ、君の能力を見くびって貶（おとし）めることであろう。君にとってこれにまさる苦痛があるだろうか。

Hato vā prāpsyasi svargaṁ jitvā vā bhokṣyase mahīm /
Tasmād uttiṣṭha kaunteya yuddhāya kṛta-niścayaḥ // 37

ハトー　ヴァー　プラーップシヤシ　スヴァルガン　ジットヴァー　ヴァー　ボーックシヤセー　マヒーム / タスマード　ウッティシュタ　カウンーテーヤ　ユッダーヤ　クリタ・ニシュチャヤハ

もし君が戦死すれば天国へ行くであろうし、勝てば地上で栄華を楽しむこととなろう。故に、クンティー妃の息子（アルジュナ）よ！立ち上がって戦う決意を固めるがよい。

Sukha-duḥkhe same kṛtvā lābh'ālābhau jay'ājayau /
Tato yuddhāya yujyasva n'aivaṁ pāpam avāpsyasi // 38

スカ・ドゥッケー　サメー　クリットヴァー　ラーバーラーバウ　ジャヤージャヤウ / タトー　ユッダーヤ　ユッジヤッスヴァ　ナイヴァン　パーパム　アヴァープシヤシ //

幸と不幸、損と得、また勝敗のことなど一切考えず、ただ義務なるが故に戦うならば、決して君が罪を負うことにはならぬ。

Eṣā te'bhihitā sāṁkhye buddhir yoge tvimāṁ śṛṇu /
Buddhyā yukto yayā pārtha karma-bandhaṁ prahāsyasi // 39

エーシャー　テービヒター　サーンキェー　ブッディル　ヨーゲー　トヴィマーン　シュリヌ / ブッデャー　ユクトー　ヤヤー　パールタ　カルマ・バンダン　プラハーシヤシ //

これまで私は理論的知識を述べてきたが、以後は真智のヨーガについて聞くがよい。この真智のヨーガを実践することにより、君は己のカルマ（行為、因業）から解放されることとなろう。

N'eh'ābhikrama-nāśo'sti pratyavāyo na vidyate /
Svalpam apy asya dharmasya trāyate mahato bhayāt // 40

ネーハービクラマ•ナーショースティ　プラッテャヴァーヨー　ナ　ヴィッデャテー / スヴァルパム　アピ　アッシヤ　ダルマッシヤ　トラーヤテー　マハトー　バヤート //

このヨーガを実践すると、僅かの努力も実を結び、無駄や逆効果など一切なく、その人はどんな危険や恐怖からも護られることとなる。

Vyavasāy'ātmikā buddhir ek'eha kuru-nandana /
Bahu-śākhā hy anantāś ca buddhayo'vyavasāyinām // 41

ヴャヴァサーヤートミカー　ブッディル　エーケーハ　クル・ナンダナ / バフ・シャーカー　ヒ　アナンターシュ　チャ　ブッダヨーッヴャヴァサーイナーム //

クル王の子孫（アルジュナ）よ！ 断固たる意志と知恵を持つ者は、一つの目的に向かって行くが、それを持たぬ優柔不断(ゆうじゅうふだん)の者は、多くの枝葉の道に心を向けてしまう。

Yām imāṁ puṣpitāṁ vācaṁ pravadanty avipaścitaḥ /
Vedavāda-ratāḥ pārtha n'ānyad as'tīti vādinaḥ // 42

ヤーム　イマーン　プシピターン　ヴァーチャン　プラヴァダンティ　アヴィパシュチタハ / ヴェーダヴァーダ・ラターハ　パールタ　ナーンニャド　アスティーティ　ヴァーディナハ //

知識の乏(とぼ)しい者達は、ヴェーダについて語りつつ、その中にある美辞麗句を弄(もてあそ)び、これこそがヴェーダの真髄(しんずい)などとたわごとを言う。プリター妃の息子（アルジュナ）よ！

Kām'ātmānaḥ svarga-parāḥ janma-karma-phalapradām /
Kriyā-viśeṣa-bahulāṁ bhog'aiśvarya-gatiṁ prati // 43

カーマートマーナハ　スヴァルガ・パラーハ　ジャンマ・カルマ・ファラプラダーム / クリヤー・ヴィシェーシャ・バフラーン　ボーガイシュヴァリヤ・ガティン　プラティ //

肉体の快楽や天国に入ること、因果(カルマ)によってよき所に転生(てんしょう)すること、権力や富を手に入れることなどを願い、様々な特別儀礼をする者達や、

Bhog'aiśvarya-prasaktānāṁ tay'āpahṛta-cetasām /
Vyavasāy'ātmikā buddhiḥ samādhau na vidhīyate // 44

ボーガイシュヴァリヤ・プラサクターナーン　タヤーパフリタ・チェータサーム / ヴャヴァサーヤートミカー　ブッディヒ　サマーダウ　ナ　ヴィディーヤテー //

肉体の快楽や権力を得ることに熱中する者達の心の中には、真理（神）を求めんとする決意も知恵も、まったく失われている。

Traiguṇya viṣayā vedā nistraiguṇyo bhav'ārjuna /
Nirdvandvo nitya-sattvastho niryogakṣema ātmavān // 45

トライグンニャ　ヴィシャヤー　ヴェーダー　ニストライグンニョー　バヴァールジュナ / ニルドヴァンドヴォー　ニッテャ・サッ

トヴァストー　ニルヨーガクシェーマ　アートマヴァーン //

ヴェーダは自然界の三性質（トリグナ）*を説くが、おお、アルジュナよ！ この三性質（トリグナ）や二元対立を超え、利得や安全に心煩（わずら）わすことなく、常に真性（しんせい）にとどまる自我を確立せよ。

＊第十四章に詳説。

Yāvān artha udapāne sarvataḥ saṁplut'odake /
Tāvān sarveṣu vedeṣu brāhmaṇasya vijānataḥ // 46

ヤーヴァーン　アルタ　ウダパーネー　サルヴァタハ　サンプルトーダケー / ターヴァーン　サルヴェーシュ　ヴェーデーシュ　ブラーフマナッシヤ　ヴィジャーナタハ //

いずこも洪水で水が溢れている時、小さな貯水池など何の役にも立たぬように、宇宙の真理を悟った賢者（ブラーフマン）にとっては、ヴェーダの知識などそれほど大した価値はない。

Karmaṇy ev'ādhikāras te mā phaleṣu kadācana /
Mā karma-phala-hetur bhūr mā te saṅgo'stv akarmaṇi // 47

カルマニ　エーヴァーディカーラス　テー　マー　ファレーシュ　カダーチャナ / マー　カルマ・ファラ・ヘートゥル　ブール　マー　テー　サンゴーストゥ　アカルマニ //

君には定められた義務を行う権利はあるが、その結果についてどうこうする権利はない。君は何らかの結果を求めて行為してはならず、また何もせぬという怠惰（たいだ）に陥ってもならぬ。

Yogasthaḥ kuru karmāṇi saṅgaṁ tyaktvā dhanañjaya /
Sidhy-asiddhyoḥ samo bhūtvā samatvaṁ yoga ucyate // 48

ヨーガスタハ　クル　カルマーニ　サンガン　テャクトヴァー　ダナンジャヤ / シッディ・アシッディヨーホ　サモー　ブーットヴァー　サマットヴァン　ヨーガ　ウッチャテー //

ダナンジャヤ*（アルジュナ）よ！ 義務を忠実に遂行せよ。そして成功と失敗とに関するあらゆる執着（しゅうちゃく）を捨てよ。このような心の平静（へいせい）さをヨーガと言うのだ。

＊アルジュナの別名。「富の征服者」の意。

Dūreṇa hy avaraṁ karma buddhi-yogād dhanañjaya /
Buddhau śaraṇam anviccha kṛpaṇāḥ phala-hetavaḥ // 49

ドゥーレーナ　ヒ　アヴァラン　カルマ　ブッディ・ヨーガード　ダナンジャヤ / ブッダウ　シャラナム　アンヴィッチャ　クリパナーハ　ファラ・ヘータヴァハ //

ダナンジャヤ（アルジュナ）よ！　果報を期待しつつやる仕事は、それを期待せずにやる仕事よりもはるかに劣る。故に、いかなる仕事も神への奉仕の精神（無欲）でやるがよい。果報を期待して働く者は、まことに哀れな存在である。

Buddhi-yukto jahātī ha ubhe sukṛta-duṣkṛte /
Tasmād yogāya / yujyasva yogaḥ karmasu kauśalam // 50

ブッディ・ユクトー　ジャハーティー　ハ　ウベー　スクリタ・ドゥシュクリテー / タスマード　ヨーガーヤ　ユッジャスヴァ　ヨーガハ　カルマス　カウシャラム //

神にすべてを一任し、果報を考えずに仕事をする人は、現世（この世）において善悪の因果（いんが）から解放されよう。故に、神に奉仕し、ヨーガに励むがよい。それこそが、あらゆる仕事をする際の秘訣なのだ。

Karmajaṁ buddhi-yuktā hi phalaṁ tyaktvā manīṣiṇaḥ /
Janma-bandha-vinirmuktāḥ padaṁ gacchanty anāmayam // 51

カルマジャン　ブッディ・ユクター　ヒ　ファラン　テャクトヴァー　マニーシナハ / ジャンマ・バンダ・ヴィニルムクターハ　パダン　ガッチャンティ　アナーマヤム //

知性が真理（神）と合一した賢者は、行為の結果を捨てることによって生と死の束縛から解放され（物質世界（このよ）に再生せず）、無憂の境地に達するのである。

Yadā te moha-kalilaṁ buddhir vyatitariṣyati /
Tadā gantā'si nirvedaṁ śrotavyasya śrutasya ca // 52

ヤダー　テー　モーハ・カリラン　ブッディル　ヴャティタリッシヤティ / タダー　ガンターシ　ニルヴェーダン　シュロータッ

ヴァッシヤ　シュルタッシヤ　チャ //

知性が迷妄(めいもう)の密林から脱け出たなら、いままで聞かされてきたこととこれから聞くであろうことの全てから超然として、惑(まど)わされることはない。

Śruti-vipratipannā te yadā sthāsyati niścalā /
Samādhāv acalā buddhiḥ tadā yogam avāpsyasi // 53

シュルティ・ヴィプラティパンナー　テー　ヤダー　スターシヤティ　ニシュチャラー / サマーダーヴァチャラー　ブッディヒ　タダー　ヨーガム　アヴァープシヤシ //

君の心が、聖典の美辞麗句(びじれいく)に決して惑(まど)わされず、自己の本性にしっかりと向けられたなら、君は必ずや真我を実現し、至聖（神）のもとへと到達する。』と。

Arjuna uvāca:
Sthita-prajñasya kā bhāṣā samādhi-sthasya keśava /
Sthita-dhīḥ kiṁ prabhāṣeta kim āsīta vrajeta kim // 54

アルジュナ　ウヴァーチャ：
スティタ・プラジュニャッシヤ　カー　バーシャー　サマーディ・スタッシヤ　ケーシャヴァ / スティタ・ディーヒ　キン　プラバーシェータ　キム　アーシータ　ヴラジェータ　キム //

アルジュナが問います。『おお、ケーシャヴァ（クリシュナ）様！ 真の知識を獲得し三昧(さんまい)の境地に入った人は、どんな特徴をもち、いったいどのような言葉を語り、どのように座り、どのように歩くのでしょうか？』と。

Śrī Bhagavān uvāca:
Prajahāti yadā kāmān sarvān pārtha mano-gatān /
Ātmany evā'tmanā tuṣṭaḥ sthita-prajñas tado'cyate // 55

シュリー　バガヴァーン　ウヴァーチャ：
プラジャハーティ　ヤダー　カーマーン　サルヴァーン　パールタ　マノー•ガターン / アートマニ　エーヴァートマナー　トゥシュタハ　スティタ・プラジュニャス　タドーッチヤテー //

至高者が答えられます。『プリター妃の息子（アルジュナ）よ！　人が心の中の欲望をことごとく捨て去り、自己の本性（真我）にのみ満足した時、その人は真の知識を獲得した超越意識*の人と呼ばれる。

＊プラジニャー。仏教の“般若”。智慧。大智の人。大覚（さとり）を開いた人。

Duḥkheṣv anudvigna-manāḥ sukheṣu vigata-spṛhaḥ /
Vīta-rāga-bhaya-krodhaḥ sthita-dhīr munir ucyate // 56

ドゥッケーシュ　アヌドヴィグナ・マナーハ　スケーシュ　ヴィガタ・スプリハハ / ヴィータ・ラーガ・バヤ・クローダハ　スティタ・ディール　ムニル　ウッチャテー //

苦難*に遭っても心乱さず、快楽を追うこともなく、執着と恐れと怒りを己の心から完全に捨て去った人こそ、真の知識を獲得した聖者（ムニ）と呼ばれるのだ。

＊1、自然界からくるもの（天災、気候）、2、人間を含めた他の生物からくるもの、3、自分の肉体に関するもの。

Yaḥ sarvatr'ānabhisnehas tat-tat prāpya śubh'āśubham /
N'ābhinandati na dveṣṭi tasya prajñā pratiṣṭhitā // 57

ヤハ　サルヴァットラーナビスネーハス　タッ・タト　プラーッピャ　シュバーシュバム / ナービナンダティ　ナ　ドヴェーシュティ　タッシヤ　プラジュニャー　プラティシュティター //

悪を見ても嫌悪（けんお）せず、善を見ても愛慕（あいぼ）せず、好悪（こうお）の感情を超えた人こそが、完全智識（プラジュニャー）（＝般若（はんにゃ）の智慧）を得た人なのである。

Yadā saṁharate cāyaṁ kūrmo'ṅgānī'va sarvaśaḥ /
Indriyāṇī'ndriyārthebhyas tasya prajñā pratiṣṭhitā // 58

ヤダー　サンハラテー　チャーヤン　クールモーンガーニーヴァ　サルヴァシャハ / インドリヤーニーンドリヤールテーッビャス　タッシヤ　プラジュニャー　プラティシュティター //

亀が全身を甲羅（こうら）の中に引っ込めて身を守るように、眼・耳・鼻・舌・身のあらゆる対象から自分の感覚を完全に遮断（しゃだん）できる人こそ、完全智識（プラジュニャー）に安住する人と言えるのだ。

Viṣayā vinivartante nirāhārasya dehinaḥ /
Rasa-varjaṁ raso'py asya paraṁ dṛṣṭvā nivartate // 59

ヴィシャヤー　ヴィニヴァルタンテー　ニラーハーラッシヤ　デーヒナハ / ラサ・ヴァルジャン　ラソーッピ　アッシヤ　パラン　ドゥリシュトヴァー　ニヴァルタテー //

禁欲する人にとって、確かに快楽の対象はなくなるであろうが、それを求める気持ちは依然として残るであろう。しかし至高者を見ることで、その気持ちすら消えてしまうのだ。

Yatato hy api kaunteya puruṣasya vipaścitaḥ /
Indriyāṇi pramāthīni haranti prasabhaṁ manaḥ // 60

ヤタトー　ヒ　アピ　カウンテーヤ　プルシャッシヤ　ヴィパシュチタハ / インドリヤーニ　プラマーティーニ　ハランティ　プラサバン　マナハ //

クンティー妃の息子（アルジュナ）よ！ 人の感覚の欲求は抑えることが難しく、まことに強烈であって、時には賢者の心をすら奪い去ってしまうことがある。

Tāni sarvāṇi saṁyamya yukta āsīta mat-paraḥ /
Vaśe hi yasy'endriyāṇi tasya prajñā pratiṣṭhitā // 61

ターニ　サルヴァーニ　サンヤンミャ　ユクタ　アーシータ　マト・パラハ / ヴァシェー　ヒ　ヤッシェーンドリヤーニ　タッシヤ　プラジュニャー　プラティシティター //

それ故、肉体のあらゆる感覚を制御し、意識を至高者としての私（最高神としてのクリシュナ）に集中させよ。こうして己の感覚を完全に制御できた時、その人の真理に関する知識は不動のものとなる。

Dhyāyato viṣayān puṁsaḥ saṅgas teṣū'pajāyate /
Saṅgāt saṁjāyate kāmaḥ kāmāt krodho'bhijāyate // 62

デャーヤトー　ヴィシャヤーン　プンサハ　サンガス　テーシューパジャーヤテー / サンガート　サンジャーヤテー　カーマハ　カーマート　クロードービジャーヤテー //

感覚の対象を見、また思うことで、人はそれに対する愛着心が芽生え、またその愛着心によって欲望がおこり、欲望が遂げられないと怒りが生じてくる。

Krodhād bhavati saṁmohaḥ saṁmohāt smṛti-vibhramaḥ /
Smṛti-bhraṁśād buddhi-nāśo buddhi-nāśāt praṇaśyati // 63

クローダード　バヴァティ　サンモーハハ　サンモーハート　スムリティ・ヴィブラマハ / スムルティ・ブランシャード　ブッディ・ナーショー　ブッディ・ナーシャート　プラナッシャティ //

その怒りによって迷妄（めいもう）が生じ、迷妄（めいもう）によって記憶が混乱し、記憶の混乱によって知性が失われ、知性が失われると、人はまたもや低い物質次元へと堕（お）ちてしまう。

Rāga-dveṣa-viyuktais tu viṣayān indriyaiś caran /
Ātma-vaśyair vidhey'ātmā prasādam adhigacchati // 64

ラーガ・ドヴェーシャ・ヴィムクタイス　トゥ　ヴィシャヤーン　インドリヤイシュ　チャラン / アートマ・ヴァッシャイル　ヴィデーヤートマー　プラサーダム　アディガッチャティ //

しかし、自分の感覚を制御しつつ対象物を楽しみながらも、それに対する好悪（こうお）の感情を全く持たず、自己の魂を完全に統御している人は、至高者の恩寵（おんちょう）たる心の絶対平安を得る。

Prasāde sarva-duḥkhānāṁ hānir asyo'pajāyate /
Prasanna-cetaso hy āśu buddhiḥ paryavatiṣṭhate // 65

プラサーデー　サルヴァ・ドゥッカーナーン　ハーニル　アッショーパジャーヤテー / プラサンナ・チェータソー　ヒ　アーシュ　ブッディヒ　パリヤーヴァティシュタテー //

この絶対平安の境地においては、その人のあらゆる苦は消滅してしまう。何故なら、その安らかなる心境に入るや否や、ただちに真の知性が確立されるからである。

Nāsti buddhir ayuktasya na c'āyuktasya bhāvanā /
Na c'ābhāvayataḥ śāntir aśāntasya kutaḥ sukham // 66

ナースティ　ブッディル　アユクタッシヤ　ナ　チャーユクタッシヤ　バーヴァナー / ナ　チャーバーヴァヤタハ　シャーンティル　アシャーン

タッシヤ　クタハ　スカム //

自己を統御できぬ人には、知性も、深く考える力もなく、そうした人に平安の境地は望むべくもない。平安の境地無くして、どうして真の幸福が得られようか。

Indriyāṇāṁ hi caratāṁ yan mano'nuvidhīyate /
Tad asya harati prajñāṁ vāyur nāvam ivāṁbhasi // 67

インドリヤーナーン　ヒ　チャラターン　ヤン　マノーヌヴィディーヤテー / タド　アッシヤ　ハラティ　プラジュニャーン　ヴァーユル　ナーヴァム　イヴァーンバシ //

人の感覚が対象物を求めて揺れ動くと、心もそれにつられてさ迷うこととなる。ちょうど水の上の小船が、風に吹き流されてしまうように。

Tasmād yasya mahā-bāho nigṛhītāni sarvaśaḥ /
Indriyāṇ'īndriy'ārthebhyas tasya prajñā pratiṣṭhitā // 68

タスマード　ヤッシヤ　マハー・バーホー　ニグリヒーターニ　サルヴァシャハ / インドリヤーニーンードリヤールテーッビャス　タッシヤ　プラジュニャー　プラティシュティター //

故に、武勇の士（アルジュナ）よ！　もろもろの感覚を抑制し、それぞれの対象から心を完全に離せる人の覚智は、まことにしっかりと安定している。

Yā niśā sarva-bhūtānāṁ tasyāṁ jāgarti saṁyamī /
Yasyāṁ jāgrati bhūtāni sā niśā paśyato muneḥ // 69

ヤー　ニシャー　サルヴァ・ブーターナーン　タッシヤーン　ジャーガルティ　サンミャミー / ヤッシヤーン　ジャーグラティ　ブーターニ　サー　ニシャー　パッシヤトー　ムネーヘ //

あらゆる生物にとっての夜に、物欲を捨てた賢者は目覚めており*、またあらゆる生物が目覚めている昼は、逆に賢者によって夜とみなされている。

*物質次元で生活している大衆が“真”と見るものは，真理を体得した人にとっては妄想であり、逆に大衆が関心をもたず目を向けようともしない真理を、賢者はしっかりと見つめている。般若心経に“遠離一切顛倒夢想”とある。

Āpūryamāṇam acala-pratiṣṭhaṁ
samudram āpaḥ praviśanti yadvat /
Tadvat kāmā yaṁ praviśanti sarve
sa śāntim āpnoti na kāma-kāmī // 70

アープーリヤマーナム　アチャラ・プラティシュタン / サムッドラム　アーパハ　プラヴィシャンティ　ヤドヴァト / タッドヴァト　カーマー　ヤン　プラヴィシャンティ　サルヴェー / サ　シャーンティム　アープノーティ　ナ　カーマカーミー //

無数の河川が流れ入ろうとも、海は泰然（たいぜん）として不動であるように、様々な欲望が次々に起ころうとも、それを追わず取りあわずにいる人は平安である。

Vihāya kāmān yaḥ sarvān pumāṁś carati niḥspṛhaḥ /
Nirmamo nirahaṁkāraḥ sa śāntim adhigacchati // 71

ヴィハーヤ　カーマーン　ヤハ　サルヴァーン　プマーンシュ　チャラティ　ニヒスプリハハ / ニルマモー　ニラハンカーラハ　サ　シャーンティム　アディガッチャティ //

物欲肉欲をすべて放棄した人、もろもろの欲望から解放された人、自意識や執着心のない人、このような人だけが真の平安を得るのだ。

Eṣā brāhmī sthitiḥ pārtha n'ainām prāpya vimuhyati /
Sthitvā'syām antakāle'pi brahma-nirvāṇam ṛcchati // 72

エーシャー　ブラーフミー　スティティヒ　パールタ　ナイナーン　プラーッピヤ　ヴィムッヒャティ / スティットヴァーシヤーム　アンタカーレーピ　ブラフマ・ニルヴァーナム　リッチャティ //

プリター妃の息子よ！　これが絶対真理（ブラフマン）と合一する道で、これによって一切の迷妄（めいもう）が消え去るのだ。したがって、たとえ臨終（りんじゅう）の時にでもこの心境になる人は、必ずや涅槃（ねはん）の境地に入ることとなる。』と。

Iti Sāṁkhyayogaḥ nāma dvitīyo'dhyāyaḥ

イティ　サーンキャ　ヨーガハ
ナーマ　ドヴィティーヨーッデャーヤハ

Tṛtīyo'dhyāyaḥ:Karmayogaḥ

トリーティヨーッデャーヤハ：カルマ・ヨーガハ

第３章　奉仕の道（ヨーガ）

Arjuna uvāca:
Jyāyasī cet karmaṇas te matā buddhir janārdana /
Tat kiṁ karmaṇi ghore māṁ niyojayasi keśava // 1

アルジュナ　ウヴァーチャ：
ジヤーヤシー　チェート　カルマナス　テー　マター　ブッディル　ジャナールダナ / タト　キン　カルマニ　ゴーレー　マーン　ニヨージャヤシ　ケーシャヴァ //

アルジュナが申します。『ジャナールダナ（クリシュナ）様！ 果報を求める行為よりも知性を磨く方がよいというのがあなたのお考えなら、なぜ私に、このような恐ろしい戦いをせよ、とおっしゃるのですか？ おお、ケーシャヴァ様！

Vyāmiśreṇeva vākyena buddhiṁ mohayasīva me /
Tad ekaṁ vada niścitya yena śreyo'ham āpnuyām // 2

ヴャーミシュレーネーヴァ　ヴァーッキェーナ　ブッディン　モーハヤシーヴァ　メー / タド　エーカン　ヴァダ　ニシュチッテャ　イェーナ　シュレーヨーハム　アープヌヤーム //

あなた様が矛盾するようなことをおっしゃるので、私の心は今とまどっております。どうぞ私にとって最善の道を一つだけ、はっきりとお示し下さい。』と。

Śrī Bhagavān uvāca:
Loke'smin dvividhā niṣṭhā purā proktā mayā'nagha /
Jñāna yogena sāṁkhyānāṁ karma yogena yoginām // 3

シュリー　バガヴァーン　ウヴァーチャ：
ローケスミン　ドヴィヴィダー　ニシュター　プラー　プロークター　マヤーナガ / ジュニャーナ　ヨーゲーナ　サーンキャーナーン　カルマ　ヨーゲーナ　ヨーギナーム //

至高者が答えられます。『無垢（むく）なる者（アルジュナ）よ！　私は既に君にこの世で真理を体得する*二つの行法を説いた。即ち、哲学的思索を好む者には知識行（ジュニャーナ・ヨーガ）を、活動を好む者には奉仕行（カルマ・ヨーガ）を。

*大覚を得る。神と合一する。完成の境地に達する。

Na karmaṇām anārambhān naiṣkarmyaṁ puruṣo'śnute /
Na ca saṁnyasanād eva siddhiṁ samadhigacchati // 4

ナ　カルマナーム　アナーラムバーン　ナイシュカルミヤン　プルショーシュヌテー / ナ　チャ　サンニャサナード　エーヴァ　シッディン　サマディガッチャティ //

仕事を避け、何もせずにいたとしても、人は因果（カルマ）*から解放されるわけでもなく、また形だけ出家遁世（しゅっけとんせい）したからといって、三昧（さんまい）の境地に達するわけでもない。

*原因と結果（因果）または作用反作用の堂々巡り。

Na hi kaścit kṣaṇam api jātu tiṣṭhaty akarma-kṛt /
Kāryate hy avaśaḥ karma sarvaḥ prakṛtijair guṇaiḥ // 5

ナ　ヒ　カシュチト　クシャナム　アピ　ジャートゥ　ティシタッティ　アカルマ・クリト / カーリヤテー　ヒ　アヴァシャハ　カルマ　サルヴァハ　プラクリティジャイル　グナイヒ //

どんな人であろうと、一瞬たりとも何もせずにじっとしていることはできない。なぜなら、人間は生来（プラクリティ）もっている性質（グナ）により、どうしても何かをせずにはおれなくなるからだ。

Karm'endriyāṇi saṁyamya ya āste manasā smaran /
Indriy'ārthān vimūḍhātmā mithy'ācāraḥ sa ucyate // 6

カルメーンドリヤーニ　サンヤンミャ　ヤ　アーステー　マナサー　スマラン / インドリヤールターン　ヴィムーダートマー　ミッテャーチャーラハ　サ　ウッチャテー //

また、一方では行動の諸器官を抑制しながら*、他方では心を感覚の対象に向けている者は、まことに愚かな偽善者と呼ばれよう。

*実際に行動をしていなくても。

Yas tv indriyāṇi manasā niyamy'ārabhate'rjuna /
Karm-endriyaiḥ karma yogam asaktaḥ sa viśiṣyate // 7

ヤス　トゥ　インドリヤーニ　マナサー　ニヤンミャーラバテールジュナ /カルメーンドリヤイヒ　カルマ　ヨーガム　アサクタハ　サ　ヴィシッシャテー //

それとは反対に、心で感覚を抑え，何事にも執着せず、行動の諸器官を動かす人は、おお、アルジュナよ！ まことに秀でた人物と言われよう。

Niyataṁ kuru karma tvaṁ karma jyāyo hy akarmaṇaḥ /
Śarīra-yātrā'pi ca te na prasiddhyed akarmaṇaḥ // 8

ニヤタン　クル　カルマ　トヴァン　カルマ　ジヤーヨー　ヒ　アカルマナハ / シャリーラ・ヤーットラーピ　チャ　テー　ナ　プラシッディェード　アカルマナハ //

故に、君は定められた義務を成し遂げるがよい。仕事をせぬよりは、する方がはるかに善いのだ。第一、人は働かなければ自分の肉体を維持することさえできぬであろうが。

Yajñ'ārthāt karmaṇo'nyatra loko'yaṁ karma-bandhanaḥ /
Tad-arthaṁ karma kaunteya mukta-saṅgaḥ samācara // 9

ヤジュニャールタート　カルマノーンニャットラ　ローコーヤン　カルマ・バンダナハ / タド・アルタン　カルマ　カウンテーヤ　ムクタ・サンガハ　サマーチャラ //

仕事を至高者への供物とせねば、その仕事が人を物質界(このよ)に縛りつけてしまう。故に、クンティー妃の息子（アルジュナ）よ！仕事の結果を至高者に捧げ、ただひたすらに活動するがいい。

Saha yajñāḥ prajāḥ sṛṣṭvā puro'vāca prajāpatiḥ /
Anena prasaviṣyadhvam eṣa vo'stva iṣṭa-kāmadhuk // 10

サハ　ヤジュニャーハ　プラジャーハ　スリシュトヴァー　プローヴァーチャ　プラジャーパティヒ / アネーナ　プラサヴィッシャドヴァム　エーシャ　ヴォーストヴァ　イシュタ・カーマドゥク //

造物主(プラジャーパティ)は、初めに人類を創造し、彼らに至高者へ供養する*ことを教え、こう言われた。〈これをよく行う者に栄あれ！ その者の願望はすべて満たされるであろう。〉と。

＊自分の行為の結果を神に供物として捧げること。供養。

Devān bhāvayat'ānena te devā bhāvayantu vaḥ /
Parasparaṁ bhāvayantaḥ śreyaḥ param avāpsyatha // 11

デーヴァーン　バーヴァヤターネーナ　テー　デーヴァー　バーヴァヤントゥ　ヴァハ / パラスパラン　バーヴァヤンタハ　シュレーヤハ　パラム　アヴァープシヤタ //

仕事の結果を供養して神々（デーヴァ）＊を喜ばせ、君も神々から喜ばせていただきなさい。このように相互に喜ばせ合うことによって、君は最高のものを手に入れることとなる。

＊神々は、一定の範囲内の各種権限を至高者から与えられている。

Iṣṭān bhogān hi vo devā dāsyante yajña-bhāvitāḥ /
Tair dattān apradāy'aibhyo yo bhuṅkte stena eva saḥ // 12

イシュターン　ボーガーン　ヒ　ヴォー　デーヴァー　ダーシヤンテー　ヤジュニャ・バーヴィターハ / タイル　ダッターン　アプラダーヤイッビョー　ヨー　ブンクテー　ステーナ　エーヴァ　サハ //

供養に満足した神々は、供養者に様々な物をお授けになるが、そうしたものを頂戴しながら神々に何の返礼せぬ者は、盗人（ぬすっと）と同じ。

Yajña-śiṣṭ'āśinaḥ santo mucyante sarva-kilbiṣaiḥ /
Bhuñjate te tv aghaṁ pāpā ye pacanty ātma kāraṇāt // 13

ヤジュニャ・シシュターシナハ　サントー　ムッチャンテー　サルヴァ・キルビシャイヒ / ブンジャテー　テー　トゥ　アガン　パーパー　イェー　パチャンティ　アートマ　カーラナート //

神々に供養した食物をいただく人は、全ての罪から免（まぬが）れるが、己の味覚の楽しみのため食物をとる者は、罪そのものを食べることとなる。

Annād bhavanti bhūtāni parjanyād anna-saṁbhavaḥ /
Yajñād bhavati parjanyo yajñaḥ karma-samudbhavaḥ // 14

アンナード　バヴァンティ　ブーターニ　パルジャンニャード　アンナ・サンバヴァハ / ヤジュニャード　バヴァティ　パルジャンニョー　ヤジュニャハ　カルマ・サムドバヴァハ //

すべての生物は穀物（こくもつ）によって生き、穀物（こくもつ）は雨によって育つ。雨は供養によって降るが、供養は人の義務の遂行によって成り立つ。

Karma brahm'odbhavaṁ viddhi brahmā'kṣara-samudbhavam
Tasmāt sarvagataṁ brahma nityaṁ yajñe pratiṣṭhitam // 15

カルマ　ブラフモードバヴァン　ヴィッディ　ブラフマークシャラ・サムッドバヴァム / タスマート　サルヴァガタン　ブラフマ　ニッテャン　ヤジュネー　プラティシュティタム //

すべての行為はヴェーダより発し、ヴェーダは至高者（ブラフマン）*より発していることを知るがいい。故に、永遠普遍の無限存在（ブラフマン）は、常に供養*の在り方の根本に関わってくる。

*宇宙の根本原理、第一原理。
*人が、結果をすべて至高者に委（ゆだ）ね、ひたすら己の義務を遂行すること。

Evaṁ pravartitaṁ cakraṁ n'ānuvartayatī'ha yaḥ /
Agh'āyur indriy'ārāmo moghaṁ pārtha sa jīvati // 16

エーヴァン　プラヴァルティタン　チャックラン　ナーヌヴァルタヤティーハ　ヤハ / アガーユル　インドリヤーラーモー　モーガン　パールタ　サ　ジーヴァティ //

このように廻る法輪（ヴェーダ）に従って正しい行為をせぬ者は、必ずや罪深い生活を送り、感覚的快楽に浸って空しい一生を終えることであろう。おおプリター妃の息子（アルジュナ）よ！

Yas tv ātma-ratir eva syād ātma-tṛptaś ca mānavaḥ /
Ātmany eva ca santuṣṭas tasya kāryaṁ na vidyate // 17

ヤス　トゥ　アートマ・ラティル　エーヴァ　シヤード　アートマ・トリプタシュ　チャ　マーナヴァハ / アートマニ　エーヴァ　チャ　サントゥシュタス　タッシヤ　カーリヤン　ナ　ヴィッデャテー //

だが自己の本性（アートマン）を知り、それに満足し、喜び、それに安んじ、楽しむ人にとっては、もはや為すべき仕事はなにも無くなる。

N'aiva tasya kṛten'ārtho n'ākṛten'eha kaścana /
Na c'āsya sarva-bhūteṣu kaścid artha-vyapāśrayaḥ // 18

ナイヴァ　タッシヤ　クリテーナールトー　ナークリテーネーハ　カシュチャナ / ナ　チャーッシヤ　サルヴァ・ブーテーシュ　カシュチド　アルタ・ヴャパーシュラヤハ //

そのような人にとっては、行為しなければならぬ目的もなく、行為せぬことによって失うものもない。したがって、他の何ものにも頼る必要は全くないのだ。

Tasmād asaktaḥ satataṁ kāryaṁ karma samācara /
Asakto hy ācaran karma param āpnoti pūruṣaḥ // 19

タスマード　アサクタハ　サタタン　カーリヤン　カルマ　サマーチャラ / アサクトー　ヒ　アーチャラン　カルマ　パラム　アープノーティ　プールシャハ //

故に、仕事の結果に執着することなく、ただ己の為すべき義務としてそれを行いなさい。なぜなら、無執着の心で行動することによって、人は至高の境地に達し得るからである。

Karmaṇ'aiva hi saṁsiddhim āsthitā janakādayaḥ /
Loka-saṁgraham evā'pi saṁpaśyan kartum arhasi // 20

カルマナイヴァ　ヒ　サンシッディム　アースティター　ジャナカーダヤハ / ローカ・サングラハム　エーヴァーピ　サンパッシヤン　カルトゥム　アルハシ //

ジャナカ王のような人達も、義務の遂行によって完成の域に達した。故に、世の人々に手本を示すため、君も自分の為すべき仕事を立派に行いなさい。

Yad-yad ācarati śreṣṭhas tat-tad ev'etaro janaḥ /
Sa yat pramāṇaṁ kurute lokas tad anuvartate // 21

ヤドヤド　アーチャラティ　シュレーシュタス　タッ・タド　エーヴェータロー　ジャナハ / サ　ヤト　プラマーナン　クルテー　ローカス　タド　アヌヴァルタテー //

何事であろうと偉人の行為を、一般の人々は真似るものだ。故に、指導的立場の者が模範を示せば、世のすべての人々はそれに追従するであろう。

Na me pārthā'sti kartavyaṁ triṣu lokeṣu kiñcana /
N'ānavāptam avāptavyaṁ varta eva ca karmaṇi // 22

ナ　メー　パールタースティ　カルタッヴィヤン　トリシュ　ローケーシュ　キンチャナ / ナーナヴァープタム　アヴァープタッヴィヤン　ヴァルタ　エーヴァ　チャ　カルマニ //

プリター妃の息子（アルジュナ）よ！　私*には、三界においてしなければならぬ仕事など何も無い。だが何の不足もなく、何も得る必要がないのに、それでもなお私*は働いている。

*至高者、最高人格神。

Yadi hy ahaṁ na varteyaṁ jātu karmaṇy atandritaḥ /
Mama vartm'ānuvartante manuṣyāḥ pārtha sarvaśaḥ // 23

ヤディ　ヒ　アハン　ナ　ヴァルテーヤン　ジャートゥ　カルマニ　アタンドリタハ / ママ　ヴァルトマーヌヴァルタンテー　マヌッシヤーハ　パールタ　サルヴァシャハ //

何故なら、もしも私が真剣に働かなかったら、人類も私に見習って、誰も働かなくなってしまうであろうからだ。プリター妃の息子（アルジュナ）よ！

Utsīdeyur ime lokā na kuryāṁ karma ced aham /
Saṅkarasya ca kartā syām upahanyām imāḥ prajāḥ // 24

ウツシーデーユル　イメー　ローカー　ナ　クルヤーン　カルマ　チェード　アハム / サンカラッシヤ　チャ　カルター　シヤーム　ウパハンニャーム　イマーハ　プラジャーハ //

私が働くことを止めたなら、三界はやがて消滅するだろうし、望ましくない不純な人口を増やし、人々を滅ぼす張本人となってしまうこととなる。

Saktāḥ karmaṇy avidvāṁso yathā kurvanti bhārata /
Kuryād vidvāṁs tathā'saktaś cikīrṣur loka-saṁgraham // 25

サクターハ　カルマニ　アヴィドヴァンソー　ヤター　クルヴァンティ　バーラタ / クルヤード　ヴィッドヴァーンス　タターサククタシュ　チキールシュル　ローカ・サングラハム //

バーラタ王の子孫（アルジュナ）よ！　無知なる者は果報を求めて仕事をするが、賢者は、ただ世の人々を正しく導くため、何事にも執着せず活動をしなくてはならぬ。

Na buddhi-bhedaṁ janayed ajñānāṁ karma-saṅginām /

Joṣayet sarva-karmāṇi vidvān yuktaḥ samācaran // 26

ナ　ブッディ・ベーダン　ジャナイェード　アジュニャーナン　カルマ・サンギナーム / ジョーシャイェート　サルヴァ・カルマーニ　ヴィドヴァーン　ユクタハ　サマーチャラン //

果報に執着して行動する愚者たちの心を惑(まど)わせてはならず、彼等があらゆる仕事を奉仕の精神でやるように、賢者はしっかりと導き励ましてやらねばならぬ。

Prakṛteḥ kriyamāṇāni guṇaiḥ karmāṇi sarvaśaḥ /
Ahaṁkāra-vimūḍh'ātmā kartā'ham iti manyate // 27

プラクリテーへ　クリヤマーナーニ　グナイヒ　カルマーニ　サルヴァシャハ / アハンカーラ・ヴィムーダートマー　カルターハム　イティ　マンニャテー //

あらゆる活動は、人間生来(プラクリティ)の三性質(トリグナ)によってなされるのだが、自分の心が我執によって曇らされている者は、『すべて私が為しているのだ』と思いこんでしまう。

Tattva-vit tu mahā-bāho guṇa-karma-vibhāgayoḥ /
Guṇā guṇeṣu vartanta iti matvā na sajjate // 28

タットヴァ・ヴィト　トゥ　マハー・バーホー　グナ・カルマ・ヴィバーガヨーホ / グナー　グネーシュ　ヴァルタンタ　イティ　マトヴァー　ナ　サッジャテー //

だが偉大なる勇者（アルジュナ）よ！　人間生来の三性質(トリグナ)と活動(カルマ)を良く知る人は、自分の感覚（肉体）が対象を求めているだけであって、真我（霊魂）はそれに関わってはいないと達観する。

Prakṛter guṇa-saṁmūḍhāḥ sajjante guṇa-karmasu /
Tān akṛtsna-vido mandān kṛtsna-vin na vicālayet // 29

プラクリテール　グナ・サンムーダーハ　サッジャンテー　グナ・カルマス / ターン　アクリツナ・ヴィドー　マンダーン　クリツナ・ヴィン　ナ　ヴィチャーライェート //

人間生来(プラクリティ)の三性質(トリグナ)に惑(まど)わされ、世俗の人は物質的活動に執着するが、たとえそれが知識の欠けているためと知っても、賢者は彼らの心を決して不安にさせてはならぬ。

Mayi sarvāṇi karmāṇi saṁnyasy'ādhyātma-cetasā /
Nirāśīr nirmamo bhūtvā yudhyasva vigata-jvaraḥ // 30

マイ　サルヴァーニ　カルマーニ　サンニャシヤッディャートマ・チェータサー / ニラーシール　ニルマモー　ブーットヴァー　ユッディャッスヴァ　ヴィガタ・ジュヴァラハ //

行動（仕事）のすべてを私に委ね、真の自我に心をしっかりと定め、いかなる欲望も所有意識*も持たず、心乱されることなく、勇ましく戦いなさい！

＊何事によらず「私のもの」という考えを持つこと。

Ye me matam idaṁ nityam anutiṣṭhanti mānavāḥ /
Śraddāvanto'nasūyanto mucyante te'pi karmabhiḥ // 31

イェー　メー　マタム　イダン　ニッテャン　アヌティシュタンティ　マーナヴァーハ / シュラッダーヴァントーナスーヤントー　ムッチャンテー テーピ　カルマビヒ //

私のこの教えを信じ、あら捜しをすることなく、誠実に行動する人は誰でも、因果の鎖*から解き放たれて自由になる。

＊六道輪廻から解脱する。

Ye tv etad abhyasūyanto n'ānutiṣṭhanti me matam /
Sarva-jñāna vimūḍhāṁs tān viddhi naṣṭān acetasaḥ // 32

イェー　トゥ　エータド　アッビャスーヤントー　ナーヌティシュタンティ　メー　マタム / サルヴァ・ジュニャーナ　ヴィムーダーンス　ターン　ヴィッディ　ナシュターン　アチェータサハ //

だが私の教えを貶し、これを実行せぬ者は、無知蒙昧の徒となり果てて、破滅の淵に沈むことであろう。

Sadṛśaṁ ceṣṭate svasyāḥ prakṛter jñānavān api /
Prakṛtiṁ yānti bhūtāni nigrahaḥ kiṁ kariṣyati // 33

サッドゥリシャン　チェーシュタテー　スヴァッシヤーハ　プラクリテール　ジュニャーナヴァーン　アピ / プラクリティン　ヤーンティ　ブーターニ　ニッグラハハ　キン　カリッシヤティ //

また、たとえ智者であろうと誰であろうと、人は生来の性格に従って行動しようとする。つまり、人は誰でも生来の傾向に従うので、それに逆らおうとしても無駄である。

Indriyasy'endriyasy'ārthe rāgadveṣau vyavasthitau /
Tayor na vaśam āgacchet tau hy asya paripanthinau // 34

インドリヤシエーンドリヤッシヤールテー　ラーガドヴェーシャウ　ヴャヴァスティタウ / タヨール　ナ　ヴァシャム　アーガッチェート　タウ　ヒ　アッシヤ　パリパンティナウ //

人は、感覚の対象に愛着（あいちゃく）と嫌悪感（けんおかん）をもつが、そうした感情に支配されてはならぬ。なぜなら、この快不快の念は、真理体得（さとり）への敵（障害）となるからだ。

Śreyān svadharmo viguṇaḥ para-dharmāt svanuṣṭhitāt /
Svadharme nidhanaṁ śreyaḥ para-dharmo bhay'āvahaḥ // 35

シュレーヤーン　スヴァダルモー　ヴィグナハ　パラ・ダルマート　スヴァヌシュティタート / スヴァダルメー　ニダナン　シュレーヤハ　パラ・ダルモー　バヤーヴァハハ //

自分本来のものでない義務をうまくやるよりも、たとえ下手でも自分本来の義務をやった方がいい。なぜなら、自分本来の義務を果たして死ぬ方が、それ以外の義務を恐る恐るやるよりはましだからだ』と。

Arjuna uvāca:
Atha kena prayukto'yaṁ pāpaṁ carati pūruṣaḥ /
Anicchann api vārṣṇeya balād iva niyojitaḥ // 36

アルジュナ　ウヴァーチャ：
アタ　ケーナ　プラユクトーヤン　パーパン　チャラティ　プールシャハ / アニッチャンナピ　ヴァールシュネーヤ　バラード　イヴァ　ニヨージタハ //

アルジュナが問います。『おお、ヴリシュニ族の子孫であるクリシュナ様！　人は自分の意志に反し、つい罪深い行動をとってしまうことがありますが、これはいったい何の力によるものなのでしょうか？』と。

Śrī Bhagavān uvāca:
Kāma eṣa krodha eṣa rajo-guṇa-samudbhavaḥ /
Mah'āśano mahā-pāpmā viddhy enam iha vairiṇam // 37

シュリー　バガヴァーン　ウヴァーチャ：
カーマ　エーシャ　クローダ　エーシャ　ラジョー・グナ・サムッドバヴァハ / マハーシャノー　マハー・パープマー　ヴィッディ　エーナム　イハ ヴァイリナム //

至高者が答えられます。『その力とは、人間生来（プラクリティ）のラジャスの性質*から生じる欲望と憤怒（ふんぬ）の心から出てくるもので、人を狂わせ罪を犯させる最大の敵である。

＊物質の三性質：サットワ（美徳、調和、無欲性）、ラジャス（激情、欲求、熱性、積極性）、タマス（暗愚、無知、消極性）。

Dhūmen'āvriyate vahnir yathā'darśo malena ca /
Yath'olben'āvṛto garbhas tathā ten'edam āvṛtam // 38

ドゥーメーナーヴリヤテー　ヴァフニル　ヤターダルショー　マレーナ　チャ / ヤトールベーナーヴリトー　ガルバス　タター　テーネーダム　アーヴリタム //

煙にまかれた炎のように、埃（ほこり）に覆われた鏡のように、子宮に包まれた胎児のように、人の知性も様々な欲望によって覆われている。

Āvṛtaṁ jñānam etena jñānino nitya-vairiṇā /
Kāma-rūpeṇa kaunteya duṣpūreṇ'ānalena ca // 39

アーヴリタン　ジュニャーナム　エーテーナ　ジュニャーニノー　ニッテャ・ヴァイリナー / カーマ・ルーペーナ　カウンテーヤ　ドゥシュプーレーナーナレーナ　チャ //

このように、人の知性は欲望という仇敵（きゅうてき）に覆われて曇っている。そしてその仇敵（きゅうてき）とは、消えることの無い欲望という火なのだ。クンティー妃の息子（アルジュナ）よ！

Indriyāṇi mano buddhir asy'ādhiṣṭhānam ucyate /
Etair vimohayaty eṣa jñānam āvṛtya dehinam // 40

インドリヤーニ　マノー　ブッディル　アッシヤーディシュターナム　ウッチャテー / エータイル　ヴィモーハヤティ エーシャ　ジュニャーナム　アーヴリッテャ　デーヒナム //

欲望は、眼・耳・鼻・舌・身の感覚器官と心と知性を住処（すみか）となし、正しい知識を覆いかくし、人の魂を迷わせる。

Tasmāt tvam indriyāṇy ādau niyamya bharatarṣabha /
Pāpmānaṁ prajahi hy enaṁ jñāna-vijñāna-nāśanam // 41

タスマート　トヴァム　インドリヤーニ　アーダウ　ニヤンミャ　バラタルシャバ / パープマーナン　プラジャヒ　ヒ　エーナン　ジュニャーナ・ヴィジュニャーナ・ナーシャナム //

バーラタ王の最も秀れたる子孫（アルジュナ）よ！ 先ず己の感覚器官を統御し、正智と正悟（さとり）を壊そうとする罪深き欲望を完全に消し去りなさい！

Indriyāṇi parāṇy āhur indriyebhyaḥ paraṁ manaḥ /
Manasas tu parā buddhir yo buddheḥ paratas tu saḥ // 42

インドリヤーニ　パラーニ　アーフル　インドリイェーッビャハ　パラン　マナハ / マナサス　トゥ　パラー　ブッディル　ヨー　ブッデーヘ　パラタス　トゥ　サハ //

感覚は肉体より優（すぐ）れ、心は感覚より優（すぐ）れ、知性は心より優（すぐ）れているが、かれ（魂）＊は知性よりさらに優（すぐ）れている。

＊アートマン。真我。霊我。たましい。自己の本体。

Evaṁ buddheḥ paraṁ buddhvā saṁstabhy'ātmānam-ātmanā /
Jahi śatruṁ mahā-bāho kāma-rūpaṁ durāsadam // 43

エーヴァン　ブッデーヘ　パラン　ブッドヴァー　サンスタッビヤートマーナム・アートマナー / ジャヒ　シャットルン　マハー・バーホー　カーマ・ルーパン　ドゥラーサダム //

このように、真我は知性より上であることを知り、その真我の霊的知性によって己の心を統御し、大勇士アルジュナよ！ “欲望” という名の恐るべき敵を斬殺（ざんさつ）せよ！』と。

Iti Karmayogaḥ nāma tṛtīyo'dhyāyaḥ

イーティ　カルマ　ヨーガハ
ナーマ　トリーティヨーッデャーヤハ

Caturtho'dyāyaḥ:Jñānakarmasaṁnyāsayogaḥ

チャトゥルトーッデャーヤハ：ジュニャーナ・カルマ・サンニャーサ・ヨーガハ

第４章　知識・行為・放棄の道

Srī Bhagavān uvāca:
Imaṁ vivasvate yogaṁ proktavān aham avyayam /
Vivasvān manave prāha manur ikṣvākave'bravīt // 1

シュリー　バガヴァーン　ウヴァーチャ：
イマン　ヴィヴァスヴァテー　ヨーガン　プロークタヴァーン　アハム　アッヴャヤム / ヴィヴァスヴァーン　マナヴェー　プラーハ　マヌル　イクシュヴァーカヴェーブラヴィート //

至高者クリシュナがさらに語られます。『私はこの不滅のヨーガを太陽神ヴィヴァスヴァーンに教えた*が、彼はそれを人類の父マヌに教え*、さらにマヌがイクシュワーク大王に教えた*のである。

＊約一億二千年前。
＊約二百万年前
＊マヌの息子で弟子。地球の大王。至高者クリシュナがアルジュナにギーターを語ったのは五千年前。

Evaṁ paramparā-prāptam imaṁ rāja'rṣayo viduḥ /
Sa kālen'eha mahatā yogo naṣṭaḥ parantapa // 2

エーヴァン　パランパラー•プラープタム　イマン　ラージャルショー　ヴィドゥフ / サ　カーレーネーハ　マハター　ヨーゴー　ナシュタハ　パランタパ //

この無上の科学であるヨーガは、師弟継承の鎖によって伝えられ、聖王たちはこれをよく会得してきたのだが、時の経つとともに、この偉大な道は途絶えてしまった。敵を殲滅(せんめつ)する勇者(アルジュナ)よ！

Sa evāyaṁ mayā te'dya yogaḥ proktaḥ purātanaḥ /
Bhakto'si me sakhā c'eti rahasyaṁ hy etad uttamam // 3

サ　エーヴァーヤン　マヤー　テーッデャ　ヨーガハ　プローク

タハ　プラータナハ / バクトーシ　メー　サカー　チェーティ　ラハッシヤン　ヒ　エータド　ウッタマム //

それ故、太古の昔より伝わるヨーガの道を、私は今日、私の信愛者（バクタ）でもあり友人でもある君に語ったのだ。この人智を超えた神秘の科学を、君だけに』と。

Arjuna uvāca:
Aparaṁ bhavato janma paraṁ janma vivasvataḥ /
Katham etad vijānīyāṁ tvam ādau proktavān iti // 4

アルジュナ　ウヴァーチャ：
アパラン　バヴァトー　ジャンマ　パラン　ジャンマ　ヴィヴァスヴァタハ / カタム　エータッド　ヴィジャーニーヤーン　トヴァム　アーダウ　プロークタヴァーン　イティ //

アルジュナが問います。『太陽神ヴィヴァスヴァーンが生まれたのは、あなた様の誕生よりはるかに昔のこと、あなた様が彼にこの学問を授けたとは、いったいどう解釈したらよろしいのでしょうか？』と。

Śrī Bhgavān uvāca:
Bahūni me vyatītāni janmāni tava c'ārjuna /
Tāny ahaṁ veda sarvāṇi na tvaṁ vettha parantapa // 5

シュリー　バガヴァーン　ウヴァーチャ：
バフーニ　メー　ヴャティーターニ　ジャンマーニ　タヴァチャールジュナ / ターニ　アハン　ヴェーダ　サラヴァーニ　ナトヴァン　ヴェッタ　パランタパ //

至高者が答えられます。『敵を滅ぼす者アルジュナよ！　私も君も、何度となくこの世に生まれて来ている。だが私は全てをおぼえているが、君は前生のことなど何も知らない。

Ajo'pi sann avyay'ātmā bhūtānām īśvaro'pi san /
Prakṛtiṁ svām adhiṣṭhāya saṁbhavāmy ātma-māyayā // 6

アジョーピ　サン　アッヴャートマー　ブーターナーム　イーシュヴァローピ　サン / プラクリティン　スヴァーム　アディシュターヤ　サンバヴァーミ　アートマ・マーヤヤー //

私は生まれることも死ぬこともない存在で、全ての生物を支配する至高主（イーシュワラ）なのだが、本来の性質を隠し、神秘的な力によって、このような姿で現世に現れてくるのだ。

Yadā yadā hi dharmasya glānir bhavati bhārata /
Abhyutthānam adharmasya tad'ātmānaṁ sṛjāmy aham // 7

ヤダー　ヤダー　ヒ　ダルマッシヤ　グラーニル　バヴァティ　バーラタ / アッビュッターナム　アダルマッシヤ　タダートマーナン　スリジャーミ　アハム //

正法（ダルマ）が実践されなくなり、邪法が世にはびこった時、バーラタ王の子孫（アルジュナ）よ！ 何時でも何処でも私は姿をとって現われるのだ。

Paritrāṇāya sādhūnāṁ vināśāya ca duṣkṛtām /
Dharma-saṁsthāpan'ārthāya saṁbhavāmi yuge yuge // 8

パリットラーナーヤ　サードゥーナーン　ヴィナーシャーヤ　チャ　ドゥシュクリターム / ダルマ・サンスターパナールターヤ　サンバヴァーミ　ユゲー　ユゲー //

正信正行の人々を救（たす）け、異端邪信（いたんじゃしん）の者どもを打ち倒し、正法（ダルマ）を再び世に興すため、私はどんな時代にも降臨（こうりん）する。

Janma karma ca me divyam evaṁ yo vetti tattvataḥ /
Tyaktvā dehaṁ punar-janma nai'ti mām eti so'rjuna // 9

ジャンマ　カルマ　チャ　メー　ディッヴャム　エーヴァン　ヨーヴェーッティ　タットヴァタハ / テャクトヴァー　デーハン　プナル・ジャンマ　ナイティ　マーム　エーティ　ソールジュナ //

私の顕現と活動の神秘を理解する者は、その肉体を離れた後、アルジュナよ！ 再び物質界（この世）に誕生することなく、わが永遠の楽土（超越界）に来て住むこととなる。

Vīta-rāga-bhaya-krodhā manmayā mām upāśritāḥ /
Bahavo jñāna-tapasā pūtā mad-bhāvam āgatāḥ // 10

ヴィータ・ラーガ・バヤ・クローダー　マンマヤー　マーム　ウパーシュリターハ / バハヴォー　ジュニャーナ・タパサー　プーター　マド・バーヴァム　アーガターハ //

執着と恐怖と怒りから離れ、全てを私に任せ、私に頼ることで清浄（きよらか）

となり、過去の多くの人々は、修行と真の叡智（えいち）とによって、私のもとへと到達した。

Ye yathā māṁ prapadyante tāṁs that'aiva bhajāmy aham /
Mama vartm'ānuvartante manuṣyāḥ pārtha sarvaśaḥ // 11

イェー　ヤター　マーン　プラパッデャンテー　ターンス　タタイヴァ　バジャーミ　アハム / ママ　ヴァルトマーヌヴァルタンテー　マヌッシヤーハ　パールタ　サルヴァシャハ //

私に身と心を委（ゆだ）ねる程度に応じ、私はその帰依した人に報いていく。プリター妃の息子（アルジュナ）よ！　人々は、あらゆる道を通って私のもとへとやってくる。

Kāṅkṣantaḥ karmaṇāṁ siddhiṁ yajanta iha devatāḥ /
Kṣipraṁ hi mānuṣe loke siddhir bhavati karmajā // 12

カーンクシャンタハ　カルマナーン　シッディン　ヤジャンタ　イハ　デーヴァターハ / クシプラン　ヒ　マーヌシェー　ローケー　シッディル　バヴァティ　カルマジャー //

世の人々は、仕事の成功と果報を求め、さまざまな神々を拝んでそれを得ようと願う。なぜなら、そのようにすれば速くたやすく物質界の果報が得られるからである。

Cāturvarṇyaṁ mayā sṛṣṭaṁ guṇa-karma-vibhāgaśaḥ /
Tasya kartāram api māṁ viddhy akartam avyayam // 13

チャートゥルヴァルニャン　マヤー　スリシュタン　グナ・カルマ・ヴィバーガシャハ / タッシヤ　カルターラム　アピ　マーン　ヴィッディ　アカルターラム　アッヴャヤム //

人間生来の三性質とカルマに応じ、私は人間社会を四つに分け、四階層（カースト）を造ったが、しかし私自身は、不為（ふい）、不動、不変の超越者であることを知るがいい。

Na māṁ karmāṇi limpanti na me karma-phale spṛhā /
Iti māṁ yo'bhijānāti karmabhir na sa badhyate // 14

ナ　マーン　カルマーニ　リムパンティ　ナ　メー　カルマ・ファレー　スプリハー / イティ　マーン　ヨービジャーナーティ　カル

マビル　ナ　サ　バッデャテー //

私はどんな活動にも影響されず、どんな結果も求めてはいない。私のこうした真実の姿を知る者は、行為（カルマ）の結果に縛られることはないであろう。

Evaṁ jñātvā kṛtaṁ karma pūrvair api mumukṣubhiḥ /
Kuru karm'aiva tasmāt tvaṁ pūrvaiḥ pūrvataraṁ kṛtam // 15

エーヴァン　ジュニャーットヴァー　クリタン　カルマ　プールヴァイル　アピ　ムムクシュビヒ / クル　カルマイヴァ　タスマート　トヴァン　プールヴァイヒ　プールヴァタラン　クリタム //

魂の自由*を求める昔の人々は、すべてこの真理を理解して活動していた。故に、君も先覚者が昔からしてきたように、それと同じ意識をもって義務を遂行しなさい。

＊仏教用語では“解脱”。

Kiṁ karma kim akarm'eti kavayo'py atra mohitāḥ /
Tat te karma pravakṣyāmi yaj jñātvā mokṣyase'śubhāt // 16

キン　カルマ　キム　アカルメーティ　カヴァヨーピ　アットラ　モーヒターハ / タッ　テー　カルマ　プラヴァクシヤーミ　ヤッ　ジュニャーットヴァー　モークシヤセーシュバート //

活動（カルマ）*とは何か？　無活動（アカルマ）とは何か？　賢者でもこれを定義するのに苦労するが、私は今ここで活動とは何かを君に説明しよう。これを知ることで君はあらゆる罪から解放される。

＊行為、業。

Karmaṇo hy api boddhavyaṁ boddhavyaṁ ca vikarmaṇaḥ /
Akarmaṇaś ca boddhavyaṁ gahanā karmaṇo gatiḥ // 17

カルマノー　ヒ　アピ　ボーッダッヴィヤン　ボーッダッヴィヤン　チャ　ヴィカルマナハ / アカルマナシュ　チャ　ボーッダッヴィヤン　ガハナー　カルマノー　ガティヒ //

為（な）す活動（カルマ）も、為（な）すべからざる活動（ヴィカルマ）も、為（な）さぬ活動（アカルマ）も、それぞれの真相をしっかりと学ばなくてはならぬ。何故なら、活動の諸相は、実に不可思議で理解しがたいからである。

Karmaṇy akarma yaḥ paśyed akarmaṇi ca karma yaḥ /
Sa buddhimān manuṣyeṣu sa yuktaḥ kṛtsna-karma-kṛt // 18

カラマニ　アカルマ　ヤハ　パッシェード　アカルマニ　チャ　カルマ　ヤハ / サ　ブッディマーン　マヌッシェーシュ　サ　ユクタハ　クリツナ・カルマ・クリト //

活動の中に無活動を見、無活動のなかに活動を見る人は賢者であり、そうした人は、たとえどんな種類の仕事をしていようと、相対世界を超越した覚者（ヨーギ）である。

Yasya sarve samārambhāḥ kāma-saṅkalpa-varjitāḥ /
Jñānāgni-dagdha-karmāṇaṁ tam āhuḥ paṇḍitaṁ budhāḥ // 19

ヤッシヤ　サルヴェー　サマーラムバーハ　カーマ・サンカルパ・ヴァルジターハ / ジュニャーナーグニ・ダグダ・カルマーナン　タム　アーフフ　パンディタン　ブダーハ //

あらゆる仕事をする際、その計画や結果に何の欲望も執着も持たずに行動し、その業（カルマ）を大智の火で焼き尽くした人を、知者達は賢者と呼ぶ。

Tyaktvā karma-phalāsaṅgaṁ nitya-tṛpto nirāśrayaḥ /
Karmaṇy abhipravṛtto'pi nai'va kiñcit karoti saḥ // 20

テャクトヴァー　カルマ・ファラーサンガン　ニッテャ・トリプトー　ニラーシュラヤハ / カルマニ　アビプラヴリットーピ　ナイヴァ　キンチト　カローティ　サハ //

仕事の結果にまったく執着せず、常に楽しくすべてに満足している人は、あらゆる種類の活動をしながらも、実は無活動の状態にいるのと同じなのである。

Nirāśīr yata-citt'ātmā tyakta-sarva-parigrahaḥ /
Śārīraṁ kevalaṁ karma kurvan n'āpnoti kilbiṣam // 21

ニラーシール　ヤタ・チッタートマー　テャクタ・サルヴァ・パリグラハハ / シャーリーラン　ケーヴァラン　カルマ　クルヴァン　ナープノーティ　キルビシャム //

心身を完全に統御し、あらゆる所有欲を捨て去った人は、仕事をするため身体は動かしてはいるものの、その悪業報（ごうほう）を受けることは全くない。

Yadṛcchā-lābha-santuṣṭo dvandv'ātīto vimatsaraḥ /
Samaḥ siddhāv asiddhau ca kṛtvā'pi na nibadhyate // 22

ヤドリッチャー・ラーバ・サントゥシュトー　ドヴァンドヴァーティートー　ヴィマツァラハ / サマハ　シッダーウ　アシッダウ　チャ　クリトヴァーピ　ナ　ニバッデャテー //

自然に手に入るもので満足し、我他彼此（あれこれ）を比べて悩み羨（うらや）むことなく*、成功にも失敗にも心動かされぬ人は、どんな仕事にも束縛されることはない。

＊相対二元性を超越する。

Gata-saṅgasya muktasya jñān'āvasthita-cetasaḥ /
Yajñāy'ācarataḥ karma samagraṁ pravilīyate // 23

ガタサンガッシヤ　ムクタッシヤ　ジュニャーナーヴァスティタ・チェータサハ / ヤジュニャーヤーチャラタハ　カルマ　サマッグラン　プラヴィリーヤテー //

執着心がなく、自由な魂をもち、心がしっかりと真の知識に根ざし、己の活動の結果を至高者への供養に捧げるならば、その人の業（カルマ）はすべて溶け、消失してしまうであろう。

Brahm'ārpaṇaṁ brahma havir brahm'āgnau brahmaṇā hutam /
Brahm'aiva tena gantavyaṁ brahma-karma-samādhinā // 24

ブラフマールパナン　ブラフマ　ハヴィル　ブラフマーグナウ　ブラフマナー　フタム / ブラフマイヴァ　テーナ　ガンタッヴィヤン　ブラフマ・カルマ・サマーディナー //

供養者としての大実在（ブラフマン）が、供物としてのブラフマンを、火としてのブラフマンの中に注ぎ入れる。こうした意識をもって供養する人は、必ずやブラフマンと一体となる。

Daivam ev'āpare yajñaṁ yoginaḥ paryupāsate /
Brahm'āgnāv apare yajñaṁ yajñen'ai'vo'pajuhvati // 25

ダイヴァム　エーヴァーパレー　ヤジュニャン　ヨーギナハ　パリユパーサテー / ブラフマーグナーヴァパレー　ヤジュニャン　ヤジュネーナイヴォーパジュフヴァティ //

世の中には、天神地祇（てんじんちぎ）を喜ばすために供養する修行者（ヨーギー）

もいれば、ブラフマンの火の中に己を捧げて供養する修行者もいる。

Śrotrādīnī'ndriyāṇy anye saṁyam'āgniṣu juhvati /
Śabdādīn viṣayān anya indriy'āgniṣu juhvati // 26

シュロートラーディーニーンドリヤーンニ　アンニェー　サンヤマーグニシュ　ジュフヴァティ / シャブダーディーン　ヴィシャヤーン　アンニャ　インドリヤーグニシュ　ジュフヴァティ //

また聴覚その他の感覚を自己抑制の火の中に投じて供物とする人もいれば、音やその他の感覚対象を供犠(くぎ)の火壇に供える人もいる。

Sarvāṇī'ndriya-karmāṇi prāṇakarmāṇi cā'pare /
Ātma-saṁyama yogāgnau juhvati jñāna-dīpite // 27

サルヴァーニーンドリヤ・カルマーニ　プラーナカルマーニ　チャーパレー / アートマ・サンヤマ ヨーガーグナウ　ジュフヴァティ　ジュニャーナ・ディーピテー //

また五つの感覚器官の働きや、呼吸による生命力までも、真智によって灯された自我抑制の火の中に、供物として火の中に投げ入れる人もいる。

Dravya-yajñās tapo-yajñā yoga-yajñās tathā'pare /
Svādhyāya-jñāna-yajñāś ca yatayaḥ saṁśita-vratāḥ // 28

ドラッヴィヤ・ヤジュニャース　タポー・ヤジュニャー　ヨーガ・ヤジュニャース　タターパレー / スヴァーッデャーヤ・ジュニャーナ・ヤジュニャーシュ　チャ　ヤタヤハ　サンシタ・ヴラターハ //

さらには財産や苦行やヨーガの行*を供物として捧げる人もいれば、自己を規制したり、厳しい誓いを立てたり、ヴェーダ聖典の学習の成果を供養したりする人もいる。

＊ヨーガの八段階（八つの行法）とは、
(1) 五つの禁戒（不殺生(ふせっしょう)、不偸盗(ふちゅうとう)、不邪淫(ふじゃいん)、不妄語(ふもうご)、不所有(ふしょゆう)）、(2) 五つの勧戒（清浄、知足、苦行、読誦、祈念）、(3) 坐法、(4) 調気(じょうき)、(5) 制感、(6) 凝念(ぎょうねん)、(7) 静慮(じょうりょ)、(8) 三昧(ざんまい)、である。

Apāne juhvati prāṇaṁ prāṇe'pānaṁ tathā'pare /
Prāṇ'āpāna-gatī ruddhvā prāṇāyāma-parāyaṇāḥ // 29

アパーネー　ジュフヴァティ　プラーナン　プラーネーパーナン

タターパレー / プラーナーパーナ・ガティー　ルッドヴァー　プラーナーヤーマ・パラーヤナーハ //

またほかには、吸気を呼気に、また呼気を吸気に、供物として捧げる人もおり、さらには、呼吸を全く止め、己の生気を制御したりする*人もいる。

*ハタヨーガの根幹を成している調気法（プーラーナーヤーマ）のこと。

Apare niyat'āhārāḥ prāṇān prāṇeṣu juhvati /
Sarve'py ete yajña-vido yajña-kṣapita-kalmaṣāḥ // 30

アパレー　ニヤターハーラーハ　プラーナーン　プラーネーシュジュフヴァティ / サルヴェーピ　エーテー　ヤジュニャ・ヴィドー　ヤジュニャ・クシャピタ・カルマシャーハ //

またほかには、食を制御する人、吸気を吸気に捧げて供養したりする人がいるが、これらは皆、供養の真意を知っている人達であり、罪障の業報を、こうした供養によって消し去っているのだ。

Yajña-śiṣṭāmṛta-bhujo yānti brahma sanātanam /
N'āyaṁ loko'sty ayajñasya kuto'nyaḥ kuru-sattama // 31

ヤジュニャ・シシュタームリタ・ブジョー　ヤーンティ　ブラフマサナータナム / ナーヤン　ローコースティ　アヤジュニャッシヤ　クトーンニャハ　クル・サッタマ //

その人達は供物の残り物の甘露を味わい、永遠の存在たるブラフマのもとに到達する。だが何の供養もせぬ人達は、現世では決して幸福にはなれぬし、あの世ではなおさらのこと。おおクル王朝の中で最も優れた人（アルジュナ）よ！

Evaṁ bahuvidhā yajñā vitatā brahmaṇo mukhe /
Karmajān viddhi tān sarvān evaṁ jñātvā vimokṣyase // 32

エーヴァン　バフヴィダー　ヤジュニャー　ヴィタター　ブラフマノー　ムケー / カルマジャーン　ヴィッディ　ターン　サルヴァーン　エーヴァン　ジュニャーットヴァー　ヴィモークシヤセー

このようにブラフマンに達するためのさまざまな供養は、ヴェーダの聖典の中にはっきり定められている。それは様々な活動によってもできるし、この理を知れば、君は一切の因業（カルマ）から解放される。

Śreyān dravyamayād yajñāj jñāna-yajñaḥ parantapa /
Sarvaṁ karmā'khilaṁ pārtha jñāne parisamāpyate // 33

シュレーヤーン　ドラッヴャマヤード　ヤジュニャージ　ジュニャーナ・ヤジュニャハ　パランタパ / サルヴァン　カルマーキラン　パールタ　ジュニャーネー　パリサマーッピヤテー //

敵を撃滅する者（アルジュナ）よ！ 物品の供犠より、智識の供犠の方がはるかに優れている*。何故なら、プリター妃の息子（アルジュナ）よ！ すべての活動は、究極的には超越智識*に通じているのだから。

＊宗教的、霊的な知識を自分で学ぶことも、人に教えることも、無上の法施である。仏教では「物施より法施が勝る」といっている。
＊ブラフマンの知識。

Tad viddhi praṇipātena paripraśnena sevayā /
Upadekṣyanti te jñānaṁ jñāninas tattva-darśinaḥ // 34

タッド　ヴィッディ　プラニパーテーナ　パリプラシュネーナ　セーヴァヤー / ウパデーックシヤンティ　テー　ジュニャーナン　ジュニャーニナス　タットヴァ・ダルシナハ //

真理を体得した賢者をうやうやしく礼拝し、真心をもって仕え、真理を学ぶがいい。そうした聖師のみが、弟子に無上の智識を授けることができるのだから。

Yaj jñātvā na punar moham evaṁ yāsyasi pāṇḍava /
Yena bhūtāny aśeṣeṇa drakṣyasy ātmany atho mayi // 35

ヤッジ　ジュニャートヴァー　ナ　プナル　モーハム　エーヴァン　ヤーッシヤシ　パーンダヴァ / イェーナ　ブーターニ　アシェーシャーナ　ドラックシヤシ　アートマニ　アトー　マイ //

パーンドゥの息子（アルジュナ）よ！ 無上の智識を得ることで、君は再びこのような迷いに陥ることはなくなるであろう。何故なら、全宇宙の一切が君の真我の中に在り、かつ私の中にもあることを知るに至るからだ。

Api ced asi pāpebhyaḥ sarvebhyaḥ papa-kṛttamaḥ /
Sarvaṁ jñāna-plaven'aiva vṛjinaṁ santariṣyasi // 36

アピ　チェード　アシ　パーペーッビャハ　サルヴェーッビャハ　パーパ・クリッタマハ / サルヴァン　ジュニャーナ・プラヴェーナ　イヴァ　ヴリジナン　サンタリッシヤシ //

たとえ君が極悪（ごくあく）の罪人だとしても、この大智の舟に乗るならば、あらゆる苦痛と不幸の大海を、難なく渡りきって行けるであろう。

Yath'aidhāṁsi samiddho'gnir bhasmasāt kurute'rjuna /
Jñānāgniḥ sarva-karmāṇi bhasmasāt kurute tathā // 37

ヤタイダーンシ　サミッドーグニル　バスマサート　クルテールジュナ / ジュニャーナーグニヒ　サルヴァ・カルマーニ　バスマサート　クルテー　ターター //

おおアルジュナよ！　燃えさかる炎が、薪を焼き尽くして灰にするように、この智慧*の火も、あらゆる行為の業報を焼き尽くして、灰にしてしまうのだ。

*至高者、無限者を知る智識。

Na hi jñānena sadṛśaṁ pavitram iha vidyate /
Tat svayaṁ yoga-saṁsiddhaḥ kālen'ātmani vindati // 38

ナ　ヒ　ジュニャーネーナ　サッドリシャン　パヴィットラム　イハ　ヴィッデャテー / タット　スヴァヤン　ヨーガ・サンシッダハ　カーレーナートマニ　ヴィンダティ //

この大いなる智識こそ、この世を浄化する無上の力なのであり、ヨーガの修行を完成した人は、その智識が実は自己の中にあることを悟るに到る。

Śraddhāvāl labhate jñānaṁ tat-paraḥ saṁyat'endriyaḥ /
Jñānaṁ labdhvā parāṁ śāntim acireṇ'ādhigacchati // 39

シュラッダーヴァ～ル　ラバテー　ジュニャーナン　タット・パラハ　サンヤテーンードリヤハ / ジュニャーナン　ラブドヴァー　パラーン　シャーンティム　アチレーナーディガッチャティ //

篤（あつ）い信仰心をもつ人は、感覚の欲望を制御することで、この無上の智識を得、速やかに究極の平安の境地に到る。

Ajñaś c'āśraddadhānaś ca saṁśay'ātmā vinaśyati /

N'āyaṁ loko'sti na paro na sukhaṁ saṁśay'ātmanaḥ // 40

アジュニャシュ　チャーシュラッダダーナシュ　チャ　サンシャヤートマー　ヴィナッシャティ / ナーヤン　ローコースティ　ナ　パロー　ナー　スカン　サンシャヤートマナハ //

だが無知にして信仰のない者や、その智識の存在を疑う者は、この世も来世も平安を得られず、常に不幸となるであろう。

Yoga-saṁnyasta-karmāṇaṁ jñāna-saṁchinna-saṁśayam /
Ātmavantaṁ na karmāṇi nibadhnanti dhanañjaya // 41

ヨーガ・サンニャスタ・カルマーナン　ジュニャーナ・サンチンナ・サンシャヤム / アートマヴァンタン　ナ　カルマーニ　ニバドナンティ　ダナンジャヤ //

果報を求めずに働く人、大智によって疑いを捨てた人、自己の本性に徹して自由自在となった人、この人たちは、カルマに決して縛られることはない。おお、富の征服者（アルジュナ）よ！

Tasmād ajñāna-saṁbhūtaṁ hṛt-sthaṁ jñān'āsinā'tmanaḥ /
Chittv'ainaṁ saṁśayaṁ yogam ātiṣṭh'ottiṣṭha bhārata // 42

タスマード　アジュニャーナ・サムブータン　フリト・スタン　ジュニャーナーシナートマナハ / チットヴァイナン　サンシャヤン　ヨーガム　アーティシュトーッティシュタ　バーラタ //

されば、バーラタ王の子孫（アルジュナ）よ！ 己の心の迷いと疑いを智識の剣（つるぎ）で断ち切り、精神をヨーガに集中し、さあ、立ち上がって戦いなさい！』と。

Iti Jñānakarmasaṁnyāsayogaḥ nāma caturtho'dhyāyaḥ

イティ　ジュニャーナ　カルマ　サンニャーサ　ヨーガハ
ナーマ　チャトゥルトーッデャーヤハ

Pañcamo'dhyāyaḥ:Saṁnyāsayogaḥ

パンチャモーッデャーヤハ：サンニャーサ・ヨーガハ

第５章　離欲・無差別の道

Arjuna uvāca:
Sannyāsaṁ karmaṇāṁ kṛṣṇa punar yogaṁ ca śaṁsasi /
Yac chreya etayor ekaṁ tan me brūhi suniścitam // 1

アルジュナ　ウヴァーチャ：
サンニャーサン　カルマナーン　クリシュナ　プナル　ヨーガン　チャ　シャンサシ / ヤッ チュレーヤ　エータヨール　エーカン　タン　メー　ブルーヒ　スニシュチタム //

アルジュナが問います。『おお、クリシュナ様！ あなた様は、初めに仕事を離れよと私におっしゃり、次には、奉仕の精神で活動せよと勧められました。いったいどちらが本当に正いのか、はっきりとお示し下さい』と。

Śrī Bhagavān uvāca:
Saṁnyāsaḥ karma-yogaś ca niḥśreyasa-karāv ubhau /
Tayos tu karma-saṁnyāsāt karma-yogo viśiṣyate // 2

シュリー　バガヴァーン　ウヴァーチャ：
サンニャーサハ　カルマ・ヨーガシュ　チャ　ニヒシュレーヤサ・カラーヴ　ウバウ / タヨース　トゥ　カルマ・サンニャーサート　カルマ・ヨーゴー　ヴィシッシヤテー //

至高者が答えられます。『仕事放棄(サンニャーサ)も、奉仕活動(カルマ・ヨーガ)も、ともに人を解脱させる。だがこの二つのうちでは、仕事放棄(サンニャーサ)よりも奉仕活動(カルマ・ヨーガ)の方が優(すぐ)れている。

Jñeyaḥ sa nitya-saṁnyāsī yo na dveṣṭi na kāṅkṣati /
Nirdvandvo hi mahā-bāho sukhaṁ bandhāt pramucyate // 3

ジュネーヤハ　サ　ニッテャ・サンニャーシー　ヨー　ナ　ドヴェーシュティ　ナ　カーンクシャティ / ニルドヴァンドヴォー　ヒ　マハー・バーホー　スカン　バンダート　プラムッチャテー //

仕事の結果に欲望も嫌悪も抱かぬ人は、常に離欲・放棄*を行じていることとなる。またその人は二元対立を超え、たやすく物質界の鎖を断ち、完全な自由を得ることができるのだ。おお偉大なる勇者(アルジュナ)よ！

＊仏教で言うところの四大心、慈・悲・喜・捨の“捨”にあたる。

Sāṁkhya-yogau pṛthag bālāḥ pravadanti na paṇḍitāḥ /
Ekam apy āsthitaḥ saṁyag ubhayor vindate phalam // 4

サーンキャ・ヨーガウ　プリタグ　バーラーハ　プラヴァダンティ　ナ　パンディターハ / エーカム　アピ　アースティタハ　サンヤグ　ウバヨール　ヴィンダテー　ファラム //

サーンキャ*とヨーガ*を、愚者は異なるものと考えるが、そのどちらか一方の道を究めた人は、両方の成果を得るであろう。

＊この場合は、物質界の哲学的分析研究。
＊カルマ・ヨーガ、バクティ・ヨーガなどの修行。

Yat sāṁkhyaiḥ prāpyate sthānaṁ tad yogair api gamyate /
Ekaṁ sāṁkhyaṁ ca yogaṁ ca yaḥ paśyati sa paśyati // 5

ヤット　サーンキャイヒ　プラーッピャテー　スターナン　タッド　ヨーガイル　アピ　ガンミャテー / エーカン　サーンキヤン　チャ　ヨーガン　チャ　ヤハ　パッシャティ　サ　パッシャティ //

サーンキャを通じて到る境地にはヨーガによっても達するし、この二つを不異（同じ）と見る人は、事物の実相をよく理解した賢者である。

Saṁnyāsas tu mahā-bāho duḥkham āptum ayogataḥ /
Yoga-yukto munir brahma nacireṇ'ādhigacchati // 6

サンニャーサス　トゥ　マハー・バーホー　ドゥフカム　アープトゥム　アヨーガタハ / ヨーガ・ユクトー　ムニル　ブラフマ　ナチレーナーディガッチャティ

偉大なる勇者（アルジュナ）よ！ 人は奉仕活動を行わず、ただ仕事を放棄しようとしても、なかなかできるものではない。だがそれを実行した聖者(ムニ)は、速やかに至高者(ブラフマン)のもとへと到達する。

Yoga-yukto viśuddh'ātmā vijit ātmā jit'endriyaḥ /
Sarva-bhūtātma-bhūtātmā kurvann api na lipyate // 7

ヨーガ・ユクトー　ヴィシュッダートマー　ヴィジト　アートマージテンードリヤハ / サルヴァ・ブータートマ・ブータートマー　クルヴァン　アピ　ナ　リッピャテー //

ヨーガを行じて魂を清め、自分の心と感覚を抑制し、すべての生物と自分とが同じものなのだと悟った人は、絶え間なく働いていても、決して仕事に縛られることはない。

N'aiva kiñcit karom'ī'ti yukto manyeta tattva-vit /
Paśyan śṛṇvan spṛśañ jighran aśnan gacchan svapan śvasan // 8

ナイヴァ　キンチト　カローミーティ　ユクトー　マンニェータ　タットヴァ・ヴィット / パッシヤン　シュリンヴァン　スプリシャン　ジッグラン　アシュナン　ガッチャン　スヴァパン　シュヴァサン //

真理を悟った神聖な意識の持ち主は、見たり、聞いたり、触れたり、嗅いだり、食べたり、動いたり、眠ったり、呼吸したりしても、内心では“私自身は実は何も為していないのだ”と思っている。

Pralapan visṛjan gṛhṇan unmiṣan nimiṣann api /
Indriyāṇī'ndriyārtheṣu vartanta iti dhārayan // 9

プララパン　ヴィッスリジャン　グリフナン　ウンミシャン　ニミシャン　アピ / インドリヤーニーンドリヤールテーシュ　ヴァルタンタ　イティ　ダーラヤン //

また話す時も、手放す時も、手に取る時も、また眼を開ける時も、閉じる時も、自分の感覚器官が対象物と作用しているだけなのだと知っており、自分自身は常にすべてから超然としている。

Brahmaṇy ādhāya karmāṇi saṅgaṁ tyaktvā karoti yaḥ /
Lipyate na sa pāpena padma-patram iv'āmbhasā // 10

ブラフマニ　アーダーヤ　カルマーニ　サンガン　テャクトヴァー　カローティ　ヤハ / リッピャテー　ナ　サ　パーペーナ　パドマ・パットラム　イヴァームバサー //

執着心を捨てて自らの義務を遂行し、その結果を至高者（ブラフマン）に献ずる人は、蓮の葉が水に濡れることのないように、いかなる罪悪にも染まり汚されることはない。

Kāyena manasā buddhyā kevalair indriyair api /
Yoginaḥ karma kurvanti saṅgaṁ tyaktv'ātmaśuddhaye // 11

カーイェーナ　マナサー　ブッディャー　ケーヴァライル　インドリヤイル　アピ / ヨーギナハ　カルマ　クルヴァンティ　サンガンテャクトヴァートマシュッダイェー //

カルマ•ヨーガを行ずる人は、全ての執着を捨て、体と心と知性を用いて様々な仕事をするが、それはただ、自分を浄化するためにやっているだけなのだ。

Yuktaḥ karma-phalaṁ tyaktvā śāntim āpnoti naiṣṭhikīm /
Ayuktaḥ kāma-kāreṇa phale sakto nibadhyate // 12

ユクタハ　カルマ・ファラン　テャクトヴァー　シャーンティム　アープノーティ　ナイシュティキーム / アユクタハ　カーマ・カーレーナ　ファレー　サクトー　ニバッデャテー //

カルマ・ヨーガを行ずる人は、全ての行為の結果を捨て、真の平安境に達していく。しかしカルマ・ヨーガを行ぜぬ人は、働きの果報を求め、心は仕事に捉われ、絶えず不安を抱えている。

Sarva-karmāṇi manasā saṁnyasy'āste sukhaṁ vaśī /
Nava-dvāre pure dehī n'aiva kurvan na kārayan // 13

サルヴァ・カルマーニ　マナサー　サンニャッシャーステー　スカン　ヴァシー / ナヴァ・ドヴァーレー　プレー　デーヒー　ナイヴァクルヴァン　ナ　カーラヤン //

肉体感覚を抑制し、識別の力によっていかなる活動にも執着せぬ魂は、自分が働くことも他人を働かせることもなく、九門の町*に常に楽しく住むようになる。

*肉体のこと。人間の目と鼻と耳には二つずつ、口と肛門と生殖器に一つずつ孔があり、合計九つの出入り口がある。

Na kartṛtvaṁ na karmāṇi lokasya sṛjati prabhuḥ /
Na karma-phala-saṁyogaṁ svabhāvas tu pravartate // 14

ナ　カルトリットヴァン　ナ　カルマーニ　ローカッシヤ　スリジャティ　プラブフ / ナ　カルマ・ファラ・サンヨーガン　スヴァバーヴァス　トゥ　プラヴァルタテー

至高者が、この世の生物のため、行為する力や、行為そのものや、行為の結果を、創りだしているのではなく、ただ（至高者によって創造された）自然が、そうしたものを生み出しているのに過ぎないのだ。

N'ādatte kasyacit pāpaṁ na c'aiva sukṛtaṁ vibhuḥ /
Ajñānen'āvṛtaṁ jñānaṁ tena muhyanti jantavaḥ // 15

ナーダッテー　カッシヤチト　パーパン　ナ　チャイヴァ　スクリタン　ヴィブフ / アジュニャーネーナーヴリタン　ジュニャーナン　テーナ　ムッヒャンティ　ジャンタヴァハ //

普遍的存在者としての大霊*は、いかなる者の罪にも、徳にも、関わることはない。だが、生物はそのことを知らぬが故に、迷い苦しむこととなる。

＊無限者、普遍者、ブラフマン、ヴィシュヌ、至高者、宇宙の大霊。

Jñānena tu tad ajñānaṁ yeṣāṁ nāśitam ātmanaḥ /
Teṣām ādityavaj jñānaṁ prakāśayati tat param // 16

ジュニャーネーナ　トゥ　タド　アジュニャーナン　イェーシャーン　ナーシタム　アートマナハ / テーシャーム　アーディッテャヴァッジ　ジュニャーナン　プラカーシャヤティ　タット　パラム //

だが真の自我を知ることによって無明の闇を打ち破った人は、その真智によって至高者の存在を明らかにする。ちょうど太陽が万物を明らかに照らすように。

Tad-buddhayas tad-ātmānas tan-niṣṭhās tat-parāyaṇāḥ /
Gacchanty apunar-āvṛttiṁ jñāna-nirdhūta-kalmaṣāḥ // 17

タッド・ブッダヤス　タド・アートマーナス　タン・ニシュタース　タット・パラーヤナーハ / ガッチャンティ　アプナル・アーヴリッティン　ジュニャーナ・ニルドゥータ・カルマシャーハ //

それ*を思い続ける人、それと自我とを結び付ける人、それにしっかり帰依する人、それを最終到着点と見なす人は、真の智慧によって全ての罪穢(つみけが)れを清め、生死輪廻(しょうじりんね)の必要のない解脱の境地へと到達する。

＊至高者、１５詩節の大霊。

Vidyā-vinaya-saṁpanne brāhmaṇe gavi hastini /
Śuni c'aiva śvapāke ca paṇḍitāḥ sama-darśinaḥ // 18

ヴィッデャー・ヴィナヤ・サムパンネー　ブラーフマネー　ガヴィ　ハスティニ / シュニ　チャイヴァ　シュヴァパーケー　チャ　パンディターハ　サマ・ダルシナハ //

真理に関する知識と謙虚な心を有する賢者は、僧侶(バラモン)も、牛も、象も、犬も、犬食い*も、一切差別することなく、すべてを平等に観る。

*犬を食うような賤民。

Ih'aiva tair jitaḥ sargo yeṣāṁ sāmye sthitaṁ manaḥ /
Nirdoṣaṁ hi samaṁ brahma tasmād brahmaṇi te sthitāḥ // 19

イハイヴァ　タイル　ジタハ　サルゴー　イェーシャーン　サーンミェー　スティタン　マナハ / ニルドーシャン　ヒ　サマン　ブラフマ　タスマード　ブラフマニ　テー　スティターハ //

万象を平等に見て常に心動かざる人は、すでに現世において生死輪廻（しょうじりんね）を克服しており、ブラフマンのように円満無欠で、すでにブラフマンの中に安住している。

Na prahṛṣyet priyaṁ prāpya n'odvijet prāpya cā'priyam /
Sthira-buddhir asaṁmūḍho brahma-vid brahmaṇi sthitaḥ // 20

ナ　プラフリシュエート　プリヤン　プラーッピャ　ノードヴィジェート　プラーッピャ　チャープリヤム / スティラ・ブッディル　アサンムードー　ブラフマ・ヴィド　ブラフマニ　スティタハ //

愉快なことに会っても喜ばず、不愉快なことに会っても悲しむことがなく、しっかりした知性をもち、何事にも惑わされぬ人は、自我と至高者（ブラフマン）*とが一体となっている人である。

*ブラフマンは宇宙に遍満する絶対存在。

Bāhya-sparśeṣv asakt'ātmā vindaty ātmani yat sukham /
Sa brahma-yoga-yuktātmā sukhaṁ akṣayaṁ aśnute // 21

バーッヒャ・スパルシェーシュ　アサクタートマー　ヴィンダティアートマニ　ヤット　スカム / サ　ブラフマ・ヨーガ・ユクタートマー　スカン　アクシャヤン　アシュヌテー //

外界の感覚的快楽に心惹（ひ）かれることなく、常に内なる真我（アートマ）の楽しみに浸っている人は、常に至高者（ブラフマン）に心を集中し、限りなき幸福を永遠に味わっている。

Ye hi saṁsparśa-jā bhogā duḥkha-yonaya eva te /
Ādy-anta vantaḥ kaunteya na teṣu ramate budhaḥ // 22

イェー　ヒ　サンスパルシャ・ジャー　ボーガー　ドゥフカ・ヨーナヤ　エーヴァ　テー / アーディ・アンタ　ヴァンタハ　カウンテー

ヤ　ナ　テーシュ　ラマテー　ブダハ //

感覚的接触による快楽は一時的のもので、のちに悲苦を生ずる原因となる。それ故、初めと終わりとを考え、覚者(ブッダ)は、そのような空しい快楽には心を向けないのだ。クンティー妃の息子(アルジュナ)よ！

Śaknotī h'aiva yaḥ soḍhuṁ prāk śarīra-vimokṣaṇāt /
Kāma-krodh'odbhavaṁ vegaṁ sa yuktaḥ sa sukhī naraḥ // 23

シャクノーティー　ハイヴァ　ヤハ　ソードゥン　プラーク　シャリーラ・ヴィモークシャナート / カーマ・クロードードバヴァン　ヴェーガン　サ　ユクタハ　サ　スキー　ナラハ //

肉体を脱ぎ捨てる前に、欲情とか怒りの衝動を抑えることのできた人は、どの世でも永遠に心穏やかに過ごせる幸福な人である。

Yo'ntaḥ-sukho'ntar-ārāmas tathā'ntar-jyotir-eva yaḥ /
Sa yogī brahma-nirvāṇaṁ brahma-bhūto'dhigacchati // 24

ヨーンタハ・スコーンタル・アーラーマス　ターンタル・ジョーティル・エーヴァ　ヤハ / サ　ヨーギー　ブラフマ・ニルヴァーナン　ブラフマ・ブートーディガッチャティ //

内なる世界で幸福を味わい、心穏やかに過ごし、光り輝く行者(ヨーギー)こそ、ブラフマンとなり、永遠の絶対安楽境(ブラフマ・ニルヴァーナ)*に入るのだ。

*絶対の涅槃境。

Labhante brahma-nirvāṇam ṛṣayaḥ kṣīṇa-kalmaṣāḥ /
Chinna-dvaidhā yat'ātmānaḥ sarva-bhūta-hite ratāḥ // 25

ラバンテー　ブラフマ・ニルヴァーナム　リシャヤハ　クシーナ・カルマシャーハ / チンナ・ドヴァイダー　ヤタートマーナハ　サルヴァ・ブータ・ヒテー　ラターハ //

罪穢(つみけが)れを清め、あらゆる疑いを取り除き、自我を抑制し、生類(しょうるい)すべての幸せのために働く聖者もまた、永遠の絶対安楽境へと入っていく。

Kāma-krodha-viyuktānāṁ yatīnāṁ yata-cetasām /
Abhito brahma-nirvāṇaṁ vartate vidit'ātmanām // 26

カーマ・クローダ・ヴィユクターナーン　ヤティーナーン　ヤタ・チェータサーム / アビトー　ブラフマ・ニルヴァーナン　ヴァルタ

テー　ヴィディタートマナーム //

怒りや物欲肉欲をなくし、自分の心を抑制し、自己の本性を知った行者もまた、この世でもあの世でも、絶対安楽境に永住する。

Sparśān kṛtvā bahir bāhyāṁś cakṣuś c'aiv'āntare bhruvoḥ /
Prāṇ'āpānau samau kṛtvā nās'ābhyantara-cāriṇau // 27

スパルシャーン　クリットヴァー　バヒル　バーヒャーンシュ　チャクシュシュ　チャイヴァーンタレー　ブルヴォーホ / プラーナーパーナウ　サマウ　クリットヴァー　ナーサーッビャンタラ・チャーリナウ //

感覚を外界の事物から遮(さえぎ)り、視力を眉間に集中し、鼻孔の中を動く呼気と吸気の流れを留め、

Yat'endriya-mano-buddhir munir mokṣa-parāyaṇaḥ /
Vigat'ecchā-bhaya-krodho yaḥ sadā mukta eva saḥ // 28

ヤテーンドリヤ・マノー・ブッディル　ムニル　モークシャ・パラーヤナハ / ヴィガテーッチャー・バヤ・クロードー　ヤハ　サダー　ムクタ　エーヴァ　サハ //

感覚と心と知性とを抑制し、解脱を最高の目的とする聖者(ムニ)も、欲望と恐怖と怒りから解放され、確実に永遠の解脱の境地へと入るのだ。

Bhoktāraṁ yajña-tapasāṁ sarva-loka-maheśvaram /
Suhṛdaṁ sarva-bhūtānāṁ jñātvā māṁ śāntim ṛcchati // 29

ボークターラン　ヤジュニャ・タパサーン　サルヴァ・ローカ・マヘーシュヴァラム / スフリダン　サルヴァ・ブーターナーン　ジュニャーットヴァー　マーン　シャーンティム　リッチャティ //

私が一切の供犠(くぎ)と苦行の究極目的であり、全ての星界(ローカ)の至高主(マヘーシュワラ)*であり、一切生類(しょうるい)の幸福を願う朋友(ほうゆう)である、と知る人は、永遠なる平安(シャーンティ)の境地に達する。』と。

*大支配主、大神。

Iti Saṁnyāsayogaḥ nāma pañcamo'dhyāyaḥ

イティ　サンニャーサ　ヨーガハ ナーマ　パンチャモーッディャーヤハ

Ṣaṣṭho'dhyāyaḥ:Dhyānayogaḥ

シャシュトーッデャーヤハ：デャーナ・ヨーガハ

第6章　瞑想（心の制御）の道

Śrī Bhagavān uvāca:
Anāśritaḥ karma-phalaṁ kāryaṁ karma karoti yaḥ /
Sa sannyāsī ca yogī ca na niragnir na c'ākriyaḥ // 1

シュリー　バガヴァーン　ウヴァーチャ：
アナーシュリタハ　カルマ・ファラン　カーリヤン　カルマ　カローティ　ヤハ / サ　サンニャーシー　チャ　ヨーギー　チャ　ナ　ニラグニル　ナ　チャークリヤハ //

至高者はさらに語られます。『仕事の結果に執着せずただそれを義務として行う人が、真の出家（サンニャーシン）、真の行者（ヨーギー）なのであって、祭祀（さいし）の火を燃やさぬ人や仕事をせぬ人がそうなのだと言うのではない。

Yaṁ sannyāsam iti prāhur yogaṁ taṁ viddhi pāṇḍava /
Na hy asannyasta-saṅkalpo yogī bhavati kaścana // 2

ヤン　サンニャーサム　イティ　プラーフル　ヨーガン　タン　ヴィッディ　パーンダヴァ / ナ　ヒ　アサンニャスタ・サンカルポー　ヨーギー　バヴァティ　カシュチャナ //

パーンドゥ王の息子（アルジュナ）よ！　真の離欲（サンニャース）と結果を求めぬ行為（ヨーガ）は同じであることを知りなさい。感覚を満足させたいという欲望を捨てずして、何人もヨーギー（真の行者）にはなることはできないのだ。

Ārurukṣor muner yogaṁ karma kāraṇam ucyate /
Yog'ārūḍhasya tasy'aiva śamaḥ kāraṇam ucyate // 3

アールルクショール　ムネール　ヨーガン　カルマ　カーラナム　ウッチャテー / ヨーガールーダッシヤ　タッシヤイヴァ　シャマハ

カーラナム　ウッチャテー

ヨーガ*を会得（えとく）したいと願う賢者にとっては、報果を求めずに行為すること（活動）が大切だが、すでにヨーガを会得した人にとっては、じっとしていること（不活動）の方が大切である。

*第４章２８節の注を参照。

Yadā hi n'endriy'ārtheṣu na karmasv anuṣajjate /
Sarva-saṅkalpa-sannyāsī yog'ārūḍhas tad'ocyate // 4

ヤダー　ヒ　ネーンドリヤールテーシュ　ナ　カルマスヴァヌシャッジャテー / サルヴァ・サンカルパ・サンニャーシー　ヨーガールーダス　タドーッチャテー //

すべての事物に対する欲望を捨て去り、感覚を喜ばせる物や仕事の果報（むくい）から心を離した時、その人はヨーガの完成者であると言われる。

Uddhared ātmanā'tmānaṁ n'ātmānaṁ avasādayet /
Ātm'aiva hy ātmano bandhur ātm'aiva ripur ātmanaḥ // 5

ウッダレード　アートマナートマーナン　ナートマーナン　アヴァサーダイェート / アートマイヴァ　ヒ　アートマノー　バンドゥル　アートマイヴァ　リプル　アートマナハ //

人は自分の心で自分を向上させ、決して下落させてはいけない。何故なら、心は自分にとっての親友でもあり、かつまた同時に仇敵（きゅうてき）でもあるからだ。

Bandhur ātmā'tmanas tasya yen'ātm'aiv'ātmanā jitaḥ /
Anātmanas tu śatrutve vartet'ātm'aiva śatruvat // 6

バンドゥル　アートマートマナス　タッシヤ　イェーナートマイヴァートマナー　ジタハ / アナートマナス　トゥ　シャットルットヴェー　ヴァルテータートマイヴァ　シャットルヴァト //

自我心を克服した人にとって、心は最良の友であるが、それを克服できない人にとっては、心こそ最大の敵となる。

Jit'ātmanaḥ praśāntasya param'ātmā samāhitaḥ /
Śīt'oṣṇa-sukha-duḥkheṣu tathā mān'āpamānayoḥ // 7

ジタートマナハ　プラシャーンタッシヤ　パラマートマー　サマー

ヒタハ / シートーシュナ・スカ・ドゥフケーシュ　タター　マーナーパマーナヨーホ //

心を克服した人は、既に至上我（パラマートマー）に達し、寒かろうが暑かろうが、幸や不幸があろうが、名誉や不名誉などにもかかわることなく、いともものどかで平安な境地に住んでいる。

Jñāna-vijñāna-tṛptātmā kūṭa-stho vijit'endriyaḥ /
Yukta ity ucyate yogī sama-loṣṭ'āśma-kāñcanaḥ // 8

ジュニャーナ・ヴィジュニャーナ・トリプタートマー　クータ・ストーヴィジテーンドリヤハ / ユクタ　イティ　ウッチャテー　ヨーギー　サマ・ローシュターシュマ・カーンチャナハ //

知識と経験によって心に真の満足を得、感覚を統御して最勝の妙境に達した修行者（ヨーギー）は、ヨーガの達成者と呼ばれ、土も石も黄金もすべて平等に観るようになる。

Suhṛn-mitr'āry-udāsīna-madhyastha-dveṣya-bandhuṣu /
Sādhuṣv api ca pāpeṣu sama-buddhir viśiṣyate // 9

スフリン・ミットラーリ・ウダーシーナ・マッディャスタ・ドヴェーッシヤ・バンドゥシュ / サードゥシュ　アピ　チャ　パーペーシュ　サマ・ブッディル　ヴィシッシヤテー //

自分に好意を寄せる人や友人や無関心な人を、また仲裁者や自分を憎む人や親友を、さらに善人も悪人もみな平等に観る人は、まさに最上の境地に達した人と言えよう。

Yogī yuñjīta satatam ātmānaṁ rahasi sthitaḥ /
Ekākī yata-citt'ātmā nirāśīr aparigrahaḥ // 10

ヨーギー　ユンジータ　サタタム　アートマーナン　ラハシ　スティタハ / エーカーキー　ヤタ・チッタートマー　ニラーシール　アパリグラハハ //

ヨーギーは常に心を至高者（神）に置き、人里離れた所に独り住み、いつも注意深く心身を統御して、欲望や所有感覚を捨てていなければならぬ。

Śucau deśe pratiṣṭhāpya sthiram āsanam ātmanaḥ /
N'ātyucchritaṁ n'ātinīcaṁ cail'ājina-kuśottaram // 11

シュチャウ　デーシェー　プラティシターッピヤ　スティラム　アーサナム　アートマナハ / ナーッテュッチュリタン　ナーティニーチャン　チャイラージナ・クショッータラム //

ヨーガを実修する人は、人里離れた所に行き、地面にクシャ草を敷き、その上に獣皮と布をかぶせ、座は高すぎも低すぎもせぬように定めなければならぬ。

Tatr'aikāgraṁ manaḥ kṛtvā yata-citt'endriya-kriyaḥ /
Upaviśy'āsane yuñjyād yogam ātma-viśuddhaye // 12

タットライカーグラン　マナハ　クリットヴァー　ヤタ・チッテーンドリヤ・クリヤハ / ウパヴィッシャーサネー　ユンジヤード　ヨーガム　アートマ・ヴィシュッダイェー //

その座において精神を一点に集中し、心と感覚を統御し、しっかりと座を組み、魂を清めるためのヨーガを実践せねばならぬ。

Samaṁ kāya-śiro-grīvaṁ dhārayann acalaṁ sthiraḥ /
Saṁprekṣya nāsik'āgraṁ svaṁ diśaś c'ānavalokayan // 13

サマン　カーヤ・シロー・グリーヴァン　ダーラヤン　アチャランスティラハ / サンプレークシヤ　ナーシカーグラン　スヴァン　ディシャシュ　チャーナヴァローカヤン //

体と頭と首とを一直線に立て、じっとそのままの姿勢を動かさずに保ち、周囲を見ることなく、ただ自分の鼻先だけを凝視せよ。

Praśāntātmā vigatabhīr brahmacāri-vrate sthitaḥ /
Manaḥ saṁyamya maccitto yukta āsīta matparaḥ // 14

プラシャーンタートマー　ヴィガタビール　ブラフマチャーリ・ヴラテー　スティタハ / マナハ　サンヤンミャ　マッチットー　ユクタ　アーシータ　マットパラハ //

心乱さず、和やかで恐れなく、性生活を完全に断ち切り、ひたすら私*に心を向け、私*をヨーガの究極目標とせよ。

*至高者、クリシュナ神。

Yuñjann evaṁ sadā'tmānaṁ yogī niyata-mānasaḥ /
Śāntiṁ nirvāṇa-paramāṁ mat-saṁsthām adhigacchati // 15

ユンジャン　エーヴァン　サダートマーナン　ヨーギー　ニヤタ・マーナサハ / シャーンティン　ニルヴァーナ・パラマーン　マト・サンスターム　アディガッチャティ //

このように、体と心と行動を常に統御するヨーガの実践者は、遂に涅槃（ねはん）の境地へと進み、私*と合体して永遠の平和を得るに至る。

*至高者、クリシュナ神。

N'ātyaśnatas tu yogo'sti na c'aikāntam anaśnataḥ /
Na c'āti-svapna-śīlasya jāgrato n'aiva c'ārjuna // 16

ナーッテャシュナタス　トゥ　ヨーゴースティ　ナ　チャイカーンタム　アナシュナタハ / ナ　チャーティ・スヴァプナ・シーラッシヤ　ジャーグラトー　ナイヴァ　チャールジュナ //

アルジュナよ！ ヨーガを行ずるには、多く食べ過ぎてもいけず、食べな過ぎてもいけない。また眠り過ぎてもいけず、寝不足であってもいけない。

Yukt'āhāra-vihārasya yukta-ceṣṭasya karmasu /
Yukta-svapn'āvabodhasya yogo bhavati duḥkha-hā // 17

ユクターハーラ・ヴィハーラッシヤ　ユクタ・チェーシュタッシヤ　カルマス / ユクタ・スヴァプナーヴァボーダッシヤ　ヨーゴー　バヴァティ　ドゥフカ・ハー //

適度に食べ、適度に体を動かし、適度に仕事をし、適度に眠り、適度に目覚め、そしてヨーガを実践すれば、苦悩はすべて取り除くことができる。

Yadā viniyataṁ cittam ātmany ev'āvatiṣṭhate /
Niḥspṛhaḥ sarva-kāmebhyo yukta ity ucyate tadā // 18

ヤダー　ヴィニヤタン　チッタム　アートマニ　エーヴァーヴァティシュタテー / ニヒスプリハハ　サルヴァ・カーメッビョー　ユクタ　イティ　ウッチャテー　タダー //

ヨーギーが、自分の心の動きを統御して、真我（アートマン）にのみ定住させるとき、彼の心は一切の物欲肉欲から離れ、遂にヨーガの完成者となる。

Yathā dīpo nivāta-stho n'eṅgate sopamā smṛtā /

Yogino yata-cittasya yuñjato yogam ātmanaḥ // 19

ヤター　ディーポー　ニヴァータ・ストー　ネーンガテー　ソーパマー　スムリター / ヨーギノー　ヤタ・チッタッシヤ　ユンジャトーヨーガム　アートマナハ //

風のない所においた燈火（ともしび）が、決して揺らぐことのないように、心を統一させたヨーギーの瞑想も、真我（アートマン）に安定して微動だにしない。

Yatr'oparamate cittaṁ niruddhaṁ yoga-sevayā /
Yatra c'aiv'ātmanā'tmānaṁ paśyann ātmani tuṣyati // 20

ヤットローパラマテー　チッタン　ニルッダン　ヨーガ・セーヴァヤー / ヤットラ　チャイヴァートマナートマーナン　パッシヤンアートマニ　トゥッシヤティ //

ヨーガの実修によって心を完全に支配し得たとき、真の平安は得られ、自我の中に真我（アートマン）を見出すことができたとき、自我は真の満足を味わうことができる。

Sukham ātyantikaṁ yat tad buddhi-grāhyam atīndriyam /
Vetti yatra na c'aiv'āyaṁ sthitaś calati tattvataḥ // 21

スカム　アーッテャンティカン　ヤッ　タド　ブッディ・グラーッヒャム　アティーンドリヤム / ヴェーッティ　ヤットラ　ナ　チャイーヴァーヤン　スティタシュ　チャラティ　タットヴァタハ //

その境地にある人は、普通の感覚ではなく純粋の知性によってのみ感じ得る最上の歓喜を味わうこととなり、真理から決して離れることはない。

Yaṁ labdhvā c'āparaṁ lābhaṁ manyate n'ādhikaṁ tataḥ /
Yasmin sthito na duḥkhena guruṇā'pi vicālyate // 22

ヤン　ラブドヴァー　チャーパラン　ラーバン　マンニャテーナーディカン　タタハ / ヤスミン　スティトー　ナ　ドゥフケーナグルナーピ　ヴィチャーリャテー //

これに勝るものはないという至高の境地に達すれば、たとえいかなる困難に遭おうとも、ヨーギーの心は少しも動揺することがない。

Taṁ vidyād duḥkha-saṁyoga-viyogaṁ yoga-saṁjñitam /

Sa niścayena yoktavyo yogo'nirviṇṇa-cetasā // 23

タン　ヴィッデャード　ドゥフカ・サンヨーガ・ヴィヨーガン　ヨーガ・サンジュニタム / サ　ニシュチャイェーナ　ヨークタッヴョー　ヨーゴーニルヴィンナ・チェータサー //

一切の苦より脱した状態を、ヨーガと呼ぶことを知っておくがよい。そしてこのヨーガは、熱意と不撓不屈（ふとうふくつ）の精神をもって行なわれなければならぬ。

Saṅkalpa-prabhavān kāmāṁs tyaktvā sarvān aśeṣataḥ /
Manas'aiv'endriya-grāmaṁ viniyamya samantataḥ // 24

サンカルパ・プラバヴァーン　カーマーンス　テャクトヴァー　サルヴァーン　アシェーシャタハ / マナサイヴェーンドリヤ・グラーマン　ヴィニヤンミャ　サマンタタハ //

強い執着心から生じる欲望を一切捨て去り、あらゆる方面の対象から受ける感覚を自分の心によって完全に統御しなくてはならぬ。

Śanaiḥ-śanair uparamed buddhyā dhṛti-gṛhītayā /
Ātma-saṁsthaṁ manaḥ kṛtvā na kiñcid api cintayet // 25

シャナイヒ・シャナイル　ウパラメード　ブッデャー　ドリティ・グリヒータヤー / アートマ・サンスタン　マナハ　クリットヴァーナ　キンチド　アピ　チンタイェート //

辛抱強く知性によって心を真我（アートマン）に固定し、だんだんと三昧の境地に進むべきで、ほかのことは一切考えぬ方がいい。

Yato-yato niścarati manaś cañcalam asthiram /
Tatas-tato niyamy'aitad ātmany eva vaśaṁ nayet // 26

ヤトー・ヤトー　ニシチャラティ　マナス　チャンチャラム　アスティラム / タタス・タトー　ニヤンミャイタド　アートマニ　エーヴァ　ヴァシャン　ナイェート //

頼りがたく揺らぎやすい性質をもっている心は、いかなることにも動揺し、さ迷ってしまう。故に、修行者はこれをしっかりと繋（つな）ぎ止め、真我の統御の下に置かなければならぬ。

Praśānta-manasaṁ hy enaṁ yoginaṁ sukham uttamam /

Upaiti śānta-rajasaṁ brahma-bhūtam akalmaṣam // 27

プラシャーンタ・マナサン　ヒ　エーナン　ヨーギナン　スカム　ウッタマム / ウパイティ　シャーンタ・ラジャサン　ブラフマ・ブータム　アカルマシャム //

心が完全に平安であり、情欲の炎が鎮まり、罪穢(つみけが)れの全くない、ブラフマンと一体となっているヨーギーは、無上の幸福を得る。

Yuñjann evaṁ sadā'tmānaṁ yogī vigata-kalmaṣaḥ /
Sukhena brahma-saṁsparśam atyantaṁ sukham aśnute // 28

ユンジャン　エーヴァン　サダートマーナン　ヨーギー　ヴィガタ・カルマシャハ / スケーナ　ブラフマ・サンスパルシャム　アッテャンタン　スカム　アシュヌテー //

このように罪穢(つみけが)れがなく、あらゆる差別から心を離したヨーギーは、至高者(ブラフマン)と一体となった至福の境地を味わうこととなる。

Sarva-bhūta-stham ātmānaṁ sarva-bhūtāni c'ātmani /
Īkṣate yoga-yukt'ātmā sarvatra sama-darśanaḥ // 29

サルヴァ・ブータ・スタム　アートマーナン　サルヴァ・ブーターニ　チャートマニ / イークシャテー　ヨーガ・ユクタートマー　サルヴァットラ　サマ・ダルシャナハ //

また本当に真理を覚り、あらゆるものを同等に視るヨーギーは、万物の中に自己(アートマ)を見、自己(アートマ)の中に万物を見る。

Yo māṁ paśyati sarvatra sarvaṁ ca mayi paśyati /
Tasy'āhaṁ na praṇaśyāmi sa ca me na praṇaśyati // 30

ヨー　マーン　パッシャティ　サルヴァットラ　サルヴァン　チャ　マイ　パッシャティ / タッシヤーハン　ナ　プラナッシヤーミ　サ　チャ　メー　ナ　プラナッシャティ //

森羅万象いかなる処(ところ)にも私*を見、私*の中に森羅万象を見る人を、私*は必ず見ているし、その人も私*を決して見失うことはない。

*至高者（クリシュナ神）。

Sarva-bhūta-sthitaṁ yo māṁ bhajaty ekatvam āsthitaḥ /

Sarvathā vartamāno'pi sa yogī mayi vartate // 31

サルヴァ・ブータ・スティタン　ヨー　マーン　バジャティ　エーカットヴァム　アースティタハ / サルヴァター　ヴァルタマーノーピ　サ　ヨーギー　マイ　ヴァルタテー //

私と一体となり、万有に遍在する私を礼拝するヨーギーは、どこに居ようと何をしようと、常に私の中にいるし、私と共にある。

Ātm'aupamyena sarvatra samaṁ paśyati yo'rjuna /
Sukhaṁ vā yadi vā duḥkhaṁ sa yogī paramo mataḥ // 32

アートマウパンミェーナ　サルヴァットラ　サマン　パッシヤティ　ヨールジュナ / スカン　ヴァー　ヤディ　ヴァー　ドゥフカン　サ　ヨーギー　パラモー　マタハ

すべては我が身の上のこととして、他者の悲喜もわが悲喜なりと考え、あらゆる生物を自己と等しく見る人こそ、最高のヨーギーなのだ。アルジュナよ！』と。

Arjuna uvāca:
Yo'yaṁ yogas tvayā proktaḥ sāmyena madhusūdana /
Etasy'āhaṁ na paśyāmi cañcalatvāt sthitiṁ sthirām // 33

アルジュナ　ウヴァーチャ：
ヨーヤン　ヨーガス　トヴァヤー　プロークタハ　サーンミェーナ　マドゥスーダナ / エータッシヤーハン　ナ　パッシャーミ　チャンチャラットヴァート　スティティン　スティラーム //

アルジュナが申します。『おお、マドゥスーダナ*様！ あなた様が述べられたすべてを同等に視るヨーガは、私の動きやすく頼りない精神（心）では、しっかり実行していけそうにもありません。

＊クリシュナの別名。"マドゥ鬼を殺した者"の意。

Cañcalaṁ hi manaḥ kṛṣṇa pramāthi balavad dṛḍham /
Tasy'āhaṁ nigrahaṁ manye vāyor iva suduṣkaram // 34

チャンチャラン　ヒ　マナハ　クリシュナ　プラマーティ　バラヴァッド　ドリダム / タッシヤーハン　ニッグラハン　マンニェーヴァーヨール　イヴァ　スドゥシュカラム //

おお、クリシュナ様！ 私の心は絶えずゆれ動き、すぐ荒れ狂い、力強く、そして実に頑迷です。ですから、私にとってこれを制御することは、風を意のままに支配する以上に難しいのです。』と。

Śri Bhagavān uvāca:
Asaṁśayaṁ mahā-bāho mano durnigrahaṁ calam /
Abhyāsena tu kaunteya vairāgyeṇa ca gṛhyate // 35

シュリー　バガヴァーン　ウヴァーチャ：
アサンシャヤン　マハー・バーホー　マノー　ドゥルニッグラハン　チャラム / アッビヤーセーナ　トゥ　カウンテーヤ　ヴァイラーッギェーナ　チャ　グリッヒャテー //

至高者が語られます。『大いなる勇者よ！ 確かに絶えず揺れ動く心を制御するのは難しい。だが、クンティー妃の息子（アルジュナ）よ！ 不断の修練と離欲によってそれが可能となるのだ。

Asaṁyat'ātmanā yogo duṣprāpa iti me matiḥ /
Vaśy'ātmanā tu yatatā śakyo'vāptum upāyataḥ // 36

アサンヤタートマナー　ヨーゴー　ドゥシュプラーパ　イティ　メー　マティヒ / ヴァッシャートマナー　トゥ　ヤタター　シャッキョーヴァープトゥム　ウパーヤタハ //

放逸な心をもった人にとって、ヨーガを体得することは極めてむずかしい。だが、心を制御し正しい方法で精進する人は必ず成功する、というのが私の信念だ。』と。

Arjuna uvāca:
Ayatiḥ śraddhay'opeto yogāc calita-mānasaḥ /
Aprāpya yoga-saṁsiddhiṁ kāṁ gatiṁ kṛṣṇa gacchati // 37

アルジュナ　ウヴァーチャ：
アヤティヒ　シュラッダヨーペートー　ヨーガーッ　チャリタ・マーナサハ / アップラーッピャ　ヨーガ・サンシッディン　カーン　ガティン　クリシュナ　ガッチャティ //

アルジュナが問います。『信仰を持って始めたものの、いつの間に真我実現の道から逸れてしまい、遂にヨーガを完成できなかった人は、おおクリシュナ様！ その後いったいいかなる運命をたどるのでしょうか？

Kaccin n'obhaya-vibhraṣṭas chinn'ābhram iva naśyati /
Apratiṣṭho mahā-bāho vimūḍho brahmaṇaḥ pathi // 38

カッチン　ノーバヤ・ヴィブラシュタシュ　チンナーブラム　イヴァナッシャティ / アップラティシュトー　マハー・バーホ　ヴィムードー　ブラフマナハ　パティ //

おお、剛力無双（ごうりきむそう）のクリシュナ様！ そのような人は、至高者（ブラフマン）への道をふみ外し、この世でもあの世でも立場がなくなり、ちぎれ雲のように消滅するのでしょうか？

Etan me saṁśayaṁ kṛṣṇa chettum arhasy aśeṣataḥ /
Tvad-anyaḥ saṁśayasy'āsya chettā na hy upapadyate // 39

エータン　メー　サンシャヤン　クリシュナ　チェーットゥム　アルハシ　アシェーシャタハア / トヴァド・アンニャハ　サンシャヤッシヤーシヤ　チェッター　ナ　ヒ　ウパパッデャテー //

おお、クリシュナ様！ この点に関する私の疑念を、どうぞ完全に取り除いてください。何故なら、あなた様をおいて、この疑念を取り除いてくださる方は他には全くおりませんので。』と。

Śri Bhagavān uvāca:
Pārtha n'aiveha n'āmutra vināśas tasya vidyate /
Na hi kalyāṇa-kṛt kaścid durgatiṁ tāta gacchati // 40

シュリー　バガヴァーン　ウヴァーチャ：
パールタ　ナイヴェーハ　ナームットラ　ヴィナーシャス　タッシヤ　ヴィッデャテー / ナ　ヒ　カッリャーナ・クリット　カシュチッド　ドゥルガティン　ター タ　ガッチャティ //

至高者は答えられます。『プリター妃の息子（アルジュナ）よ！ ヨーガを実践する人は、現界（このよ）*でも霊界（あのよ）*でも決して破滅することはない。何故なら、善を行なう人が悪道に堕（お）ちることは、決してないからだ。

＊五感で感得できる世界。
＊この場合は肉眼で見えない世界を広く指す。

Prāpya puṇya-kṛtāṁ lokān uṣitvā śāśvatīḥ samāḥ /
Śucīnāṁ śrīmatāṁ gehe yoga-bhraṣṭo'bhijāyate // 41

プラーッピヤ　プンニャ・クリターン　ローカーン　ウシットヴァーシャーシュヴァティーヒ　サマーハ / シュチーナーン　シュリーマターン　ゲーヘー　ヨーガ・ブラシュトービジャーヤテー //

挫折したヨーギーは、死んだのち、善行をなした人々の住む星界*に往き、長い間そこで暮らしたのち、やがて地上の徳高き豊かな家庭に生れ出る。

＊一つの天体が一つの星界。無数の星界が物質界にも霊界にも存在する。

Athavā yogināṁ eva kule bhavati dhīmatām /
Etaddhi durlabhataraṁ loke janma yad īdṛśam // 42

アタヴァー　ヨーギナーム　エーヴァ　クレー　バヴァティ　ディーマターム / エータッディ　ドゥルラバタラン　ローケー　ジャンマ　ヤッド　イードリシャム //

あるいはまた、大いなる智識をそなえた賢者の家庭に生まれてくるが、こうした誕生は、地球上においては、まことに稀なことである。

Tatra taṁ buddhi-saṁyogaṁ labhate paurvadehikam /
Yatate ca tato bhūyaḥ saṁsiddhau kuru-nandana // 43

タットラ　タン　ブッディ・サンヨーガン　ラバテー　パウルヴァデーヒカム / ヤタテー　チャ　タトー　ブーヤハ　サンシッダウ　クル・ナンダナ //

クル王の息子（アルジュナ）よ！ そのような家庭に生まれた人は、前世における意識を蘇らせ、ヨーガの完成を目指して前世以上の努力をし始める。

Pūrv'ābhyāsena ten'aiva hriyate hy avaśo'pi saḥ /
Jijñāsur api yogasya śabda-brahm'ātivartate // 44

プールヴァーッビャーセーナ　テーナイヴァ　フリヤテー　ヒ　アヴァショーピ　サハ / ジジュニャースル　アピ　ヨーガッシヤ　シャブダ・ブラフマーティヴァルタテー //

また前生で修行した功徳により、その人は自然にヨーガに魅かれていくが、この世では、たとえ初心者であっても、ヴェーダの宗教儀礼の域を超える最高の修行をしていくことであろう。

Prayatnād yatamānas tu yogī saṁśuddha-kilbiṣaḥ /
Aneka-janma-saṁsiddhas tato yāti parāṁ gatim // 45

プラヤトナード　ヤタマーナス　トゥ　ヨーギー　サンシュッダ・キルビシャハ / アネーカ・ジャンマ・サンシッダス　タトー　ヤーティ　パラーン　ガティム //

厳しい修行を積み重ねることによって、ヨーギーはすべての罪穢れ（つみけが）を清め、幾多の誕生をくりかえしたのち、ついに至上の目的地に着くこととなる。

Tapasvibhyo'dhiko yogī jñānibhyo'pi mato'dhikaḥ /
Karmibhyaś c'ādhiko yogī tasmād yogī bhav'ārjuna // 46

タパスヴィッビョーディコー　ヨーギー　ジュニャーニッビョーピ　マトーディカハ / カルミッビャシュ　チャーディコー　ヨーギー　タスマード　ヨーギー　バヴァールジュナ //

ヨーギーは苦行者より偉大であり、哲学者よりも偉大であり、いかなる仕事をする人よりも偉大である。故にアルジュナよ！　君もぜひヨーギーになるがいい。

Yogināṁ api sarveṣāṁ mad-gaten'āntarātmanā /
Śraddhāvān bhajate yo māṁ sa me yuktatamo mataḥ // 47

ヨーギナーム　アピ　サルヴェーシャーン　マド・ガテーナーンタラートマナー / シュラッダーヴァーン　バジャテー　ヨー　マーン　サ　メー　ユクタタモー　マタハ //

だがあらゆるヨーギーの中で、内なる自我が私と一体となり、絶対の信愛の念をもって私に奉仕する人こそ、最上のヨーギーと言えるのだ。』と。

Iti Dhyānayogaḥ nāma ṣaṣṭho'dhyāyaḥ

イティ　デャーナ・ヨーガハ ナーマ　シャシュトーッデャーヤハ

Saptamo'dhyāyaḥ:Jñānavijñānayogaḥ
サプタモーッデャーヤハ：ジュニャーナ・ヴィジュニャーナ・ヨーガハ

第７章（至高者に関する）知識・識別の道

Śrī Bhagavān uvāca:
Mayy āsakta-manāḥ pārtha yogaṁ yuñjan mad-āśrayaḥ /
Asaṁśayaṁ samagraṁ māṁ yathā jñāsyasi tac chṛṇu // 1

シュリー　バガヴァーン　ウヴァーチャ：
マイヤーサクタ・マナーハ　パールタ　ヨーガン　ユンジャン　マド・アーシュラヤハ / アサンシャヤン　サマッグラン　マーン　ヤター　ジュニャーシヤシ　タッ　チュリヌ //

至高者は語られます。『プリター妃の息子（アルジュナ）よ！ よく聞くがいい。心を私に向けて帰依し、ヨーガをしっかり行じなさい。そうすれば、君は疑いなく私を知ることができる。

Jñānaṁ te'haṁ savijñānam idaṁ vakṣyāmy aśeṣataḥ /
Yaj jñātvā n'eha bhūyo'nyaj jñātavyam avaśiṣyate // 2

ジュニャーナン　テーハン　サヴィジュニャーナム　イダン　ヴァックシャーミ　アシェーシャタハ / ヤッジュニャーットヴァーネーハ　ブーヨーニャジ　ジュニャータッヴャム　アヴァシッシャテー //

私は五感（視・聴・嗅・味・触）を通して獲得できる知識と、悟りを通してのみ体得できる智識、つまりこれ以外に知るべきものは何一つないという完全な智識を君に与えよう。

Manuṣyāṇāṁ sahasreṣu kaścid yatati siddhaye /
Yatatām api siddhānāṁ kaścin māṁ vetti tattvataḥ // 3

マヌッシャーナーン　サハッスレーシュ　カシュチッド　ヤタティ　シッダイェー / ヤタターム　アピ　シッダーナーン　カシュチン　マーン　ヴェーッティ　タットヴァタハ //

おそらく数千人の中の一人か二人かが、真の智識を求めて努力するだろうが、そうした稀(まれ)な求道者たちの中でも、私を真に知るに至るのは、たった一人くらいのものであろう。

Bhūmir āpo'nalo vāyuḥ khaṁ mano buddhir eva ca /
Ahaṁkāra itī'yaṁ me bhinnā prakṛtir aṣṭadhā // 4

ブーミル　アーポーナロー　ヴァーユフ　カン　マノー　ブッディル　エーヴァ　チャ / アハンカーラ　イティーヤン　メー　ビンナー　プラクリティル　アシュタダー //

私から分かれ出た物質自然(プラクリティ)は、地と水と火と風*と空(エーテル)（カー）*、それに心と知性と我念(アハンカーラ)の、この八つに分かれている。

*気体、空気。
*カーは"空"と訳す場合もあるが、ここでは宇宙に満ちている大気外の精気、霊気。

Apar'eyam itas tv anyāṁ prakṛtiṁ viddhi me parām /
Jīva-bhūtāṁ mahā-bāho yay'edaṁ dhāryate jagat // 5

アパレーヤム　イタス　トゥ　アンニャーン　プラクリティン　ヴィッディ　メー　パラーム / ジーヴァ・ブーターン　マハー・バーホー　ヤイェーダン　ダーリヤテー　ジャガト //

おお優れたる勇者よ！ 低位エネルギー*のほかに、私がさらに高位エネルギー*をも持っていることを知るがいい。これこそが、あらゆる生物の生命源であり、宇宙万有を支えている力なのだ。

*物質エネルギー。
*霊エネルギー。

Etad-yonīni bhūtāni sarvāṇī'ty upadhāraya /
Ahaṁ kṛtsnasya jagataḥ prabhavaḥ pralayas tathā // 6

エータッド・ヨーニーニ　ブーターニ　サルヴァーニーティ　ウパダーラヤ / アハン　クリツナッシヤ　ジャガタハ　プラバヴァハ　プララヤス　タター //

これら二つのエネルギーが、宇宙のすべてのものを生み出していることを知りなさい。実に私こそが、宇宙万有を生成する原因であり、かつ消滅の原因でもあるのだ。

Mattaḥ parataraṁ n'ānyat kiñcid asti dhanañjaya /
Mayi sarvam idaṁ protaṁ sūtre maṇi-gaṇā iva // 7

マッタハ　パラタラン　ナーンニャト　キンチド　アスティ　ダナンジャヤ / マイ　サルヴァム　イダン　プロータン　スーットレー　マニ・ガナー　イヴァ //

ダナンジャヤ*よ！　私を超えるものは何一つ存在しない。真珠が糸を通して繋（つな）がっているように、すべてのものは私を通して繋（つな）がり支えられているのだ。

*アルジュナの別名（競技の勝利者の意）。

Raso'ham apsu kaunteya prabhā'smi śaśi-sūryayoḥ /
Praṇavaḥ sarva-vedeṣu śabdaḥ khe pauruṣaṁ nṛṣu // 8

ラソーハム　アプス　カウンテーヤ　プラバースミ シャシ・スールヤヨーホ / プラナヴァハ　サルヴァ・ヴェーデーシュ　シャブダハ　ケー　パウルシャン　ヌリシュ //

クンティー妃の息子（アルジュナ）よ！　私は、水の味であり、太陽や月の光であり、ヴェーダの真言音オームであり、エーテルのもつ響（ひびき）であり、人間の中にある雄々しさでもある。

Puṇyo gandhaḥ pṛthivyāṁ ca tejaś c'āsmi vibhāvasau /
Jīvanaṁ sarva-bhūteṣu tapaś c'āsmi tapasviṣu // 9

プンニョー　ガンダハ　プリティッヴャーン　チャ　テージャシュ　チャースミ　ヴィバーヴァサウ / ジーヴァナン　サルヴァ・ブーテーシュ　タパシュ　チャースミ　タパスヴィシュ //

私は、大地のかぐわしい香（かおり）であり、燃える火の輝きでもあり、すべての生物の生命（いのち）であり、そして苦行者のもつ忍耐力でもある。

Bījaṁ māṁ sarva-bhūtānāṁ viddhi pārtha sanātanam /
Buddhir buddhimatām asmi tejas tejasvinām aham // 10

ビージャン　マーン　サルヴァ・ブーターナーン　ヴィッディ　パールタ　サナータナム / ブッディル　ブッディマターム　アスミ　テージャス　テージャスヴィナーム　アハム //

プリター妃の息子（アルジュナ）よ！ 私は、万物の永遠の種子であり、智者のなかの知力であり、英雄のもつ勇壮さでもあることを知るがいい。

Balaṁ balavatām asmi kāma-rāga-vivarjitam /
Dharm'āviruddho bhūteṣu kāmo'smi bharata'rṣabha // 11

バラン　バラヴァターム　アスミ　カーマ・ラーガ・ヴィヴァルジタム / ダルマーヴィルッドー　ブーテーシュ　カーモースミ　バラタルシャバ //

私は、肉欲にも物欲にも超然とした、強者のもつ真の強さであり、戒律（ダルマ）を決して犯さぬ情欲でもある。バーラタ族の王子（アルジュナ）よ！

Ye c'aiva sāttvikā bhāvā rājasās tāmasāś ca ye /
Matta ev'eti tān viddhi na tv ahaṁ teṣu te mayi // 12

イェー　チャイヴァ　サーットヴィカー　バーヴァー　ラージャサース　ターマサーシュ　チャ　イェー / マッタ　エーヴェーティ　ターン　ヴィッディ　ナ　トゥ　アハン　テーシュ　テー　マイ //

サットワ、ラジャス、タマス*の三性質から成るいかなる状態の自然万有であろうと、すべて私のエネルギーから現われてくるが、私はその*中にはなく、私の中にそれらがあることを知るがいい。

*物質自然の三性質：サットワ＝善徳性・明・知的・調和的・向上、ラジャス＝激動性・熱・妄動的・積極的・束縛、タマス＝怠惰性・暗・無知的・消極的・下落。
*物質自然界とその現象。

Tribhir guṇamayair bhāvair ebhiḥ sarvam idaṁ jagat /
Mohitaṁ n'ābhijānāti mām ebhyaḥ param avyayam // 13

トリビル　グナマヤイル　バーヴァイル　エービヒ　サルヴァム　イダン　ジャガト / モーヒタン　ナービジャーナーティ　マーム　エーッビャハ　パラム　アッヴャヤム //

世の人々は、自然の三性質から形成された万有に幻惑（げんわく）され、私がこれら三性質を超越した、無限不滅の存在であることを知らない。

Daivī hy eṣā guṇamayī mama māyā duratyayā /
Mām eva ye prapadyante māyām etāṁ taranti te // 14

ダイヴィー　ヒ　エーシャー　グナマイー　ママ　マーヤー　ドゥラッテャヤー / マーム　エーヴァ　イェー　プラパッデャンテー　マーヤーム　エーターン　タランティ　テー //

世の人々が、これら三性質から成る私の幻象に、惑わされずにいることは非常に難しい。だが私にすべてを委（ゆだ）ねて帰依する人は、容易（やすやす）とその危険を乗り越えられるであろう。

Na māṁ duṣkṛtino mūḍhāḥ prapadyante nar'ādhamāḥ /
Māyayā'pahṛta-jñānā āsuraṁ bhāvam āśritāḥ // 15

ナ　マーン　ドゥシュクリティノー　ムーダーハ　プラパッデャンテー　ナラーダマーハ / マーヤヤーパフリタ・ジュニャーナー　アースラン　バーヴァム　アーシュリターハ //

だが無知なる者、悪を為す者、人間として最低の者、幻影（げんえい）に惑（まど）わされ魔の性格を持つ者たちは、決して私に帰依しようとはしない。

Catur-vidhā bhajante māṁ janāḥ sukṛtino'rjuna /
Ārto jijñāsur arth'ārthī jñānī ca bharata'rṣabha // 16

チャトゥルヴィダー　バジャンテー　マーン　ジャナーハ　スクリティノールジュナ / アールトー　ジジュニャースル　アルタールティー　ジュニャーニー　チャ　バラタルシャバ //

だが、バーラタ族の中で最も勝れたる者、アルジュナよ！ 苦悩（悩み）をもつ人、探究心が強い人、幸福を求める人、真理の智識を求める人、これら四種類の人達は、私を心から礼拝する。

Teṣāṁ jñānī nitya-yukta eka-bhaktir viśiṣyate /
Priyo hi jñānino'tyartham ahaṁ sa ca mama priyaḥ // 17

テーシャーン　ジュニャーニー　ニッテャ・ユクタ　エーカ・バクティル　ヴィシッシヤテー / プリヨー　ヒ　ジュニャーニノーテャルタム　アハン　サ　チャ　ママ　プリヤハ //

彼らのなかでも、真理の知識を十分に持ち、常に私を想い礼拝する人こそ最上の人なのだ。私は、その人にとって最愛の存在であり、その人も、私にとっては最愛の存在なのだ。

Udārāḥ sarva ev'aite jñānī tv ātm'aiva me matam /

Āsthitaḥ sa hi yukt'ātmā mām-ev'ānuttamāṁ gatim // 18

ウダーラーハ　サルヴァ　エーヴァイテー ジュニャーニー トゥアートマイヴァ　メー　マタム / アースティタハ　サ　ヒ　ユクタートマー　マーム・エーヴァーヌッタマーン　ガティム //

彼らはいずれも高貴なる魂の持ち主で、私は、そうした真理の知識を持っている人を私自身だと思っている。なぜなら、その人は私を最高の到達点として、私の中にしっかりと心を結び付けているからだ。

Bahūnāṁ janmanām ante jñānavān māṁ prapadyate /
Vāsudevaḥ sarvam iti sa mah'ātmā sudurlabhaḥ // 19

バフーナーン　ジャンマナーム　アンテー　ジュニャーナヴァーン　マーン　プラパッデャテー / ヴァースデーヴァハ　サルヴァム　イティ　サ　マハートマー　スドゥルラバハ //

数多(あまた)の生涯を経て真智を得た人は、ヴァースデーヴァ*こそがあらゆるものの根本原因であると知り、私に帰依し信仰するのだが、このような偉大(マハートマ)な魂の持ち主はまことに稀(まれ)である。

*クリシュナの別名。(大聖霊の意)

Kāmais tais tair hṛta-jñānāḥ prapadyante'nya-devatāḥ /
Taṁ taṁ niyamam āsthāya prakṛtyā niyatāḥ svayā // 20

カーマイス　タイス　タイル　フリタ・ジュニャーナーハ　プラパッデャンテーンニャ・デーヴァターハ / タン　タン　ニヤママム　アースターヤ　プラクリッテャー　ニヤターハ　スヴァヤー //

さまざまな物欲によって正しい判断力を失った者たちは、生まれつきの性格や性質に応じて様々な神々に心を向け、いろいろなやり方で拝んでいる。

Yo yo yāṁ yāṁ tanuṁ bhaktaḥ śraddhayā'rcitum icchati /
Tasya-tasy'ācalāṁ śraddhāṁ tām eva vidadhāmy aham // 21

ヨー　ヨー　ヤーン　ヤーン　タヌン　バクタハ　シュラッダヤールチトゥム　イッチャティ / タッシヤ・タッシヤーチャラーン　シュラッダーン　ターム　エーヴァ　ヴィダダーミ　アハム //

だが、どのような形であろうと，人が神々を拝む気持になるならば、神々に対するその人の信仰心がさらに強くなるよう、私はその人を助けてやるであろう。

Sa tayā śraddhayā yuktas tasy'ārādhanam īhate /
Labhate ca tataḥ kāmān may'aiva vihitān hi tān // 22

サ　タヤー　シュラッダヤー　ユクタス　タッシヤーラーダナム　イーハテー / ラバテー　チャ　タタハ　カーマーン　マヤイヴァ　ヴィヒターン　ヒ　ターン //

強い信仰心をもち、その人が特定の神に祈るなら、その人の願いは必ず叶えられるであろう。だがその願いを叶えているのは、実はほかならぬ私なのだ。

Antavat tu phalaṁ teṣāṁ tad bhavaty alpa-medhasām /
Devān deva-yajo yānti mad-bhaktā yānti mām api // 23

アンタヴァッ　トゥ　ファラン　テーシャーン　タッド　バヴァティ　アルパ・メーダサーム / デーヴァーン　デーヴァ・ヤジョー　ヤーンティ　マド・バクター　ヤーンティ　マーム　アピ //

知性低き者たちの得る利益は、非常に限られたはかないものであるが、それでも神々を拝む人々は、神々の住む世界（星界）*に達するであろう。だが私に帰依する人々は、必ず私のもとへと到達する。

＊星界＝世界。一つの天体が一つの世界で、クリシュナが住む至上妙楽の世界、仏教での阿弥陀の浄土、観音の浄土など種々ある。

Avyaktaṁ vyaktim āpannaṁ manyante mām abuddhayaḥ /
Paraṁ bhāvam ajānanto mamā'vyayam anuttamam // 24

アッヴャクタン　ヴャクティム　アーパンナン　マンニャンテー　マーム　アブッダヤハ / パラン　バーヴァム　アジャーナントー　ママーッヴャヤム　アヌッタマム //

知識の乏しい者達は、私が永遠不変ですべてを超越した存在であることを知らぬため、私が姿や形をとってこの世に現れると考えている。

N'āhaṁ prakāśaḥ sarvasya yoga-māyā samāvṛtaḥ /
Mūḍho'yaṁ n'ābhijānāti loko mām ajam avyayam // 25

ナーハン　プラカーシャハ　サルヴァッシヤ　ヨーガ・マーヤー　サマーヴリタハ / ムードーヤン　ナービジャーナーティ　ローコー

マーム　アジャム　アッヴャヤム //

私は幻象造化力（ヨーガマーヤー）*の働きにより、自分の姿をすべての人の眼から隠しているので、愚者や知性の低い者たちは、私の不生不滅の真の姿を理解できないでいる。

＊至上主ブラフマが目に見える宇宙の諸現象を創りだす力。その諸現象は永遠不滅ではないので、幻と見なされる。

Ved'āhaṁ samatītāni vartamānāni c'ārjuna /
Bhaviṣyāṇi ca bhūtāni māṁ tu veda na kaścana // 26

ヴェダーハン　サマティーターニ　ヴァルタマーナーニ　チャールジュナ / バヴィッシャーニ　チャ　ブーターニ　マーン　トゥヴェーダ　ナ　カシュチャナ //

アルジュナよ！ 私は過去おこったことも、現在おこっていることも、将来おこるであろうことも、悉く知っている。また私は全ての生物を知っているが、誰も私のことは知らない。

Icchā dveṣa-samutthena dvandva-mohena bhārata /
Sarva-bhūtāni saṁmohaṁ sarge yānti parantapa // 27

イッチャー ドヴェーシャ・サムッテーナ　ドヴァンドヴァ・モーヘーナ　バーラタ / サルヴァ・ブーターニ　サンモーハン　サルゲーヤーンティ　パランタパ //

無敵の勇者、バーラタ族の子孫（アルジュナ）よ！ 全ての生物は、生れ落ちると同時に、自らの欲望と嫌悪の感情から生じる二元相対の世界に、幻惑されてしまう。

Yeṣāṁ tv anta-gataṁ pāpaṁ janānāṁ puṇya-karmaṇām /
Te dvandva-moha-nirmuktā bhajante māṁ dṛḍha-vratāḥ // 28

イェーシャーン　トゥ　アンタ・ガタン　パーパン　ジャナーナーン　プンニャ・カルマナーム / テー　ドヴァンドヴァ・モーハ・ニルムクター　バジャンテー　マーン　ドリダ・ヴラターハ //

だが、清らかな徳を積み、悪業報を断ち切って罪を消し、二元相対の迷妄を払い除けた人々は、固い決心のもとに私を礼拝するようになる。

Jarā-maraṇa-mokṣāya mām āśritya yatanti ye /
Te brahma tad viduḥ kṛtsnam adhyātmaṁ karma c'ākhilam // 29

ジャラー・マラナ・モークシャーヤ　マーム　アーシュリッテャ　ヤタンティ　イェー / テー　ブラフマ　タド　ヴィドゥフ　クリツナム　アッデャートマン　カルマ　チャーキラム //

私に完全に帰依し、老や死から解脱しようと努力する人々*は、根本原理(ブラフマン)も、真我(アッデャートマ)も、因果法則(カルマ)も、すべて知るようになる。

*ゴータマ・ブッダも、老病死からの自由を求めて修行し、永遠の至福（ねはん）を得た。

Sādhibhūt'ādhidaivaṁ māṁ sādhiyajñaṁ ca ye viduḥ /
Prayāṇa-kāle'pi ca māṁ te vidur yukta-cetasaḥ // 30

サーディブーターディダイヴァン　マーン　サーディヤジュニャン　チャ　イェー　ヴィドゥフ / プラヤーナ・カーレーピ　チャ　マーン　テー　ヴィドゥル　ユクタ・チェータサハ //

私が、全ての物質現象の支配者であり、全ての神々の支配者であり、また全ての供犠の受け取り主でもあると知る人々は、死ぬ時ですら私から心を離すことは決してない』と。

Iti Jñānavijñānayogaḥ nāma saptamo'dhyāyaḥ

イティ　ジュニャーナ・ヴィジュニャーナ・ヨーガハ
ナーマ　サプタモーッデャーヤハ

Aṣṭamo'dhyāyaḥ:Akṣarabrahmayogaḥ

アシュタモーッデャーヤハ：アクシャラ・ブラフマ・ヨーガハ

第８章　不滅の至高者（ブラフマン）に到る道

Arjuna uvāca:
Kiṁ tad brahma kim adhyātmaṁ kiṁ karma puruṣ'ottama /
Adhibhūtaṁ ca kiṁ proktam adhidaivaṁ kiṁ ucyate // 1

アルジュナ　ウヴァーチャ：
キン　タド　ブラフマ　キム　アッデャートマン　キン　カルマ　プルショーッタマ / アディブータン　チャ　キン　プロークタム　アディダイヴァン　キン　ウッチャテー //

アルジュナが申します。『おお至高の御方（プルショッタマ）よ！ ブラフマン（根本原理）、アッデャートマ（真我）、カルマ（因果法則）、アディブータ（物質現象の根因）、アディダイヴァ（神々）とは何かを、ご説明なさって下さい。

Adhiyajñaḥ kathaṁ ko'tra dehe'smin madhusūdana /
Prayāṇa-kāle ca kathaṁ jñeyo'si niyat'ātmabhiḥ // 2

アッディヤジュニャハ　カタン　コーットラ　デーヘースミン　マドゥスーダナ / プラヤーナ・カーレー　チャ　カタン　ジュネーヨーシ　ニヤタートマビヒ //

供犠受取主（アディヤジュニャー）は、私達の肉体の中にどんな形で住んでおられるのでしょうか。心の修行をした人が死ぬ時、おおマドゥスーダナ*（クリシュナ）様！ 御自分の姿をその人にどのように示されるのでしょうか？』と。

*クリシュナの別名。「悪鬼マドゥを誅殺（ちゅうさつ）した人」の意。

Śrī Bhagavān uvāca:
Akṣaraṁ brahma paramaṁ svabhāvo'dhyātmam ucyate /
Bhūta-bhāvodbhava-karo visargaḥ karma-saṁjñitaḥ // 3

シュリー　バガヴァーン　ウヴァーチャ：
アクシャラン　ブラフマ　パラマン　スヴァバーヴォーデャートマム　ウッチヤテー / ブータ・バーヴォードバヴァ・カロー　ヴィサルガハ　カルマ・サンジュニタハ //

至高者が答えられます。『永遠不滅にして最高の実在者をブラフマン*、その実在者の性質をアッデャートマ*と言う。またそれが万有を生み出し維持し、そして消滅させていく働きをカルマ*と言う。

＊万有は、それより生じ、それによって生き、滅してそれに帰る、それすなわちブラフマンなり。
＊全ての存在物の根源をなす「真我大霊」。
＊因果法に基づき生成発展する生命エネルギーといってもよい。

Adhibhūtaṁ kṣaro bhāvaḥ puruṣaś c'ādhidaivatam /
Adhiyajño'ham ev'ātra dehe deha-bhṛtāṁ vara // 4

アディブータン　クシャロー　バーヴァハ　プルシャシュ チャーディダイヴァタム / アッディヤジュニョーハム　エーヴァーットラ　デーヘ　デーハ・ブリターン　ヴァラ //

物質現象（アディブータ）は変化し消滅していくが、その中で働く諸（アディダイヴァ）神（プルシャ）は宇宙霊の分霊であり、神々の体の中に宿る私こそが、帰依者達の供犠受取主（アディヤジュニャー）なのだ。肉体をもつ者の中で最も優（すぐ）れたる者（アルジュナ）よ！

Anta-kāle ca mām eva smaran muktvā kalevaram /
Yaḥ prayāti sa mad-bhāvaṁ yāti n'āsty atra saṁśayaḥ // 5

アンタ・カーレー　チャ　マーム　エーヴァ　スマラン　ムクトヴァー　カレーヴァラム / ヤハ　プラヤーティ　サ　マド・バーヴァン　ヤーティ　ナースティ　アットラ　サンシャヤハ //

死の時が来て肉体を離れる際に私を思う人は、誰でもまっすぐに私のもとへとやって来る。これは疑いのない事実である*。

＊ミダを憶（おも）い念ずればミダの浄土に往生する。ミダ＝阿弥陀仏＝宇宙に遍満する光明。別名は無量光、無量寿仏。

Yaṁ yaṁ v'āpi smaran bhāvaṁ tyajaty ante kalevaram /
Taṁ tam ev'aiti kaunteya sadā tad-bhāva-bhāvitaḥ // 6

ヤン　ヤン　ヴァーピ　スマラン　バーヴァン　テャジャティ　アンテー　カレーヴァラム / タン　タム　エーヴァイティ　カウンテーヤ　サダー　タド・バーヴァ・バーヴィタハ //

誰であろうと、肉体を離れる時に心で思ったもののところへ必ず行く。クンティー妃の息子（アルジュナ）よ！　何故なら、死ぬ瞬間に思ったことはいつまでも記憶されるからだ。

Tasmāt sarveṣu kāleṣu mām anusmara yudhya ca /
Mayy arpita-mano-buddhir mām ev'aiṣyasy asaṁśayaḥ // 7

タスマート　サルヴェーシュ　カーレーシュ　マーム　アヌスマラ　ユッディャ　チャ / マイ　アルピタ・マノー・ブッディル　マーム　エーヴァイッシヤシ　アサンシャヤハ //

故に、君はいつも私のことを想いながら戦いなさい。心も頭も私にしっかと結び付けておきさえすれば、君は疑いなく私のもとへと到達する。

Abhyāsa-yoga-yuktena cetasā n'ānya-gāminā /
Paramaṁ puruṣaṁ divyam yāti pārth'ānucintayan // 8

アッビャーサ・ヨーガ・ユクテーナ　チェータサー　ナーンニャ・ガーミナー / パラマン　プルシャン　ディッヴャン　ヤーティ　パールターヌチンタヤン //

ヨーガをしっかり実践し、光り輝く至高の宇宙大霊（プルシャ）から心と頭を決して逸（そ）らさぬ人は、必ずそのもとへと到達するのだ。プリター妃の息子（アルジュナ）よ！

Kaviṁ purāṇam anuśāsitāram
aṇor aṇīyāṁsam anusmared yaḥ /
Sarvasya dhātāram acintya-rūpam
āditya-varṇaṁ tamasaḥ parastāt // 9

カヴィン　プラーナム　アヌシャーシターラム / アノール　アニーヤーンサム　アヌスマレード　ヤハ / サルヴァッシヤ　ダーターラム　アチンテャ・ルーパム / アーディッテャ・ヴァルナン　タマサハ　パラスタート //

万有の全てを知る最も古き支配者、万有の最小単位よりさらに微細な存在、想像を超える形をもった万有の維持者、太陽のごとく輝いている、あらゆる暗黒を超えた存在、

Prayāṇa-kāle manasā'calena
bhaktyā yukto yoga-balena c'aiva /
Bhruvor madhye prāṇam āveśya saṁyak
sa taṁ paraṁ puruṣam upaiti divyam // 10

プラヤーナ・カーレー　マナサーチャレーナ / バクテャー　ユクトー　ヨーガ・バレーナ　チャイヴァ / ブルヴォール　マッデー　プラーナム　アーヴェーッシャ　サンヤク / サ　タン　パラン　プルシャ

ム　ウパイティ　ディッヴャム //

そうした至高の宇宙大霊（プルシャ）に、臨終のとき、ヨーガの行力と不動の信念をもって、生気を眉間に集中させつつ心を向けたなら、必ずその人は光り輝く至高大霊のもとへと到達する。

Yad akṣaraṁ veda-vido vadanti
viśanti yad yatayo vīta-rāgāḥ /
Yad icchanto brahmacaryaṁ caranti
tat te padaṁ saṁgraheṇa pravakṣye // 11

ヤド　アクシャラン　ヴェーダ・ヴィドー　ヴァダンティ / ヴィシャンティ　ヤッド　ヤタヨー　ヴィータ・ラーガーハ / ヤッド　イッチャントー　ブラフマチャリヤン　チャランティ / タッ　テー　パダン　サングラヘーナ　プラヴァクシエー //

ヴェーダを学んだ賢者達が、不死の世界と呼び、俗世への執着心を捨てた聖者たちの入るべき処（ところ）、そこに到達するためには禁欲の修行が必要だが、いまそのことについて簡単に説明しよう。

Sarva-dvārāṇi saṁyamya mano hṛdi nirudhya ca /
Mūrdhny ādhāy'ātmanaḥ prāṇam āsthito yoga-dhāraṇām // 12

サルヴァ・ドヴァーラーニ　サンヤンミャ　マノー　フリディ　ニルッデャ　チャ / ムールドニ　アーダーヤートマナハ　プラーナム　アースティトー　ヨーガ・ダーラナーム //

感覚五器官の門を閉ざして肉体的感覚を排し、心を心臓の中心に鎮め、生気（プラーナ）を頭頂に集中して、精神統一を図る。

Om ity ek'ākṣaraṁ brahma vyāharan mām anusmaran /
Yaḥ prayāti tyajan dehaṁ sa yāti paramāṁ gatim // 13

オーム　イティ　エーカークシャラン　ブラフマ　ヴャーハラン　マーム　アヌスマラン / ヤハ　プラヤーティ　テャジャン　デーハン　サ　ヤーティ　パラマーン　ガティム //

そしてブラフマンを表す聖なる一つの音オームを唱え、至高者たる私を想いながら肉体を離れる者は、必ず至高の目的地へと到達する。

Ananya-cetāḥ satataṁ yo māṁ smarati nityaśaḥ /
Tasy'āhaṁ sulabhaḥ pārtha nitya-yuktasya yoginaḥ // 14

アナンニャ・チェータハ　サタタン　ヨー　マーン　スマラティ　ニッテャシャハ / タッシヤーハン　スラバハ　パールタ　ニッテャ・ユクタッシヤ　ヨーギナハ //

また他のものに一切心を逸(そ)らすことなく、ひたすら私を想い続けるヨーガの実践者は、たやすく私のもとへと到達できるのだ。プリター妃の息子（アルジュナ）よ！

Mām upetya punar-janma duḥkh'ālayam aśāśvatam /
N'āpnuvanti mah'ātmānaḥ saṁsiddhiṁ paramāṁ gatāḥ // 15

マーム　ウペーッテャ　プナル・ジャンマ　ドゥフカーラヤム　アシャーシュヴァタム / ナープヌヴァンティ　マハートマーナハ　サンシッディン　パラマーン　ガターハ //

私のもとに達した偉大な魂(マハートマ)たちは、苦しみと儚(はかな)さに満ちた物質界に決して再び生まれ出ることはない。なぜなら、彼らは既に最高の完成の域に達しているからである。

Ābrahma-bhuvanāl lokāḥ punar-āvartino'rjuna /
Mām upetya tu kaunteya punar-janma na vidyate // 16

アーブラフマ・ブヴァナール　ローカーハ　プナル・アーヴァルティノールジュナ / マーム　ウペーッテャ　トゥ　カウンテーヤ　プナル・ジャンマ　ナ　ヴィッデャテー //

最高星界(ブラフマローカ)から最低星界*に至る全世界は、生死をくりかえす苦悩の住処(すみか)なのだ。しかし、クンティー妃の息子（アルジュナ）よ！ 私のもとに来た人は、決して物質界(このよ)に再生することはない。

＊天人の住む天国から地獄まで――仏教では六道輪廻という（地獄・餓鬼・畜生・修羅・人間・天人）。一つの天体(ほし)が一つの世界だが、地球は六道が混在する星界と考えられている。

Sahasra-yuga-paryantam ahar yad brahmaṇo viduḥ /
Rātriṁ yuga-sahasr'āntāṁ te'ho-rātra-vido janāḥ // 17

サハッスラ・ユガ・パリヤンタム　アハル　ヤド　ブラフマノー　ヴィドゥフ / ラーットリン　ユガ・サハッスラーンターン　テーホー・ラーットラ・ヴィドー　ジャナーハ //

千ユガ*の時間が、創造神ブラフマの一日の昼の長さで、夜の長さも千ユガであることを知る人は、昼と夜との長さを真に知っている人と言えよう。

＊1ユガの長さは1200年×360年＝108,000年とされ、サティア時代（4ユガ)、トレーター時代（3ユガ)、ドワーパラ時代（2ユガ)、カリ時代（1ユガ）と考えられている。現代はカリ時代が過ぎドワーパラ時代に入ったとされる。

Avyaktād vyaktayaḥ sarvāḥ prabhavanty aharāgame /
Rātry-āgame pralīyante tatr'aivā'vyakta saṁjñake // 18

アッヴャクタード　ヴャクタヤハ　サルヴァーハ　プラバヴァンティ　アハラーガメー / ラーットリ・アーガメー　プラリーヤンテー　タットライヴァーッヴャクタ　サンジュニャケー //

ブラフマの一日が始まると、あらゆるものが姿なきところから現われ、ブラフマの夜が訪れると、それらは再び姿なきところへと消えてしまう。

Bhūta-grāmaḥ sa ev'āyaṁ bhūtvā bhūtvā pralīyate /
Rātry-āgame'vaśaḥ pārtha prabhavaty ahar-āgame // 19

ブータ・グラーマハ　サ　エーヴァーヤン　ブーットヴァー　ブーットヴァー　プラリーヤテー / ラーットリ・アーガメーヴァシャハ　パールタ　プラバヴァテイ　アハル・アーガメー //

おおプリター妃の息子（アルジュナ）よ！ 万物は何度も何度も現れては、夜の訪れとともに消え、日の昇るとともにまたもや出現する。

Paras tasmāt tu bhāvo'nyo' vyakto'vyaktāt sanātanaḥ /
Yaḥ sa sarveṣu bhūteṣu naśyatsu na vinaśyati // 20

パラス　タスマート　トゥ　バーヴォンニョー　ヴャクトーヴャクタート　サナータナハ / ヤハ　サ　サルヴェーシュ　ブーテーシュ　ナッシャツ　ナ　ヴィナッシャティ //

だがこの未顕現の世界を超えたところに、姿形なき別の世界が実在する。それは永遠不滅であって、物質宇宙（このよ）が絶滅してもそのままである。

Avyakto'kṣara ity uktas tam āhuḥ paramāṁ gatim /
Yaṁ prāpya na nivartante tad dhāma paramaṁ mama // 21

アッヴャクトークシャラ　イティ　ウクタス　タム　アーフフ　パラマーン　ガティム / ヤン　プラーッピャ　ナ　ニヴァルタンテー　タド　ダーマ　パラマン　ママ //

その非顕現の不滅の世界＊こそ究極の妙楽世界であり、私の住処（すみか）であり、そこに到達した人は再び物質界に戻ることはない。

＊顕・未顕を超越したもの。

Puruṣaḥ sa paraḥ pārtha bhaktyā labhyas tv ananyayā /
Yasy'āntaḥsthāni bhūtāni yena sarvam idaṁ tatam // 22

プルシャハ　サ　パラハ　パールタ　バクテャー　ラッビャス　トゥ　アナンニャヤー / ヤッシヤーンタハスターニ　ブーターニ　イェーナ　サルヴァム　イダン　タタム //

おおプリター妃の息子（アルジュナ）よ！　万物が内在し、全宇宙に充満する至高大霊（プルシャ）のもとには、それに絶対帰依する心の持ち主のみが到達できるのだ。

Yatra kāle tv anāvṛttim āvṛttiṁ c'aiva yoginaḥ /
Prayātā yānti taṁ kālaṁ vakṣyāmi bharatarṣabha // 23

ヤットラ　カーレー　トゥ　アナーヴリッティム　アーヴリッティン　チャイヴァ　ヨーギナハ / プラヤーター　ヤーンティ　タン　カーラン　ヴァックシャーミ　バラタルシャバ //

バーラタ族で最も秀れた人（アルジュナ）よ！　修行者（ヨーギー）がこの世を去ったのち再生してくる場合と、再生しない場合について、私はそれぞれ君に説明しよう。

Agnir jyotir ahaḥ śuklaḥ ṣaṇmāsā uttar'āyaṇam /
Tatra prayātā gacchanti brahma brahma-vido janāḥ // 24

アグニル　ジョーティル　アハハ　シュクラハ　シャンマーサー　ウッタラーヤナム / タットラ　プラヤーター　ガッチャンティ　ブラフマ　ブラフマ・ヴィドー　ジャナーハ //

火と炎と昼が支配し、月の明るい二週間と太陽が北緯にある六ヶ月の間に、ブラフマンを知る人がこの世を去った場合、その人はブラフマンの元へと必ず到達し、再び物質界（このよ）に戻ってくることはない。

Dhūmo rātris tathā kṛṣṇaḥ ṣaṇmāsā dakṣiṇ'āyanam /
Tatra cāndramasaṁ jyotir yogī prāpya nivartate // 25

ドゥーモー　ラーットリス　タター　クリシュナハ　シャンマーサー　ダクシナーヤナム / タットラ　チャーンドラマサン　ジョーティル　ヨーギー　プラーッピャ　ニヴァルタテー //

しかし煙と夜が支配し、月の暗い二週間と太陽が南緯にある六ヶ月の間に、修行者（ヨーギー）がこの世を去った場合、その修行者は月光の輝く世界に到達し、再びこの地球へと戻ってくる。

Śukla-kṛṣṇe gatī hy ete jagataḥ śāśvate mate /
Ekayā yāty anāvṛttim anyayā'vartate punaḥ // 26

シュクラ・クリシュネー　ガティー　ヒ　エーテー　ジャガタハ　シャーシュヴァテー　マテー / エーカヤー　ヤーティ　アナーヴリッティム　アンニャヤーヴァルタテー　プナハ //

人が物質界を去る際に、通らねばならぬ明るい道と暗い道とがあるが、明るい道を行く人はこの世には戻らず、暗い道を行く人はまたここに戻ってくる。

N'aite sṛtī pārtha jānan yogī muhyati kaścana /
Tasmāt sarveṣu kāleṣu yogayukto bhav'ārjuna // 27

ナイテー　スリティー　パールタ　ジャーナン　ヨーギー　ムッヒャティ　カシュチャナ / タスマート　サルヴェーシュ　カーレーシュ　ヨーガユクトー　バヴァールジュナ //

プリターの息子（アルジュナ）よ！　この二つの道を知る修行者は、死ぬときに決して迷うことはない。アルジュナよ！　それ故、たゆむことなくヨーガに励むがよい。

Vedeṣu yajñeṣu tapaḥsu c'aiva
dāneṣu yat puṇya-phalaṁ pradiṣṭam /
Atyeti tat sarvam idaṁ viditvā
yogī paraṁ sthānam upaiti c'ādyam // 28

ヴェーデーシュ　ヤジュネーシュ　タパフス　チャイヴァ / ダーネーシュ　ヤト　プンニャ・ファラン　プラディシュタム / アッテイェーティ　タット　サルヴァム　イダン　ヴィディットヴァー / ヨーギー　パラン　スターナム　ウパイティ　チャーッデャム //

私のこの教えを理解した修行者は、ヴェーダの学習や供犠や苦行や慈善*などによる果報に心を向けることはなく、それらを超えた至高の浄土に到達する』と。

*これらは善き果報を得るための行為とされている。

Iti Akṣarabrahmayogaḥ nāma aṣṭamo'dhyāyaḥ

イティ　アクシャラ・ブラフマ・ヨーガハ
ナーマ　アシュタモーッデャーヤハ

Navamo'dhyāyaḥ:Rājavidyārājaguhyayogaḥ

ナヴァモーッデャーヤハ：ラージャヴィッデャー・ラジャグッヒャ・ヨーガハ

第９章　最高知識・最高神秘の道

Śrī Bhagavān uvāca:
Idaṁ tu te guhyatamaṁ pravakṣyāmy anasūyave /
Jñānaṁ vijñāna-sahitaṁ yaj jñātvā mokṣyase'śubhāt // 1

シュリー　バガヴァーン　ウヴァーチャ：
イダン　トゥ　テー　グッヒャタマン　プラヴァクシュヴァーミ　アナスーヤヴェー / ジュニャーナン　ヴィジュニャーナ・サヒタン　ヤッ　ジュニャーットヴァー　モークシャセーシュバート

さらに至高者は語られる。『アルジュナよ！ 私に対して何の疑心も持たぬ君に、これから最も神秘な知識を授けるが、それを知ることによって、君は悪と苦悩から完全に解き放たれることであろう。

Rāja-vidyā rāja-guhyaṁ pavitram idam uttamam /
Pratyakṣ'āvagamaṁ dharmyaṁ susukhaṁ kartum avyayam // 2

ラージャ・ヴィッデャー　ラージャ・グッヒャン　パヴィットラム　イダム　ウッタマム / プラッテャクシャーヴァガマン　ダルミャン　ススカン　カルトゥム　アッヴャヤム //

それは最高の科学であり、神秘中の神秘であり、無上の浄化力でもある。また認識しやすく、実行し易く、永遠の価値をもった道でもある。

Aśraddadhānāḥ puruṣā dharmasy'āsya parantapa /
Aprāpya māṁ nivartante mṛtyu-saṁsāra-vartmani // 3

アシュラッダダーナーハ　プルシャー　ダルマッシャーシヤ　パランタパ / アプラーッピヤ　マーン　ニヴァルタンテー　ムリッテュ・サンサーラ・ヴァルトマニ //

敵を滅ぼす勇者アルジュナよ！ この至上智の道を信じない者たちは、私のもとに来ることができず、生死(しょうじ)を反復する物質界(このよ)へ戻っていくこととなる。

Mayā tatam idaṁ sarvaṁ jagad avyakta-mūrtinā /
Mat-sthāni sarva-bhūtāni na c'āhaṁ teṣv avasthitaḥ // 4

マヤー　タタム　イダン　サルヴァン　ジャガド　アッヴャクタ・ムールティナー / マット・スターニ　サルヴァ・ブーターニ　ナ　チャーハン　テーシュ　アヴァスティタハ //

姿を現さぬ私の中に全宇宙がひろがり、全生物は私の内にいるのだが、私が全生物の内にいるわけではない。

Na ca mat-sthāni bhūtāni paśya me yogam aiśvaram /
Bhūta-bhṛn na ca bhūta-stho mam'ātmā bhūta-bhāvanaḥ // 5

ナ　チャ　マット・スターニ　ブーターニ　パッシャ　メー　ヨーガム　アイシュヴァラム / ブータ・ブリン　ナ　チャ　ブータ・ストー　ママートマー　ブータ・バーヴァナハ //

全生物は、もともと私の中にいたわけではなく、私がそれらを創造し維持しているのだ。また彼らの中に私が存在しているのではない。君は私のもつこの神秘力をよく見ておくがいい。

Yathākāśa-sthito nityaṁ vāyuḥ sarvatra-go mahān /
Tathā sarvāṇi bhūtāni mat-sthānī'ty upadhāraya // 6

ヤターカーシャ・スティトー　ニッテャン　ヴァーユフ　サルヴァットラ・ゴー　マハーン / タター　サルヴァーニ　ブーターニ　マット・スターニーティ　ウパダーラヤ //

（エーテルから生まれ）いつもどこにでも流れている大気が、常にエーテル空間（アカーシャ）の中にあるように、（私から生まれた）万物も、それと同じように、常に私の中にあることを、君は知っておくがいい。

Sarva-bhūtāni kaunteya prakṛtiṁ yānti māmikām /
Kalpa-kṣaye punas tāni kalp'ādau visṛjāmy aham // 7

サルヴァブーターニ　カウンテーヤ　プラクリティン　ヤーンティ　マーミカーム / カルパ・クシャイェー　プナス　ターニ　カルパーダウ　ヴィッスリジャーミ　アハム //

周期（カルパ）の終末に、万有万物は私の性質の一つである物質自然（プラクリティ）の中に吸入されてしまうが、クンティー妃の息子（アルジュナ）よ！ 次なる周期が始まると、私は再びそれらを吐き出し、元通りにしてやるのだ。

Prakṛtiṁ svām avaṣṭabhya visṛ jāmi punaḥ-punaḥ /
Bhūta-grāmam imaṁ kṛtsnam avaśaṁ prakṛter vaśāt // 8

プラクリィン　スヴァーム　アヴァシュタッビヤ　ヴィッスリジャーミ　プナハ・プナハ / ブータ・グラーマム　イマン　クリッナム　アヴァシャン　プラクリテール　ヴァシャート //

私は自分の性質の一つである物質自然（プラクリティ）を活性化し、万有万物を繰り返し何度も出現させているが、これら万有万物は、私の性質である物質自然（プラクリティ）によって支配され、まったく自由が失われている。

Na ca māṁ tāni karmāṇi nibadhnanti dhanañjaya /
Udāsīnavad āsīnam asaktaṁ teṣu karmasu // 9

ナ　チャ　マーン　ターニ　カルマーニ　ニバッドナンティ　ダナンジャヤ / ウダーシーナヴァド　アーシーナム　アサクタン　テーシュ　カルマス //

しかし、ダナンジャヤ（アルジュナ）よ！ 私がこれらの活動に縛られることは決してない。なぜなら、私は常にそれらからは離れており、無執着で中立だからである。

Mayā'dhyakṣeṇa prakṛtiḥ sūyate sacar'ācaram /
Hetunā'nena kaunteya jagad viparivartate // 10

マヤーッデャクシェーナ　プラクリティヒ　スーヤテー　サチャラーチャラム / ヘートゥナーネーナ　カウンテーヤ　ジャガッドヴィパリヴァルタテー //

わがエネルギーの一つである物質自然は、私の指示によって活動し、動くものと動かぬものとを産み出す。このようして宇宙の歯車は廻っていくのだ。クンティー妃の息子（アルジュナ）よ！

Avajānanti māṁ mūḍhā mānuṣīṁ tanum āśritam /
Paraṁ bhāvam ajānanto mama bhūta-mah'eśvaram // 11

アヴァジャーナンティ　マーン　ムーダー　マーヌシーン　タヌム　アーシュリタム / パラン　バーヴァム　アジャーナントー　ママ

ブータ・マヘーシュヴァラム //

愚者達は、人の姿をとって降誕した私を普通の人間だと思っており、私が至高の性質をもつ主という存在であることを知らない。

Mogh'āśā mogha-karmāṇo mogha-jñānā vicetasaḥ /
Rākṣasīṁ āsurīṁ c'aiva prakṛtiṁ mohinīṁ śritāḥ // 12

モーガーシャー　モーガ・カルマーノー　モーガ・ジュニャーナー　ヴィチェータサハ / ラークシャシーム　アースリーン　チャイヴァ　プラクリティン　モーヒニーン　シュリターハ //

無駄な希望をもち、無駄な活動をし、無駄な知識を持っている愚者達は、妄想に満ち、羅刹や阿修羅のような悪魔的性質をもっている。

Mah'ātmānas tu māṁ pārtha daivīṁ prakṛtim āśritāḥ /
Bhajanty ananya-manaso jñātvā bhūt'ādim avyayam // 13

マハートマーナス　トゥ　マーン　パールタ　ダイヴィーン　プラクリティム　アーシュリターハ / バジャンティ　アナンニャ・マナソー　ジュニャーットヴァー　ブーターディム　アッヴャヤム //

だが、プリター妃の息子（アルジュナ）よ！ 聖なる性質を有する偉大なる魂の持ち主は、私を万物の起源にして不滅の存在と知り、不動の信念をもって私を礼拝する。

Satataṁ kīrtayanto māṁ yatantaś ca dṛḍha-vratāḥ /
Namasyantaś ca māṁ bhaktyā nitya-yuktā upāsate // 14

サタタン　キールタヤントー　マーン　ヤタンタシュ　チャ　ドリダ・ヴラターハ / ナマッシヤンタシュ　チャ　マーン　バクテャー　ニッテャ・ユクター　ウパーサテー

この人たちは、常に私を讃仰し、堅忍不抜の志をもって精進し、私の前にうやうやしく身をかがめ、常に愛慕の念をもって礼拝する。

Jñāna-yajñena c'āpy anye yajanto mām upāsate /
Ekatvena pṛthaktvena bahudhā viśvato-mukham // 15

ジュニャーナ・ヤジュネーナ　チャーピ　アンニェー　ヤジャントー　マーム　ウパーサテー / エーカットヴェーナ　プリタクトヴェーナ

バフダー　ヴィシュヴァトー・ムカム //

自分の得た知識を私に供養する人々も、私を全一なる至高者として崇(あが)め、唯一の存在でありながらも種々の相（姿）をとり、宇宙に遍在(へんざい)する主なりとして礼拝する。

Ahaṁ kratur ahaṁ yajñaḥ svadhā'ham aham auṣadham /
Mantro'ham aham ev'ājyam aham agnir ahaṁ hutam // 16

アハン　クラトゥル　アハン　ヤジュニャハ　スヴァダーハム　アハム　アヌシャダム / マントローハム　アハム　エーヴァージャム　アハム　アグニル　アハン　フタム //

私はヴェーダ祭式(クラトゥ)で、供犠(ヤジュナ)で、祖先供養(スヴァダー)で、薬草(アシャウダ)であり、かつ真言(マントラ)で、精製練乳(アーッジャ)で、火(アグニ)で、供物(フタム)でもある。

Pitā'ham asya jagato mātā dhātā pitāmahaḥ /
Vedyaṁ pavitram oṁ-kāra ṛk sāma yajur eva ca // 17

ピターハム　アッシヤ　ジャガトー　マーター　ダーター　ピターマハハ / ヴェーッデャン　パヴィットラム　オーン・カーラ　リクサーマ　ヤジュル　エーヴァ　チャ //

私はこの宇宙の父であり、母であり、万有を支える太祖でもある。また私は人の知るべき究極の存在であり、万物を浄化するものであり、聖音(オーム)であり、リグ、サーマ、ヤジュルのヴェーダ聖典でもある。

Gatir bhartā prabhuḥ sākṣī nivāsaḥ śaraṇaṁ suhṛt /
Prabhavaḥ pralayaḥ sthānaṁ nidhānaṁ bījam avyayam // 18

ガティル　バルター　プラブフ　サークシー　ニヴァーサハ　シャラナン　スフリト / プラバヴァハ　プララヤハ　スターナン　ニダーナン　ビージャム　アッヴャヤム //

私は全ての最終目的であり、保護者であり、主であり、目撃者である。また全ての住処(すみか)、避難所、友人でもある。さらに私は全ての起源であり、消滅であり、基礎であり、宝庫であり、そして不滅の種子でもある。

Tapāmy aham ahaṁ varṣaṁ nigṛhṇāmy utsṛjāmi ca /
Amṛtaṁ c'aiva mṛtyuś ca sad asac c'āham arjuna // 19

タパーミ　アハム　アハン　ヴァルシャン　ニグリヒナーミ　ウツリジャーミ　チャ / アムリタン　チャイヴァ　ムリッテュシュチャ　サド　アサッ　チャーハム　アルジュナ //

私は熱を与え、雨を止め、雨を降らせる。私は不死（アムリタ）であり、また死（ムリタ）でもある。さらに目に見える存在（物質）であり、かつ目に見えぬ存在（霊）でもある。

Traividyā māṁ soma-pāḥ pūta-pāpā
yajñair iṣṭvā svar-gatiṁ prārthayante /
Te puṇyam āsādya sur'endra-lokam
aśnanti divyān divi deva-bhogān // 20

トライヴィッデャー　マーン　ソーマ・パーハ　プータ・パーパー / ヤジュニャイル　イシュトヴァー　スヴァル・ガティン　プラールタヤンテー / テー　プンニャム　アーサーッデャ　スレーンドラ・ローカム / アシュナンティ　ディッヴャーン　ディヴィ　デーヴァ・ボーガーン //

三ヴェーダ*を知る人達が私を供養して礼拝し、ソーマの液を飲んで罪穢(つみけが)れを清め、天国行きを求めて祈るなら、彼らはインドラ天などの住む天上界に達し、神々が味わうような無上の快楽を味わうであろう。

*リグヴェーダ、サーマヴェーダ、ヤジュルヴェーダの三聖典。

Te taṁ bhuktvā svarga-lokaṁ viśālaṁ
kṣīṇe puṇye martya-lokaṁ viśanti /
Evaṁ trayī-dharmam anuprapannā
gatāgataṁ kāma-kāmā labhante // 21

テー　タン　ブクトヴァー　スヴァルガー・ローカン　ヴィシャーラン / クシーネー　プンニェー　マルッテャ・ローカン　ヴィシャンティ / エーヴァン　トライー・ダルマム　アヌップラパンナー / ガターガタン　カーマ・カーマー　ラバンテー //

善行の功徳によって天国の快楽を味わったのち、己の果報が尽き次第彼らは再び地上の現界へと戻ってくる。このように三ヴェーダの教えに従い、快楽を求める者達は、永遠に誕生と死を反復(くりかえ)すこととなる。

Ananyāś cintayanto māṁ ye janāḥ paryupāsate /

Teṣāṁ nity'ābhiyuktānāṁ yoga-kṣemaṁ vahāmy aham // 22

アナンニャーシュ　チンタヤントー　マーン　イェー　ジャナーハ　パリユパーサテー / テーシャーン　ニッテャービユクターナーン　ヨーガ・クシェーマン　ヴァハーミ　アハム //

しかしながら、私から心を離さず、ひたすら私を拝み、全てのものの中に私の姿を瞑想する人々に対しては、私は彼らに必要なものをすべて与え、彼らが既に持っているものは一切失わぬようにと、保護する。

Ye'pi anya-devatā-bhaktā yajante śraddhayā'nvitāḥ /
Te'pi mām eva kaunteya yajanty avidhi-pūrvakam // 23

イェーピ　アンニャ・デーヴァター・バクター　ヤジャンテー　シュラッダヤーンヴィターハ / テーピ　マーム　エーヴァ　カウンテーヤ ヤジャンティ　アヴィディ・プールヴァカム

また深い信仰心をもって他の神々を拝む人々もいるが、クンティー妃の息子（アルジュナ）よ！　実は彼らもまた、正しい方法ではないのだが、やはり私を拝んでいることになるのである。

Ahaṁ hi sarva-yajñānāṁ bhoktā ca prabhur eva ca /
Na tu mām abhijānanti tattven'ātaś cyavanti te // 24

アハン　ヒ　サルヴァ・ヤジュニャーナーン　ボークター　チャ　プラブル　エーヴァ　チャ / ナ　トゥ　マーム　アビジャーナンティ　タットヴェーナータシュ　チヤヴァンティ　テー //

何故なら、私だけがあらゆる種類の供犠と供養の受け取り主だからである。しかし他の神々を拝む者達は、こうした私の実相を知らぬため、みな輪廻転生（りんねてんせい）をくりかえすこととなる。

Yānti deva-vratā devān pitṝn yānti pitṛ-vratāḥ /
Bhūtāni yānti bhūt'ejyā yānti mad-yājino'pi mām // 25

ヤーンティ　デーヴァ・ヴラター　デーヴァーン　ピットリン　ヤーンティ　ピットリ・ヴラターハ / ブーターニ　ヤーンティ　ブーテーッジヤー　ヤーンティ　マド・ヤージノーピ　マーム //

神々を拝む者は、その神々のもとに行き、祖霊を拝む者は、その祖先のもとに行き、幽霊を拝む者は、その幽霊のもとへと行くが、私を拝む者は、私のもとへとやってくる。

Patraṁ puṣpaṁ phalaṁ toyaṁ yo me bhaktyā prayacchati /
Tad ahaṁ bhakty-upahṛtam aśnāmi prayat'ātmanaḥ // 26

パットラン　プシュパン　ファラン　トーヤン　ヨー　メー　バクテャー　プラヤッチャティ / タド　アハン　バクティ・ウパフリタム　アシュナーミ　プラヤタートマナハ //

誰であろうと私に信と愛をこめ、一枚の葉、一本の花、一個の果物、あるいは一椀の水を供えるならば、私は、それを真心のこもった供物として、喜んで受け入れるであろう。

Yat karoṣi yad aśnāsi yaj juhoṣi dadāsi yat /
Yat tapasyasi kaunteya tat kuruṣva mad-arpaṇam // 27

ヤト　カローシ　ヤド　アシュナーシ　ヤッジュホーシ　ダダーシ　ヤト / ヤッ　タパッシヤシ　カウンテーヤ　タット　クルッシュヴァ　マド・アルパナム //

君が何を為(し)ようと、何を食べようと、何を供えようと、何を人に与えようと、どんな修行苦行をしようとクンティー妃の息子（アルジュナ）よ！ 全てを私への捧げものとするがいい。

Śubhāśubha-phalair evaṁ mokṣyase karma-bandhanaiḥ /
Sannyāsa-yoga yuktātmā vimukto mām upaiṣyasi // 28

シュバーシュバ・ファライル　エーヴァン　モークシヤセー　カルマ・バンダナイヒ / サンニャーサ・ヨーガ　ユクタートマー　ヴィムクトー　マーム　ウパイッシヤシ //

そうすれば君は善悪をもたらす因果の絆(きずな)から解放されよう。
また離欲と放棄の心をしっかり持つならば、君は完全な自由を得、私のもとへとやってくる。

Samo'haṁ sarvabhūteṣu na me dveṣyo'sti na priyaḥ /
Ye bhajanti tu māṁ bhaktyā mayi te teṣu c'āpy aham // 29

サモーハン　サルヴァブーテーシュ　ナ　メー　ドヴェーッシヨースティ　ナ　プリヤハ / イェー　バジャンティ　トゥ　マーン　バクテャー　マイ　テー　テーシュ　チャーピ　アハム //

私は誰をも憎まず、誰をも愛さず、誰に対しても絶対公平な態度をとる。だが私を心の底から信じて拝む人は、常に私の中に住み、私もその人の中に住む。

Api cet sudurācāro bhajate mām ananya-bhāk /
Sādhur eva sa mantavyaḥ samyag vyavasito hi saḥ // 30

アピ　チェート　スドゥラーチャーロー　バジャテー　マーム　アナンニャ・バーク / サードゥル　エーヴァ　サ　マンタッヴャハ　サンミャグ　ヴャヴァシトー　ヒ　サハ //

たとえ極悪非道の者であったとしても、もしその者がひたすら私を信じ礼拝するならば、彼は善人とみなされよう。なぜなら、彼は根本において正しい決意をしているからである。

Kṣipraṁ bhavati dharm'ātmā śaśvac-chāntiṁ nigacchati /
Kaunteya pratijānīhi na me bhaktaḥ praṇaśyati // 31

クシプラン　バヴァティ　ダルマートマー　シャシュヴァッ・チャーンティン　ニガッチャティ / カウンテーヤ　プラティジャーニーヒ　ナ　メー　バクタハ　プラナッシヤティ //

彼は速やかに正道へ立ち戻り、永遠の平安を得ることであろう。されば、クンティー妃の息子（アルジュナ）よ！　私の信愛者(バクタ)*は決して滅びぬことを確信せよ。

＊バクティは、"信仰"よりもっと強い意味で、愛慕、恋慕に近い。そうした熱烈な信者をバクタという。

Māṁ hi pārtha vyapāśritya ye'pi syuḥ pāpa-yonayaḥ /
Striyo vaiśyās tathā śūdrās te'pi yānti parāṁ gatim // 32

マーン　ヒ　パールタ　ヴャパーシュリッテャ　イェーピ　シユフ　パーパ・ヨーナヤハ / ストリヨー　ヴァイシヤース　タターシューッドラース　テーピ　ヤーンティ　パラーン　ガティム //

プリター妃*の息子（アルジュナ）よ！　たとえ身分の低い生まれの人間であろうと、女*、ヴァイッシャ*、スードラ*等であろうと、私に保護を求めて来る人達は、必ずや最高の境地に達するであろう。

＊クンティー妃の別名。
＊仏教でも、一般に女性は、男性より罪深く、愚かとされており、悟りを開けないとされている。

＊商人階級。
＊労働者階級。

Kiṁ punar brāhmaṇāḥ puṇyā bhaktā rāja-rṣayas tathā /
Anityam asukhaṁ lokam imaṁ prāpya bhajasva mām // 33

キン　プナル　ブラーフマナーハ　プンニャー　バクター　ラージャ・ルシャヤス　タター / アニッテャム　アスカン　ローカム　イマン　プラーッピャ　バジャッスヴァ　マーム //

ましてや心正しきバラモン*を始め、信仰篤き聖人賢者達なら、なおさらのこと。はかなく悲苦に満ちた物質界では、ただ私を信じ礼拝するがいい。

＊僧侶・学者階級。四カーストのうちの最上。またクシャットリアは、王族、軍人階級で、四カーストの二番目。アルジュナも釈尊もこの階級だった。

Man-manā bhava mad-bhakto madyājī māṁ namas-kuru /
Mām ev'aiṣyasi yuktv'aivam ātmānaṁ mat-parāyaṇaḥ // 34

マン・マナー　バヴァ　マド・バクトー　マッデャージー　マーン　ナマス・クル / マーム　エーヴァイッシヤシ　ユクトヴァイヴァム　アートマーナン　マト・パラーヤナハ //

常に私のことを想い、私の信者として、私を供養し、礼拝するがいい。君が私を最高の目的とし、常に君の心を私に結び付けているならば、君は必ず私のもとへと到達する。』と。

Iti Rājavidyārājaguhyayogaḥ nāma navamo'dhyāyaḥ

イティ　ラージャヴィッデャー・ラジャグッヒャ・ヨーガハ
ナーマ　ナヴァモーッデャーヤハ

Daśamo'dhyāyaḥ:Vibhūtiyogaḥ

ダシャモーッデャーヤハ：ヴィブーティ・ヨーガハ

第１０章　超越者認識の道

Śrī Bhagavān uvāca:
Bhūya eva mahā-bāho śṛṇu me paramaṁ vacaḥ /
Yat te'haṁ prīyamāṇāya vakṣyāmi hita-kāmyayā // 1

シュリー　バガヴァーン　ウヴァーチャ：
ブーヤ　エーヴァ　マハー・バーホー　シュリヌ　メー　パラマン　ヴァチャハ / ヤッ　テーハン　プリーヤマーナーヤ　ヴァクシャーミ　ヒタ・カーンミャヤ //

至高者はさらに語られます。『剛勇の士アルジュナよ！ 君の幸せを願い、真理に関する私の最高の言葉を君に話してあげるから、よく聴きなさい。

Na me viduḥ sura-gaṇāḥ prabhavaṁ na maharṣayaḥ /
Aham ādir hi devānāṁ maharṣīṇāṁ ca sarvaśaḥ // 2

ナ　メー　ヴィドゥフ　スラ・ガナーハ　プラバヴァン　ナ　マハルシャヤハ / アハム　アーディル　ヒ　デーヴァーナーン　マハルシーナーン　チャ　サルヴァシャハ //

千万の神々も偉大な聖者たちも、私の起源や全相を知ってはおらぬ。なぜなら、そもそも私があらゆる神々と偉大なる聖者達の起源なのだから。

Yo māṁ ajam anādiṁ ca vetti loka-mah'eśvaram /
Asaṁmūḍhaḥ sa martyeṣu sarva-pāpaiḥ pramucyate // 3

ヨー　マーム　アジャム　アナーディン　チャ　ヴェーッティ　ローカ・マヘーシュヴァラム / アサンムーダハ　サ　マルッティエーシュ　サルヴァ・パーパイヒ　プラムッチャテー //

私が不生無始であり、全宇宙の至上主であると知る人は、人間でありながらも宇宙の幻象(げんしょう)に惑(まど)わされることなく、全ての罪穢(つみけが)れから解放される。

Buddhir jñānam asaṁmohaḥ kṣamā satyaṁ damaḥ śamaḥ
Sukhaṁ duḥkhaṁ bhavo'bhāvo bhayaṁ c'ābhayam eva ca // 4

ブッディル　ジュニャーナム　アサンモーハハ　クシャマー　サッテャン　ダマハ　シャマハ / スカン　ドゥフカン　バヴォーバーヴォー　バヤン　チャーバヤム　エーヴァ　チャ //

知性、知識、正気、寛容、誠実、忍耐、平穏、幸福、不幸、生、死、恐怖、そして無畏(むい)の心、

Ahiṁsā samatā tuṣṭis tapo dānaṁ yaśo'yaśaḥ /
Bhavanti bhāvā bhūtānāṁ matta eva pṛthag-vidhāḥ // 5

アヒンサー　サマター　トゥシュティス　タポー　ダーナン　ヤショーヤシャハ / バヴァンティ　バーヴァー　ブーターナーン　マッタ　エーヴァ　プリタグ・ヴィダーハ //

非暴力、平静、満足、苦行、慈善、名誉、不名誉など、生物のこうした様々な資質は、みな私から与えられるのだ。

Maharṣayaḥ sapta pūrve catvāro manavas tathā /
Mad-bhāvā mānasā jātā yeṣāṁ loka imāḥ prajāḥ // 6

マハルシャヤハ　サプタ　プールヴェー　チャットヴァーロー　マナヴァス　ター / マド・バーヴァー　マーナサー　ジャーター　イェーシャーン　ローカ　イマーハ　プラジャーハ //

私と同じような力を持つ七大聖人や人類の四大先祖マヌ達も、みな私の心から生まれたし、彼等を祖として世界のあらゆる生物が発生したのである。

Etāṁ vibhūtiṁ yogaṁ ca mama yo vetti tattvataḥ /
So'vikampena yogena yujyate n'ātra saṁśayaḥ // 7

エーターン　ヴィブーティン　ヨーガン　チャ　ママ　ヨーヴェーッティ　タットヴァタハ / ソーヴィカンペーナ　ヨーゲーナ　ユッジヤテー　ナーットラ　サンシャヤハ

このように多様な姿をとって現れる私の大いなる業（わざ）と力を知る人は、不動のヨーガ*の心をもって常に私と共に在る。このことについては全く疑いの余地がない。

＊この場合は信愛（バクティ）のヨーガ。

Ahaṁ sarvasya prabhavo mattaḥ sarvaṁ pravartate /
Iti matvā bhajante māṁ budhā bhāva-samanvitāḥ // 8

アハン　サラヴァッシヤ　プラバヴォー　マッタハ　サルヴァン　プラヴァルタテー / イティ　マットヴァー　バジャンテー　マーン　ブダー　バーヴァ・サマンヴィターハ //

私はあらゆるものの根源で、万有万物は私から発生し展開する。賢者達はそう考え、全身全霊で私を礼拝する。

Mac-cittā mad-gata-prāṇā bodhayantaḥ parasparam /
Kathayantaś ca māṁ nityaṁ tuṣyanti ca ramanti ca // 9

マッ・チッター　マド・ガタ・プラーナー　ボーダヤンタハ　パラスパラム / カタヤンタシュ　チャ　マーン　ニッテャン　トゥシヤンティ　チャ　ラマンティ　チャ //

彼らは常に私を想い、全エネルギーを私に捧げ、私について語り、互いに啓発し合いながら、無上の満足と歓喜（よろこび）を味わっている。

Teṣāṁ satata-yuktānāṁ bhajatāṁ prīti-pūrvakam /
Dadāmi buddhi-yogaṁ taṁ yena mām upayānti te // 10

テーシャーン　サタタ・ユクターナーン　バジャターン　プリーティ・プールヴァカム / ダダーミ　ブッディ・ヨーガン　タン　イェーナ　マーム　ウパヤーンティ　テー //

私を信じ、私を愛し、常に私に仕える人達に、私は真理を見極める叡智（ブッディヨーガ）の力を与えるが、彼らはその力によって私のもとへとやって来る。

Teṣām ev'ānukamp'ārtham aham ajñāna-jaṁ tamaḥ /
Nāśayāmy ātma-bhāva-stho jñāna-dīpena bhāsvatā // 11

テーシャーム　エーヴァーヌカンパールタム　アハム　アジュニャーナ・ジャン　タマハ / ナーシャヤーミ　アートマ・バーヴァ・

ストー　ジュニャーナ・ディーペーナ　バースヴァター //

彼らに対する慈悲の心から、私は彼らの胸に宿り、輝く智慧の燈火をもって、無知から生じる彼らの心の闇を打ち破ってやるのだ。』と。

Arjuna uvāca:
Paraṁ brahma paraṁ dhāma pavitraṁ paramaṁ bhavān /
Puruṣaṁ śāśvataṁ divyam ādi-devam ajaṁ vibhum // 12

アルジュナ　ウヴァーチャ：
パラン　ブラフマ　パラン　ダーマ　パヴィットラン　パラマン　バヴァーン / プルシャン　シャーシュヴァタン　ディッヴャム　アーディ・デーヴァム　アジャン　ヴィブム //

アルジュナが申します。『あなた様は至高のブラフマン、無上の安息所、そして全てを浄化する御方、永遠に光り輝く至聖者（プルシャ）であり、不生無始の全宇宙に遍在する元始（はじめ）の神でいらっしゃいます。

Āhus tvām ṛṣayaḥ sarve deva'rṣir nāradas tathā /
Asito devalo vyāsaḥ svayaṁ c'aiva bravīṣi me // 13

アーフス　トヴァーム　リシャヤハ　サルヴェー　デーヴァルシル　ナーラダス　タター / アシトー　デーヴァロー　ヴャーサハ　スヴァヤン　チャイヴァ　ブラヴィーシ　メー //

ナーラダ、アシタ、デーヴァラ、ヴャーサ等の大聖者たちも皆、あなたに関するこの真実を認めて宣言しましたし、あなた様御自身もまた、私にそうおっしゃってくださいました。

Sarvam etad ṛtaṁ manye yan māṁ vadasi keśava /
Na hi te bhagavan vyaktiṁ vidur devā na dānavāḥ // 14

サルヴァム　エータド　リタン　マンニェー　ヤン　マーン　ヴァダシ　ケーシャヴァ / ナ　ヒ　テー　バガヴァン　ヴャクティン　ヴィドゥル　デーヴァー　ナ　ダーナヴァーハ //

おおケーシャヴァ様！　あなたがおっしゃられたことは、ことごとく真実であると私は信じます。だが、おお至聖至尊のお方よ！　神々も悪魔らも、あなた様の全ての性相を知ってはおりません。

Svayam ev' ātman'ātmānaṁ vettha tvaṁ puruṣottama /

Bhūta-bhāvana bhūt'eśa deva-deva jagat-pate // 15

スヴァヤム　エーヴァートマナートマーナン　ヴェーッタ　トヴァン　プルショーッタマ / ブータ・バーヴァナ　ブーテーシャ　デーヴァ・デーヴァ　ジャガット・パテー //

あなた様を本当に知っておられるのは、あなた様ご自身しかおられません。なぜなら、あなたこそが至上の御方で、全生物の大御親（おおみおや）、万有の支配者、神々に君臨する主宰神、全宇宙の支配主でいらしゃいますから！

Vaktum arhasy aśeṣeṇa divyā hy ātma-vibhūtayaḥ /
Yābhir vibhūtibhir lokān imāṁs tvaṁ vyāpya tiṣṭhasi // 16

ヴァクトゥム　アルハシ　アシェーシェーナ　ディッヴャー　ヒ　アートマ・ヴィブータヤハ / ヤービル　ヴィブーティビル　ローカーン　イマーンス　トヴァン　ヴャーッピャ　ティシュタシ //

ですから､全宇宙に遍満しておられるあなた様の荘厳華麗な性相（姿）について、どうぞ包み隠さず、全てをお話しになって下さい。

Kathaṁ vidyām ahaṁ yogiṁs tvāṁ sadā paricintayan /
Keṣu keṣu ca bhāveṣu cintyo'si bhagavan mayā // 17

カタン　ヴィッデャーム　アハン　ヨーギンス　トヴァーン　サダー　パリチンタヤン / ケーシュ　ケーシュ　チャ　バーヴェーシュ　チィンテョーシ　バガヴァン　マヤー //

ヨーガの主よ！　あなた様を知るためには、いったいどのように瞑想したらよろしいのでしょうか？　おお、至聖至尊のお方よ！　あなた様をどのようなお姿で念ずればよろしいのでしょうか？

Vistareṇ'ātmano yogaṁ vibhūtiṁ ca janārdana /
Bhūyaḥ kathaya tṛptir hi śṛṇvato n'āsti me'mṛtam // 18

ヴィスタレーナートマノー　ヨーガン　ヴィブーティン　チャ　ジャナールダナ / ブーヤハ　カタヤ　トリプティル　ヒ　シュリンヴァトー　ナースティ　メームリタム //

ジャナールダナ（クリシュナ）様！　あなたの神秘な御力と性相について、どうぞもう一度詳しくお話し下さい。なぜなら、あなた様の甘露に満ちたお話しを何度聞いても、私は決して飽きることがないからです。』と。

Śrī Bhagavān uvāca:
Hanta te kathayiṣyāmi divyā hy ātma-vibhūtayaḥ /
Prādhānyataḥ kuru-śreṣṭha n'āstyanto vistarasya me // 19

シュリー　バガヴァーン　ウヴァーチャ：
ハンタ　テー　カタイッシヤーミ　ディッヴャー　ヒ　アートマ・ヴィブータヤハ / プラーダーンニャタハ　クル・シュレーシュタ　ナースティヤントー　ヴィスタラッシヤ　メー //

それで至高者はさらに語られます。『よろしい。ではクル族の王子（アルジュナ）よ！　私の神秘な表現(あらわれ)の主要なものだけを語って聞かせよう。詳しく言えば際限(きり)がないから。

Aham ātmā guḍākeśa sarva-bhūt'āśaya-sthitaḥ /
Aham ādiś ca madhyaṁ ca bhūtānām anta eva ca // 20

アハム　アートマー　グダーケーシャ　サルヴァ・ブーターシャヤ・スティタハ / アハム　アーディシュ　チャ　マッデャン　チャ　ブーターナーム　アンタ　エーヴァ　チャ //

おおグダーケーシャ（睡眠を克服した方）よ！　私は、一切生類の胸に真我（魂）として住んでいる。また、私は万物万象の初めであり、中間であり、そして終わりでもある。

Ādityānām ahaṁ viṣṇur jyotiṣāṁ ravir aṁśumān /
Marīcir marutām asmi nakṣatrāṇām ahaṁ śaśī // 21

アーディッテャーナーム　アハン　ヴィシュヌル　ジョーティシャーン　ラヴィル　アンシュマーン / マリーチル　マルターム　アスミ　ナクシャットラーナーム　アハン　シャシー //

私は、太陽祖神(アーディッタ)たちの中ではヴィシュヌ、光るものの中では太陽、風の神々の中ではその支配者摩利支天(マリーチ)、星々の中では月である。

Vedānāṁ sāma-vedo'smi devānām asmi vāsavaḥ /
Indriyāṇāṁ manaś c'āsmi bhūtānām asmi cetanā //22
ヴェーダーナーン　サーマ・ヴェードースミ　デーヴァーナーム　ア

スミ　ヴァーサヴァハ / インドリヤーナーン　マナシュ　チャースミ　ブーターナーム　アスミ　チェータナー //

私は、ヴェーダ聖典の中ではサーマ・ヴェーダ、神々の中ではヴァーサヴァ（インドラ）神、感覚の中では心、生物の中では意識である。

Rudrāṇāṁ śaṅkaraś c'āsmi vitt'eśo yakṣa-rakṣasām /
Vasūnāṁ pāvakaś c'āsmi meruḥ śikhariṇām aham // 23

ルッドラーナーン　シャンカラシュ　チャースミ　ヴィッテーショー　ヤクシャ・ラクシャサーム / ヴァスーナーン　パーヴァカシュ　チャースミ　メールフ　シカリナーム　アハム //

私は、全ルッドラ神の*中ではシャンカラ*、夜叉（ヤクシャ）や羅刹（ラクシャサ）たちの中では富神クベーラ、ヴァス*の中では火神（アグニ）の首領パーヴァカ、山々の中では須弥山（メール）である。

＊１１神あるいは３３神。
＊シヴァ神。
＊神々の一種、八神ある。

Purodhasāṁ ca mukhyaṁ māṁ viddhi pārtha bṛhaspatim /
Senānīnām ahaṁ skandaḥ sarasām asmi sāgaraḥ // 24

プローダサーン　チャ　ムッキャン　マーン　ヴィッディ　パールタ　ブリハスパティム / セーナーニーナーム　アハン　スカンダハ　サラサーム　アスミ　サーガラハ //

プリティー妃の息子（アルジュナ）よ！　私は、僧侶の中ではブリハスパティ師、将軍たちの中ではスカンダ*元帥、貯水池の中では大洋である。

＊韋駄天。

Maha'rṣīṇāṁ bhṛgur ahaṁ girām asmy ekam akṣaram /
Yajñānāṁ japa-yajño'smi sthāvarāṇāṁ himālayaḥ // 25

マハルシーナーン　ブリグル　アハン　ギラーム　アスミ　エーカム　アクシャラム / ヤジュニャーナーン　ジャパ・ヤジュニョースミ　スターヴァラーナーン　ヒマーラヤハ //

私は、聖賢の中ではブリグ、音声の中ではオーム、供犠供養の中では唱名（ジャパ）*、動かぬものの中ではヒマーラヤである。

*神の名を唱える行。

Aśvatthaḥ sarva-vṛkṣāṇāṁ devarṣīṇāṁ ca nāradaḥ /
Gandharvāṇāṁ citrarathaḥ siddhānāṁ kapilo muniḥ // 26

アシュヴァッタハ　サルヴァ・ヴリクシャーナーン　デーヴァルシーナーン　チャ　ナーラダハ / ガンダルヴァーナーン　チットララタハ　シッダーナーン　カピロー　ムニヒ //

私は、樹木の中では菩提樹（アスワッタ）、神仙の中ではナーラダ、乾闥婆（ガンダルヴァ）*達の中ではチトララタ、完成者（シッダ）*の中ではカピラ牟尼（ムニ）である。

*音楽を好む天族。
*真理を体得した人。

Uccaiḥśravasam aśvānāṁ viddhi mām amṛt'odbhavam /
Airāvataṁ gaj'endrāṇāṁ narāṇāṁ ca nar'ādhipam // 27

ウッチャイヒシュラヴァサム　アシュヴァーナーン　ヴィッディマーム　アムリトードバヴァム / アイラーヴァタン　ガジェーンドラーナーン　ナラーナーン　チャ　ナラーディパム //

私は、馬の中では甘露酒（アムリタ）の海から生まれたウッチャイシュラヴァ、巨象の中ではアイラーヴァタ、また人々の中では王である。

Āyudhānām ahaṁ vajraṁ dhenūnām asmi kāma-dhuk /
Prajanaś c'āsmi kandarpaḥ sarpāṇām asmi vāsukiḥ // 28

アーユダーナーム　アハン　ヴァッジュラン　デーヌーナーム　アスミ　カーマ・ドゥク / プラジャナシュ　チャースミ　カンダラパハ　サルパーナーム　アスミ　ヴァースキヒ //

また私は、武器の中では雷電、牛の中ではカーマドゥク*、生殖者の中では愛神カンダルパ、蛇の中では龍王ヴァースキである。

*クリシュナの国にいる牛で、いつでも好きなだけ乳を出す。

Anantaś c'āsmi nāgānāṁ varuṇo yādasām aham /
Pitṝṇām aryamā c'āsmi yamaḥ saṁyamatām aham // 29

アナンタシュ　チャースミ　ナーガーナーン　ヴァルノー　ヤーダ

サーム　アハム / ピットリナーム　アリヤマー　チャースミ　ヤマハ　サンヤマターム　アハム //

ナーガ蛇類の中ではアナンタ*、水に住む生きものの中では水神ヴァルナ、祖霊達の中では統領のアリヤマー、法の施行者の中では死神ヤマ*が、私である。

*コブラのように唐傘（からかさ）状の頚部をもつ。蛇の中で最も大きい。
*仏教では閻魔（えんま）大王。

Prahlādaś c'āsmi daityānāṁ kālaḥ kalayatām aham /
Mṛgāṇāṁ ca mṛg'endro'haṁ vainateyaś ca pakṣiṇām // 30

プラフラーダシュ　チャースミ　ダイッテャーナーン　カーラハ　カラヤターム　アハム / ムリガーナーン　チャ　ムリゲンドローハン　ヴァイナテーヤシュ　チャ　パクシナーム //

ダイッテャ鬼の中ではプラフラーダ、計測者の中では“時間”*、獣類の中では獅子、鳥類の中では迦楼羅（ガルーダ）が、私である。

*地上のどんな征服者、権力者も必ず時間に征服される。

Pavanaḥ pavatām asmi rāmaḥ śastra-bhṛtām aham /
Jhaṣāṇāṁ makarś c'āsmi srotasām asmi jāhnavī // 31

パヴァナハ　パヴァターム　アスミ　ラーマハ　シャスト・ラブリターム　アハム / ジャシャーナーン　マカルシュ　チャースミ　スロータサーム　アスミ　ジャーフナヴィー //

さらに私は、清めるものの中では風、武士の中ではラーマ、魚類のなかでは鮫（さめ）、河川の中ではジャーフナヴィ（ガンジス河）である。

Sargāṇām ādir antaś ca madhyaṁ c'aiv'āham arjuna /
Adhyātma-vidyā vidyānāṁ vādaḥ pravadatām aham // 32

サルガーナーム　アーディル　アンタシュ　チャ　マッデャン　チャイヴァーハム　アルジュナ / アッデャートマ・ヴィッデャー　ヴィッデャーナーン　ヴァーダハ　プラヴァダターム　アハム //

アルジュナよ！　私は、全創造物の初めであり、終わりであり、かつまた中間でもある。また知識の中では真我（アートマン）に関する知識であり、討論者達の命題でもある。

Akṣarāṇām akāro'smi dvandvaḥ sāmāsikasya ca /
Aham ev'ākṣayaḥ kālo dhātā'haṁ viśvato-mukhaḥ // 33

アクシャラーナーム　アカーロースミ　ドヴァンドヴァハ　サーマーシカッシヤ　チャ / アハム　エーヴァークシャヤハ　カーローダーターハン　ヴィシュヴァトー・ムカハ //

私は、文字の中のア字であり、複合語の中の二重連結語であり、また無尽蔵の時間であり、万物を維持する四面のブラフマでもある。

Mṛtyuḥ sarva-haraś c'āham udbhavaś ca bhaviṣyatām /
Kīrtiḥ śrīr vāk ca nārīṇāṁ smṛtir medhā dhṛtiḥ kṣamā // 34

ムリッテュフ　サルヴァ・ハラシュ　チャーハム　ウドバヴァシュチャ　バヴィッシャターム / キールティヒ　シュリール　ヴァークチャ　ナーリーナーン　スムリティル　メーダー　ドリティヒ　クシャマー //

私は、一切を滅ぼす“死”であり、生まれ出るべき一切の発生源であり、女性らしさの中の名声、美、話し方、記憶力、知性、堅実、忍耐力などである。

Bṛhat-sāma tathā sāmnāṁ gāyatrī chandasām aham /
Māsānāṁ mārgaśīrṣo'ham ṛtūnāṁ kusum'ākaraḥ // 35

ブリハット・サーマ　タター　サームナーン　ガーヤットリー　チャンダサーム　アハム / マーサーナーン　マールガシールショーハムリトゥーナーン　クスマーカラハ //

サーマ・ヴェーダの讃歌の中ではブリハト・サーマ、韻文（いんぶん）の中ではガヤットリー、月日の中ではマールガシールシャ月*、季節の中では花咲く春が、私である。

＊11月中旬から12月中旬にかけて。

Dyūtaṁ chalayatām asmi tejas tejasvinām aham /
Jayo'smi vyavasāyo'smi sattvaṁ sattvavatām aham // 36

デュータン　チャラヤターム　アスミ　テージャス　テージャスヴィナーム　アハム / ジャヨースミ　ヴャヴァサーヨースミ　サッ

トヴァン　サットヴァヴァターム　アハム //

また私は、詐欺の中の賭博であり、大力士の中の力であり、勝利や不屈の努力であり、善人の本性でもある。

Vṛṣṇīnāṁ vāsudevo'smi pāṇḍavānāṁ dhanañjayaḥ /
Munīnām apy ahaṁ vyāsaḥ kavīnām uśanā kaviḥ // 37

ヴリシニーナーン　ヴァースデーヴォースミ　パーンダヴァーナーン　ダナンジャヤハ / ムニーナーム　アピ　アハン　ヴャーサハ　カヴィーナーム　ウシャナー　カヴィヒ //

私*は、ヴリシニ族の中のヴァースデーヴァであり、パーンドゥ家の中のダナンジャヤ（アルジュナ）であり､聖者の中のヴャーサであり、賢者の中のウシャナーでもある。

＊クリシュナのこと。

Daṇḍo damayatām asmi nītir asmi jigīṣatām /
Maunaṁ c'aiv'āsmi guhyānāṁ jñānaṁ jñānavatām aham // 38

ダンドー　ダマヤターム　アスミ　ニーティル　アスミ　ジギーシャターム / マウナン　チャイヴァースミ　グッヒャーナーン　ジュニャーナン　ジュニャーナヴァターム　アハム //

また私は、懲罰（ちょうばつ）の道具の中での棍棒であり、勝利を求めようとする者達のための賢明な方策であり、秘行における沈黙であり、智者における智慧でもある。

Yac c'āpi sarva-bhūtānāṁ bījaṁ tad aham arjuna /
Na tad asti vinā yat syān mayā bhūtaṁ car'ācaram // 39

ヤッ　チャーピ　サルヴァ・ブーターナーン　ビージャン　タド　アハム　アルジュナ / ナ　タド　アスティ　ヴィナー　ヤッツヤーン　マヤー　ブータン　チャラーチャラム //

またその上にアルジュナよ！　私は全存在を生み出す種子であり、動くものも動かぬものも、私無しに存在し得るものはない。

Nā'nto'sti mama divyānāṁ vibhūtīnāṁ paraṁtapa /
Eṣa tū'ddeśataḥ prokto vibhūter vistaro mayā // 40

ナーントースティ　ママ　ディッビャーナーン　ヴィブーティー

ナーン　パランタパ / エーシャ　トゥーッデーシャタハ　プロークトー　ヴィブーテール　ヴィスタロー　マヤー //

敵を絶滅する強者アルジュナよ！　私の神聖なる性相はこのように限りがなく、いままで君に話したことは、私の力と相（姿）のほんの一部にすぎない。

Yad-yad vibhūtimat sattvaṁ śrīmad ūrjitam eva vā /
Tat-tad evā'vagaccha tvaṁ mama tejo'ṁśa-saṁbhavam // 41

ヤド・ヤド　ヴィブーティマト　サットヴァン　シュリーマド　ウールジタム　エーヴァ　ヴァー / タッ・タド　エーヴァーヴァガッチャ トヴァン　ママ　テージョーンシャ・サンバヴァム //

偉大なもの、盛んなるもの、力強いもの、その他のいかなるものも、私の光輝より発した閃光（せんこう）の、ほんの一部にすぎないということを知るがいい。

Athavā bahun'aitena kiṁ jñātena tavā'rjuna /
Viṣṭabhy'āham idaṁ kṛtsnam ek'āṁśena sthito jagat // 42

アタヴァー　バフナイテーナ　キン　ジュニャーテーナ　タヴァールジュナ / ヴィシュタッビャーハム　イダン　クリツナム　エーカーンシェーナ　スティトー　ジャガト //

だが、私のこうしたさまざまな顕現を知ったところで、アルジュナよ！　君にはいったい何の益があろうか。私は、自分の体のほんの一部分で、この全宇宙を支えているのだよ』と。

Iti Vibhūtiyogaḥ nāma daśamo'dhyāyaḥ

イティ　ヴィブーティ・ヨーガハ ナーマ　ダシャモーッデャーヤハ

Ekādaśo'dhyāyaḥ:Viśvarūpadarśanayogaḥ

エーカダショーッデャーヤハ：
ヴィシュヴァルーパ・ダルシャナ・ヨーガハ

第１１章（至上神の）宇宙的形相拝見の道

Arjuna uvāca:
Mad-anugrahāya paramaṁ guhyam adhyātma saṁjñitam /
Yat tvay'oktaṁ vacas tena moho'yaṁ vigato mama // 1

アルジュナ　ウヴァーチャ：
マド・アヌッグラハーヤ　パラマン　グッヒャム　アッデャートマ　サンジュニタム / ヤッ　トヴァヨークタン　ヴァチャス　テーナ　モーホーヤン　ヴィガトー　ママ //

アルジュナが申します。『私に対する慈悲の御心から、あなた様が語られた真我（魂）に関するお言葉によって、私の迷妄（めいもう）（迷い）は今や全く消え失せてしまいました。

Bhav'āpyayau hi bhūtānāṁ śrutau vistaraśo mayā /
Tvattaḥ kamala-patr'ākṣa māhātmyam api c'āvyayam // 2

バヴァーッピャヤウ　ヒ　ブーターナーン　シュルタウ　ヴィスタラショー　マヤー / トヴァッタハ　カマラ・パットラークシャ　マーハートミヤム　アピ　チャーッヴャヤム //

蓮のような眼をもっておられる御方（クリシュナ）よ！ 私は万物の生成と消滅についても詳しく聞きましたし、またあなた様の御力と栄光が、永久不滅であることも知りました。

Evam etad yath'āttha tvam ātmānaṁ param'eśvara /
Draṣṭum icchāmi te rūpam aiśvaraṁ puruṣ'ottama // 3

エーヴァム　エータド　ヤターッタ　トヴァム　アートマーナン　パラメーシュヴァラ / ドラシュトゥム　イッチャーミ　テー　ルーパム　アイシュヴァラン　プルショーッタマ //

おお至上神《パラメーシュワラ》（クリシュナ）様！　まことにあなた様はご自分で語られた通りの御方でいらっしゃいます。でもあなた様が全宇宙的に働くお姿を、私はぜひ見たいのですが、いかがでしょう。大元霊《プルショッタマ》（クリシュナ）様！

Manyase yadi tac chakyaṁ mayā draṣṭum iti prabho /
Yog'eśvara tato me tvaṁ darśay'ātmānam avyayam // 4

マンニャセー　ヤディ　タッ　チャッキャン　マヤー　ドラシュトゥム　イティ　プラボー / ヨーゲーシュヴァラ　タトー　メー　トヴァン　ダルシャヤートマーナム　アッヴャヤム //

おお我が主よ！　もしあなた様の宇宙的形相を拝見する資格が私にあると思われますならば、あなた様の永遠不滅のお姿を私にお見せ下さい。おお、ヨーガの主宰神《イーシュワラ》よ！』と。

Śrī Bhagavān uvāca:
Paśya me pārtha rūpāṇi śataśo'tha sahasraśaḥ /
Nānā-vidhāni divyāni nānā-varṇ'ākṛtīni ca // 5

シュリー　バガヴァーン　ウヴァーチャ：
パッシヤ　メー　パールタ　ルーパーニ　シャタショータ　サハッスラシャハ / ナーナー・ヴィダーニ　ディッヴャーニ　ナーナー・ヴァルナークリティーニ　チャ //

そこで至上神《パラメーシュワラ》（クリシュナ）がおっしゃいます。『プリター妃の息子（アルジュナ）よ！　では見るがよい。何千何万という様々な性質と形と色とをもった、私の霊妙な姿を。

Paśy'ādityān vasūn rudrān aśvinau marutas tathā /
Bahūny adṛṣṭa-pūrvāṇi paśy'āścaryāṇi bhārata // 6

パッシヤーディッテャーン　ヴァスーン　ルドラーン　アシュヴィナウ　マルタス　タター / バフーニ　アドリシュタ・プールヴァーニ　パッシャーシュチャリヤーニ　バーラタ //

アディッテャ*、ヴァス*、ルッドラ*の種々相を始め、双子《ふたご》のアシュヴィン神や風神《マルト》*など多種多様な神々を。さあ見るがよい、今まで誰も見なかった無数の驚異を。バーラタ王の中の最も優れた子孫（アルジュナ）よ！

＊十二神。
＊八神。
＊十一面神。
＊四十九神

Ih'aikastham̐ jagat kṛtsnam̐ paśy'ādya sacar'ācaram /
Mama dehe guḍākeśa yac c'ānyad draṣṭum icchasi // 7

イハイカスタン　ジャガット　クリツナン　パッシヤーッディャ　サチャラーチャラム / ママ　デーヘー　グダーケーシャ　ヤッチャーンニャド　ドラシュトゥム　イッチャシ //

おおグダーケーシャ（アルジュナ）よ！　動くものも動かぬものも、君がほかに見たいと思う宇宙万物のすべてが、私の体の中にあることを見届けるがいい。

Na tu mām̐ śakyase draṣṭum anen'aiva sva-cakṣuṣā /
Divyam̐ dadāmi te cakṣuḥ paśya me yogam aiśvaram // 8

ナ　トゥ　マーン　シャッキャセー　ドラシュトゥム　アネーナイヴァ　スヴァ・チャクシュシャー / ディッヴャン　ダダーミ　テーチャクシュフ　パッシヤ　メー　ヨーガム　アイシュヴァラム //

しかし、君が持っている肉眼では、私の普遍相を見ることはできまい。だからいま君に天眼（てんげん）を授けよう。その天眼（てんげん）をもって私の神秘壮厳な姿と力を見るがいい』と。

Sanjaya uvāca:
Evam uktvā tato rājan mahā-yog'eśvaro hariḥ /
Darśayāmāsa pārthāya paramam̐ rūpam aiśvaram // 9

サンジャヤ　ウヴァーチャ：
エーヴァム　ウトヴァー　タトー　ラージャン　マハー・ヨーゲーシュヴァロー　ハリヒ / ダルシャヤーマーサ　パールターヤ　パラマン　ルーパム　アイシュヴァラム //

サンジャヤが述べます。「（ドゥリタラーシュトラ）王様！　こう語ったヨーガの主宰神であるハリ*神は、プリター妃の息子（アルジュナ）に、宇宙に遍満するご自分の真のお姿をお示しになられたのでございます。

＊ハリは、ヴィシュヌ神の別名で、クリシュナのこと。

Aneka-vaktra-nayanam anek'ādbhuta-darśanam /
Aneka-divy'ābharaṇaṁ divy'ānek'odyat'āyudham // 10

アネーカ・ヴァクトラ・ナヤナム　アネーカードブタ・ダルシャナム / アネーカ・ディッヴャーバラナン　ディッヴャーネーコーッデャターユダム //

その普遍相とは、無数の口と無数の眼と無数の不思議な形をもち、無数の光り輝く天の宝飾で荘厳され、数多の聖なる武器を振りかざしておられる御姿なのです。

Divya-māly'āmbara-dharaṁ divya-gandh'ānulepanam /
Sarv'āścaryamayaṁ devam anantaṁ viśvato-mukham // 11

ディッヴャ・マーリヤームバラ・ダラン　ディッヴャ・ガンダーヌレーパナム / サルヴァーシュチャリヤマヤン　デーヴァム　アナンタン　ヴィシュヴァトー・ムカム //

また種々の妙なる天の花々を頭に飾り、数々のきらめく天衣をまとい、身に芳(こうば)しい聖油をぬり、何もかも驚異に満ち、無限の彼方まで光り輝き、しかもあらゆる方角に顔を向けておられます。

Divi sūrya-sahasrasya bhaved yugapad utthitā /
Yadi bhāḥ sadṛśī sā syād bhāsas tasya mah'ātmanaḥ // 12

ディヴィ　スーリヤ・サハッスラッシヤ　バヴェード　ユガパド　ウッティター / ヤディ　バーハ　サッドリシー　サー　シヤード　バーサス　タッシヤ　マハートマナハ //

数千の太陽が同時に空に現れたなら、かくもやあらんと思われるほど、偉大なる御方の普遍相の放つ光り輝きは、それほどものすごいものでした。

Tatr'aika-sthaṁ jagat kṛtsnaṁ pravibhaktam anekadhā /
Apaśyad deva-devasya śarīre pāṇḍavas tadā // 13

タットライカ・スタン　ジャガット　クリツナン　プラヴィバクタム　アネーカダー / アパッシヤド　デーヴァ・デーヴァッシヤ　シャ

リーレー　パーンダヴァス　タダー //

そしてその時、その場において、パーンドゥ王の息子（アルジュナ）は、最高神の体の中に全宇宙が存在し、千種万態の現象が展開しているのを見たのです。

Tataḥ sa vismay'āviṣṭo hṛṣṭa-romā dhanañjayaḥ /
Praṇamya śirasā devaṁ kṛt'āñjalir abhāṣata // 14

タタハ　サ　ヴィスマヤーヴィシュトー　フリシュタ・ローマー　ダナンジャヤハ / プラナンミャ　シラサー　デーヴァン　クリターンジャリル　アバーシャタ //

驚嘆のあまり体中の毛が逆立ったダナンジャヤ（アルジュナ）は、思わず頭を垂れ、うやうやしく合掌して最高神を礼拝し、次のように申しました。

Arjuna uvāca:
Paśyāmi devāṁs tava deva dehe
sarvāṁs tathā bhūta-viśeṣa-saṅghān /
Brahmāṇam īśaṁ kamal'āsana-stham
ṛṣīṁś ca sarvān uragāṁś ca divyān // 15

アルジュナ　ウヴァーチャ：
パッシヤーミ　デーヴァーンス　タヴァ　デーヴァ デーヘー /　サルヴァーンス　タター　ブータ・ヴィシェーシャ・サンガーン / ブラフマーナム　イーシャン　カマラーサナ・スタム / リシーンシュチャ　サルヴァーン　ウラガーンシュ　チャ　ディッヴャーン //

アルジュナが申します。『おお、わが神よ！　あなた様のご体内にあらゆる神々と多種多様な生物が見えています。蓮華の上に坐すブラフマも、あらゆる聖賢も、天界の蛇たちも。

Aneka-bāhū'dara-vaktra-netraṁ
paśyāmi tvāṁ sarvato'nanta-rūpam /
N'āntaṁ na madhyaṁ na punas tav'ādiṁ
paśyāmi viśveśvara viśva-rūpa // 16

アネーカ・バーフーダラ・ヴァクトラ・ネットラン / パッシヤーミ　トヴァーン　サルヴァトーナンタ・ルーパム / ナーンタン　ナ　マッディャン　ナ　プナス　タヴァーディン / パッシヤーミ　ヴィ

シュヴェーシュヴァラ　ヴィシュヴァ・ルーパ //

私には、無数の腕、無数の腹、無数の口や目をもった、あなた様の広大無辺なお姿が見えるだけで、その終わりや、中間や、初めは、私には全く見えません。おお全宇宙の主よ！

Kirīṭinaṁ gadinaṁ cakriṇaṁ ca
tejo-rāśiṁ sarvato dīptimantam /
Paśyāmi tvāṁ durnirīkṣyaṁ samantād
dīpt'ānalārka-dyutim aprameyam // 17

キリーティナン　ガディナン　チャックリナン　チャ / テージョー・ラーシン　サルヴァトー　ディープティマンタム / パッシヤーミ　トヴァーン　ドゥルニリークシヤン　サマンタード / ディープターナラールカ・デュティム　アプラメーヤム //

宝冠を頭に、棒と円盤を手にされるあなた様は、燃え盛る火炎や光り輝く太陽のようで、あまりにも眩（まぶ）しく、とてもまともに私は目を開けて見ることができません。

Tvam akṣaraṁ paramaṁ vedita-vyaṁ
tvam asya viśvasya paraṁ nidhānam /
Tvam avyayaḥ śāśvata-dharma-goptā
sanātanas tvaṁ puruṣo mato me // 18

トヴァム　アクシャラン　パラマン　ヴェーディタ・ヴィヤン / トヴァム　アッシヤ　ヴィシュヴァッシヤ　パラン　ニダーナム / トヴァム　アッヴャヤハ　シャーシュヴァタ・ダルマ・ゴープター / サナータナス　トヴァン　プルショー　マトー　メー //

あなた様は、永遠不滅にして自ずと知られる至高者であられ、この宇宙の大御親（おおみおや）でもあられます。また普遍なる正法の保護者でもあり、人類の記憶を超えた最古の御方（プルシャ）だと私は確信します。

Anādi-madhy'āntam ananta-vīryam
ananta-bāhuṁ śaśi-sūrya-netram /
Paśyāmi tvāṁ dīpta-hutāśa-vaktraṁ
sva-tejasā viśvam idaṁ tapantam // 19

アナーディ・マッディヤーンタム　アナンタ・ヴィーリヤム / アナ

ンタ・バーフン　シャシ・スーリヤ・ネーットラム / パッシャーミトヴァーン　ディープタ・フターシャ・ヴァクトラン / スヴァ・テージャサー　ヴィシュヴァム　イダン　タパンタム //

あなた様が、初めも、中間も、終りも無い存在で、無限の力と無数の腕を持ち、太陽と月を両眼に、燃え盛る火炎を口にされ、その光と熱で全宇宙を温めていらっしゃるのが、私には見えます。

Dyāvā-pṛthivyor idam antaraṁ hi
vyāptaṁ tvay'aikena diśaś ca sarvāḥ /
Dṛṣṭvā'dbhutaṁ rūpam ugraṁ tav'edaṁ
loka-trayaṁ pravyathitaṁ mah'ātman // 20

デャーヴァー・プリティッヴィヨール　イダム　アンタラン　ヒ / ヴャープタン　トヴァヤイケーナ　ディシャシュ チャ　サルヴァーハ / ドリシュトヴァードブタン　ルーパム　ウグラン　タヴェーダン / ローカ・トラヤン　プラッヴャティタン　マハートマン //

あなた様は、天と地の間の一切の空間にあまねく充満しておられますが、その驚くべき恐るべき相（姿）を見て、三界はことごとく恐れおののいています。おお大霊様！

Amī hi tvāṁ sura-saṅghā viśanti
kecid bhītāḥ prāñjalayo gṛṇanti /
Svastī'ty uktvā maha'rṣi-siddha-saṅghāḥ
stuvanti tvāṁ stutibhiḥ puṣkalābhiḥ // 21

アミー　ヒ　トヴァーン　スラ・サンガー　ヴィシャンティ / ケーチド ビーターハ　プラーンジャラヨー　グリナンティ / スヴァスティーティ　ウクトヴァー　マハルシ・シッダ・サンガーハ / ストゥヴァンティ　トヴァーン　ストゥティビヒ　プシュカラービヒ //

多くの神々が、あなた様の体の中に入っていき、恐れおののきながら合掌なさっていますし、多くの聖人や覚者達が、“善哉善哉”と言いながら讃歌を合唱し、あなた様を讃美しておられます。

Rudrādityā vasavo ye ca sādhyā
viśve'śvinau marutaś c'oṣmapāś ca /
Gandharva-yakṣ'āsura-siddha-saṅghā
vīkṣante tvāṁ vismitāś c'aiva sarve // 22

ルッドラーディッテャー　ヴァサヴォー　イェー　チャ　サーッデャー / ヴィシュヴェーシュヴィナウ　マルタシュ チョーシュマパーシュ チャ / ガンダルヴァ・ヤクシャースラ・シッダ・サンガー / ヴィークシャンテー　トヴァーン　ヴィスミターシュ チャイヴァ サルヴェー //

ルッドラ諸神、アーディッテャー諸神、ヴァス諸神、サーッデャ諸神、ヴィシュヴァデーヴァ諸神、アシュヴィン双神、風神達、乾闥婆（ガンダルヴァ）達、ヤクシャ、アスラ、シッダ達は、ただ驚嘆してあなた様を仰ぎ見ています。

Rūpaṁ mahat te bahu-vaktra-netraṁ
mahā-bāho bah'u-bāh'ūru-pādam /
Bah'ūdaraṁ bahu-daṁṣṭrā-karālaṁ
dṛṣṭvā lokāḥ pravyathitās tathā'ham // 23

ルーパン　マハッ　テー　バフ・ヴァクトラ・ネーットラン　マハー・バーホー　バフ・バーフール・パーダム / バフーダラン　バフ・ダンシュトラー・カラーラン　ドリシュトヴァー　ローカーハ　プラッヴャティタース タターハム //

おお何という強大な御方よ！ 数えきれぬ目と口を始め、腕、腿、足、腹、そして恐ろしい歯を持たれた、あなた様の言語に絶するお姿を見て、三界は私と同じように畏（おそ）れおののいています。

Nabhaḥ-spṛśaṁ dīptam aneka-varṇaṁ
vyātt'ānanaṁ dīpta-viśāla-netram /
Dṛṣṭvā hi tvāṁ pravyathit'āntarātmā
dhṛtiṁ na vindāmi śamaṁ ca viṣṇo // 24

ナバハ・スプリシャン　ディープタム　アネーカ・ヴァルナン / ヴャーッターナナン　ディープタ・ヴィシャーラ・ネーットラム / ドリシュトヴァー　ヒ　トヴァーン　プラッヴャティターンタラートマー / ドリティン　ナ　ヴィンダーミ　シャマン　チャ　ヴィシュノー //

天に達するほど背が高く、多彩な光を放ち、無数の口を大きく開き、恐ろしい目をしておられるあなた様を見て、私は恐怖で震え、勇気も心の平安も吹き飛んでしまいます。おお、ヴィシュヌ神（クリシュナ）様！

Daṁṣṭrā-karālāni ca te mukhāni
dṛṣṭv'aiva kāl'ānala-sannibhāni /
Diśo na jāne na labhe ca śarma
prasīda dev'eśa jagan-nivāsa // 25

ダンシュトラー・カラーラーニ　チャ　テー　ムカーニ / ドリシュトヴァイヴァ　カーラーナラ・サンニバーニ / ディショー　ナ　ジャーネー　ナ　ラベー　チャ　シャルマ / プラシーダ　デーヴェーシャ　ジャガン・ニヴァーサ //

恐るべき歯をもち、この世を焼き尽くすような火を吹くあなた様の口を見ていますと、私はすっかり狼狽（ろうばい）し、不安でたまらなくなってしまいます。おお、全宇宙の拠り所である最高神よ！　どうぞ私を憐れみ、お助け下さい。

Amī ca tvāṁ dhṛtarāṣṭrasya putrāḥ
sarve sah'aivā'vani-pāla-saṅghaiḥ /
Bhīṣmo droṇaḥ sūta-putras tathā' sau
sahā'smadīyair api yodha-mukhyaiḥ // 26

アミー　チャ　トヴァーン　ドリタラーシュトラッシヤ　プットラーハ　/ サルヴェー　サハイヴァーヴァニ・パーラ・サンガイヒ / ビーシュモー　ドローナハ　スータ・プットラス　タター サウ　/ サハースマディーヤイル　アピ　ヨーダ・ムッキャイヒ //

ドリタラーシュトラの息子達*も、彼等の同盟諸国の王達も、ビーシュマ、ドローナ、スータプットラ（カルナ）*も、ああそして味方の我らが将軍戦士たちも、みな…..

*パーンドゥ兄弟に敵対している王子達。
*敵方の将軍達

Vaktrāṇi te tvaramāṇā viśanti
daṁṣṭrā-karālāni bhay'ānakāni /
Kecid vilagnā daśan'āntareṣu
saṁdṛśyante cūrṇitair uttamāṅgaiḥ // 27

ヴァクトラーニ　テー　トヴァラマーナー　ヴィシャンティ / ダンシュトラー・カラーラーニ　バヤーナカーニ / ケーチド ヴィラグナー　ダシャナーンタレーシュ / サンドリッシャンテー　チュールニタイル　ウッタマーンガイヒ //

恐るべき歯を持ったあなた様の口の中へとまっ逆さまに落ちてゆき、そのすさまじい歯にくわえられ、頭を粉々に噛み砕かれてしまうのが見えます。

Yathā nadīnāṁ bahavo'ṁbu-vegāḥ
samudram ev'ābhimukhā dravanti /
Tathā tav'āmī nara-loka-vīrā
viśanti vaktrāṇy abhivijvalanti // 28

ヤター　ナディーナーン　バハヴォーンブ・ヴェーガーハ / サムッドラム　エーヴァービムカー　ドラヴァンティ / タター　タヴァーミー　ナラ・ローカ・ヴィーラー / ヴィシャンティ　ヴァクトラーニ　アビヴィジュヴァランティ //

地上を流れる数多の河川が、ことごとく大海に呑みこまれていくように、これら地上の英雄達もすべて、あなた様の燃え盛る炎の口の中に跳び込んでいっています。

Yathā pradīptaṁ jvalanaṁ pataṅgā
viśanti nāśāya samṛddha-vegāḥ /
That'aiva nāśāya viśanti lokās
tav'āpi vaktrāṇi samṛddha-vegāḥ // 29

ヤター　プラディープタン　ジュヴァラナン　パタンガー / ヴィシャンティ　ナーシャーヤ　サムリッダ・ヴェーガーハ / タタイヴァ　ナーシャーヤ　ヴィシャンティ　ローカース / タヴァーピ　ヴァクトラーニ　サムリッダ・ヴェーガーハ //

燃えさかる炎の中に、蛾の群が飛び込んで滅びていくように、この人々も、あなた様の口の中へ、全速力で走りこんで滅んでいっています。

Lelihyase grasamānaḥ samantāt
lokān samagrān vadanair jvaladbhiḥ /
Tejobhir āpūrya jagat samagraṁ
bhāsas tav'ogrāḥ pratapanti viṣṇo // 30

レーリッヒャセー　グラサマーナハ　サマンータート / ローカーン　サマッグラーン　ヴァダナイル　ジュヴァラッドビヒ / テージョービル　アープーリヤ　ジャガット　サマグラン / バーサス　タヴォーグラーハ　プラタパンティ　ヴィシュノー //

あなた様は、周りのすべてのものを、ご自身の炎吹く口の中に呑み込み、舌なめずりをしておられます。またあなた様の輝きは、あまりにも強く、全世界を焼き尽くしてしまっています。おおヴィシュヌ様！

Ākhyāhi me ko bhavān ugra-rūpo
namo'stu te deva-vara prasīda /
Vijñātum icchāmi bhavantam ādyaṁ
na hi prajānāmi tava pravṛttim // 31

アーッキャーヒ　メー　コー　バヴァーン　ウッグラ・ルーポー / ナモーストゥ　テー　デーヴァ・ヴァラ　プラシーダ / ヴィジュニャートゥム　イッチャーミ　バヴァンタム　アーッデャン / ナ　ヒ　プラジャーナーミ　タヴァ　プラヴリッティム //

この恐るべき形相をされたあなた様は、いったいどなた様なのか、私にお教え下さい。おお至上最高の神よ！　あなた様のことが本当に知りたいのです、万有の始祖なるお方よ！　まだあなた様の御意思がよくわかりませんので』と。

Śrī Bhagavān uvāca:
Kālo'smi loka-kṣaya-kṛt pravṛddho
lokān samāhartum iha pravṛttaḥ /
Ṛte'pi tvāṁ na bhaviṣyanti sarve
ye'vasthitāḥ pratyanīkeṣu yodhāḥ // 32

シュリー　バガヴァーン　ウヴァーチャ：
カーロースミ　ローカ・クシャヤ・クリット　プラヴリッドー / ローカーン　サマーハルトゥム　イハ　プラヴリッタハ / リテーピ　トヴァーン　ナ　バヴィッシヤンティ　サルヴェー / イェーヴァスティターハ　プラッテャニーケーシュ　ヨーダーハ //

そこで至高者が答えられます。
『私は世界を破壊する大いなる“時”であり、人々を滅ぼすためにやって来た。だから、たとえ君がいようがいまいが、両陣営のすべての将兵は誰一人生き残ることはないであろう。

Tasmāt tvam uttiṣṭha yaśo labhasva
jitvā śatrūn bhuṅkṣva rājyaṁ samṛddham /
May'aiv'aite nihatāḥ pūrvam eva
nimitta-mātraṁ bhava savyasācin // 33

タスマート　トヴァム　ウッティシュタ　ヤショー　ラバッスヴァ / ジットヴァー　シャットルーン　ブンクシャヴァ　ラーッジャン　サムリッダム / マヤイヴァイテー　ニハターハ　プールヴァム　エーヴァ / ニミッタ・マーットラン　バヴァ　サッヴャサーチン //

それ故、君は立ち上って戦い、栄誉を勝ちとるがいい。そして敵を倒して王国の繁栄を楽しむことだ。私は既に彼らの死を決定したのだから、君はただ私の“戦う道具”となればよい。おお弓の名手（アルジュナ）よ！

Droṇaṁ ca bhīṣmaṁ ca jayadrathaṁ ca
karṇaṁ tathā'nyān api yodha-vīrān /
Mayā hatāṁs tvaṁ jahi mā vyathiṣṭhā
yudhyasva jetāsi raṇe sapatnān // 34

ドローナン チャ　ビーシュマン チャ　ジャヤッドラタン　チャ / カルナン　タターニャーン　アピ　ヨーダ・ヴィーラーン / マヤーハターンス トヴァン　ジャヒ　マー　ヴャティシュター / ユッデャスヴァ　ジェターシ　ラネー　サパットナーン //

ドローナ、ビーシュマ、ジャヤドラタ、カルナ*を始め、他の豪傑たちの命は既に私が奪った。故に彼らを殺しても悩み恐れることはない。君はただ戦いに勝ち、敵を滅ぼしさえすればいいのだ』と。

*アルジュナが尊敬している敵方の将軍達。

Sanjaya uvāca:
Etac chrutvā vacanaṁ keśavasya
kṛtāñjalir vepamānaḥ kirīṭī /
Namas-kṛtvā bhūya ev'āha kṛṣṇaṁ
sagadgadaṁ bhīta-bhītaḥ praṇamya // 35

サンジャヤ　ウヴァーチャ：
エータッ チュルットヴァー　ヴァチャナン　ケーシャヴァッシヤ / クリターンジャリル　ヴェーパマーナハ　キリーティー / ナマス・クリットヴァー　ブーヤ　エーヴァーハ　クリシュナン / サガドガダン　ビータ・ビータハ　プラナンミャ //

サンジャヤが語ります。「大王様よ！ ケーシャヴァ（クリシュナ）のこの言葉を聞き、アルジュナは両手を合わせ、震えながら何度も礼拝し、畏怖(いふ)のため口ごもりながら、次のようにクリシュナに申し上げました。

Arjuna uvāca:
Sthāne hṛṣīkeśa tava prakīrtyā
jagat prahṛṣyaty anurajyate ca /
Rakṣāṁsi bhītāni diśo dravanti
sarve namasyanti ca siddha-saṅghāḥ // 36

アルジュナ　ウヴァーチャ：
スターネー　フリシーケーシャ　タヴァ　プラキールテャー / ジャガット　プラフリッシャティ　アヌラッジャテー　チャ / ラクシャーンシ　ビーターニ　ディショー　ドラヴァンティ / サルヴェー　ナマシヤンティ　チャ　シッダ・サンガーハ //

アルジュナが申します。『感覚の支配者（フリシーケーシャ）様*！全世界があなた様を讃美し喜びに湧いています。だが魔族(ラクシャ)は恐れて八方に逃げ散り、完成者(シッダ)達はあなた様を敬慕し礼拝しています。

＊クリシュナの別名。

Kasmāc ca te na nameran mahātman
garīyase brahmaṇo'py ādi-kartre /
Ananta dev'eśa jagan-nivāsa
tvam akṣaraṁ sad asat tat-paraṁ yat // 37

カスマーッ　チャ　テー　ナ　ナメーラン　マハートマン / ガリーヤセー　ブラフマノーピ　アーディ・カルットレー / アナンタ　デーヴェーシャ　ジャガン・ニヴァーサ / トヴァム　アクシャラン　サド　アサット　タット・パラン　ヤット //

ブラフマン*より偉大な万有の始祖であるあなた様を、彼らが礼拝し讃美するのは当然のこと。無限の存在であり、神々の主宰者であり、全宇宙の安息所であるあなた様は、すべての有無を超越した御方でいらっしゃいますから。

＊創造神。

Tvam ādi-devaḥ puruṣaḥ purāṇas
tvam asya viśvasya paraṁ nidhānam /
Vettā'si vedyaṁ ca paraṁ ca dhāma
tvayā tataṁ viśvam anantarūpa // 38

トヴァム　アーディ・デーヴァハ　プルシャハ　プラーナス / トヴァム　アッシヤ　ヴィシュヴァッシヤ　パラン　ニダーナム / ヴェッターシ　ヴェーッデャン　チャ　パラン　チャ　ダーマ / トヴァヤー　タタン　ヴィシュヴァム　アナンタルーパ //

あなた様は最初の人格神、最古老の大祖、全世界の安息所でいらっしゃいます。そして全てを知り給う方であり、知り得るもの全てでもいらっしゃいます。また究極の目的であり、全宇宙に満ちておられます。おお永遠不滅のお方よ！

Vāyur yamo'gnir varuṇaḥ śaśāṅkaḥ
prajāpatis tvaṁ prapitāmahaś ca /
Namo namas te'stu sahasra-kṛtvaḥ punaś
ca bhūyo'pi namo namas te // 39

ヴァーユル　ヤモーグニル　ヴァルナハ　シャシャーンカハ / プラジャーパティストヴァン　プラピターマハシュ チャ / ナモー ナマステーストゥ　サハッスラ・クリットヴァハ　プナシュ / チャ　ブーヨーピ　ナモー　ナマス テー //

あなた様は風神ヴァーユであり、死神ヤマであり、また火神アグニ、水神ヴァルナ、月神シャシャーンカであり、全生物の始祖でもいらっしゃいます。そのあなた様に私は幾千度も讃嘆し礼拝いたします。南無、南無、南無と！

Namaḥ purastād atha pṛṣṭhatas te
namo'stu te sarvata eva sarva /
Ananta-vīry'āmita-vikramas
tvaṁ sarvaṁ samāpnoṣi tato'si sarvaḥ // 40

ナマハ　プラスタード　アタ　プリシュタタス テー / ナモーストゥテー　サラヴァタ　エーヴァ　サルヴァ / アナンタ・ヴィーリヤーミタ・ヴィクラマス / トヴァン　サルヴァン　サマープノーシ　タトーシ　サルヴァハ //

あなた様を前からも後ろからも礼拝し、横から斜めからあらゆる方角から礼拝いたします。なぜなら、あなた様は無限の力と機能（はたらき）をもち、どこにもおられ、あらゆるものになっておられますから。

Sakh'eti matvā prasabhaṁ yad uktaṁ

he kṛṣṇa he yādava he sakh'eti /
Ajānatā mahimānaṁ tav'edaṁ
mayā pramādāt praṇayena vāpi // 41

サケーティ　マットヴァー　プラサバン　ヤド ウクタン / ヘー　クリシュナ　ヘー　ヤーダヴァ　ヘー　サケーティ / アジャーナターマヒマーナン　タヴェーダン / マヤー　プラマーダート　プラナイェーナ　ヴァーピ //

あなた様のこの偉大さを知らず、うかつにも親しみの余り、ただの友人と思いこんで、私は、あなた様のことを「クリシュナとか、ヤーダヴァとか、友よ」などと無遠慮に呼んでおりました。

Yac c'āvahās'ārtham asatkṛto'si
vihāra-śayy'āsana-bhojaneṣu /
Eko'thavā'py acyuta tat samakṣaṁ
tat kṣāmaye tvāṁ aham aprameyam // 42

ヤッ　チャーヴァハーサールタム　アサトクリトーシ　/ ヴィハーラ・シャイヤーサナ・ボージャネーシュ / エーコータヴァーピ　アッチュタ　タット サマクシャン　/ タット クシャーマイェー　トヴァーン　アハム　アプラメーヤム //

いっしょに歩いたり、休んだり、座ったり、食べたりした時、またあなた様と二人だけの時も、多勢のいる前でも、私はつい不敬な振る舞いをしてしまいました。おお広大無辺のお方よ！　どうぞ私の誤(あやま)ちをお許し下さい。

Pitā'si lokasya car'ācarasya
tvam asya pūjyaś ca gurur garīyān /
Na tvat-samo'sty abhyadhikaḥ
kuto'nyo loka-traye'py apratima prabhāva // 43

ピターシ　ローカーッシヤ　チャラーチャラッシヤ / トヴァム　アッシヤ　プーッジャシュ チャ　グルル　ガリーヤーン / ナ　トヴァット・サモースティ　アッビャディカハ / クトーンニョー　ローカ・トライェーピ　アプラティマ　プラバーヴァ //

あなた様は全宇宙の万生万有の御父であり、すべてのものが拝み従うべき無上の導師でいらっしゃいます。三界にあなた様と同等な者は存在せず、あなた様に勝るものは皆無です。おお測り知れぬ力をもつ御方よ！

Tasmāt praṇamya praṇidhāya kāyaṁ
prasādaye tvām aham īśam īḍyam /
Pit'eva putrasya sakh'eva sakhyuḥ
priyaḥ priyāy'ārhasi deva soḍhum // 44

タスマート　プラナンミャ　プラニダーヤ　カーヤン / プラサーダイェー　トヴァーム　アハム　イーシャム　イーッデャム / ピテーヴァ　プットラッシヤ　サケーヴァ　サッキュフ / プリヤハ　プリヤーヤールハシ　デーヴァ　ソードゥム //

おお全生物に礼拝される主よ！ 私は五体投地して礼拝し、あなた様のお許しを乞いたいのです。父が息子の生意気を許し、友が友の非礼を許し、恋人が相手を許すように、どうぞ私の誤(あやま)ちをお許し下さい。

Adṛṣṭa-pūrvaṁ hṛṣito'smi dṛṣṭvā
bhayena ca pravyathitaṁ mano me /
Tad eva me darśaya deva rūpaṁ
prasīda dev'eśa jagan-nivāsa // 45

アドリシュタ・プールヴァン　フリシュトースミ　ドリシュトヴァー / バイェーナ　チャ　プラッヴャティタン　マノー　メー / タッド　エーヴァ　メー　ダルシャヤ　デーヴァ　ルーパン / プラシーダ　デーヴェーシャ　ジャガン・ニヴァーサ //

未だかつて見たことのない御相(みすがた)に接し、私は歓喜と同時に恐怖も感じております。神々の主宰者よ！ 全宇宙の保護者よ！ 何とぞ御恵をもってあなた様のもう一つの優(やさ)しいお姿をお見せ下さい。

Kirīṭinaṁ gadinaṁ cakra-hastam
icchāmi tvāṁ draṣṭum ahaṁ that'aiva /
Ten'aiva rūpeṇa catur-bhujena
sahasra-bāho bhava viśva-mūrte // 46

キリーティナン　ガディナン　チャックラ・ハスタム / イッチャーミ　トヴァーン　ドラシュトゥム　アハン　タタイヴァ / テーナイヴァ　ルーペーナ　チャトゥル・ブジェーナ / サハッスラ・バーホーバヴァ　ヴィシュヴァ・ムールテー //

私は、宝冠をかむり、手に槌矛（つちほこ）と円盤を持たれた以前のあなた様のお姿を拝見いたしたく思いますので、どうぞ四つの腕*をもった、元のお姿をおとりください。おお、数千の手をもち宇宙普遍の相をとられる御方よ！』と。

*ナーラーヤナ神としての姿。

Śrī Bhagavān uvāca:
Mayā prasannena tav'ārjun'edaṁ
rūpaṁ paraṁ darśitam ātmayogāt /
Tejomayaṁ viśvam anantam ādyaṁ
yan me tvad-anyena na dṛṣṭapūrvam // 47

シュリー　バガヴァーン　ウヴァーチャ：
マヤー　プラサンネーナ　タヴァールジュネーダン / ルーパン　パラン　ダルシタム　アートマヨーガート / テージョーマヤン　ヴィシュヴァム　アナンタム　アーッデャン / ヤン メー　トヴァド・アンニェーナ　ナ　ドリシュタプールヴァム //

至高者が告げられます。『アルジュナよ！　わが神力により、この普遍相を君だけに見せてやった。未だかって、光り輝く、無限にして、元始根源の、私のこの姿を、誰一人として見たことはないのだ。

Na veda-yajñ'ādhyayanair na dānair
na ca kriyābhir na tapobhir ugraiḥ /
Evaṁ rūpaḥ śakya ahaṁ nṛ-loke
draṣṭuṁ tvad-anyena kurupravīra // 48

ナ　ヴェーダ・ヤジュニャーッデャヤナイル ナ　ダーナイル / ナ チャ　クリヤービル ナ　タポービル　ウッグライヒ / エーヴァン　ルーパハ　シャッキャ　アハン　ヌリ・ローケー / ドラシュトゥン　トヴァド・アンニェーナ　クルプラヴィーラ //

ヴェーダの学習や、いかなる供犠（くぎ）、慈善、礼拝、苦行をしようとも、人間界においては、君より他に、この形相の私を見ることはできない。クル族の英雄（アルジュナ）よ！

Mā te vyathā mā ca vimūḍhabhāvo
dṛṣṭvā rūpaṁ ghoram īdṛṅ mam'edam /
Vyapeta-bhīḥ prīta-manāḥ punas tvaṁ
tad eva me rūpam idaṁ prapaśya // 49

マー　テー　ヴャター　マー　チャ　ヴィムーダバーボー / ドリシュトヴァー　ルーパン　ゴーラム イードリン　マメーダム / ヴャペータ・ビーヒ　プリータ・マナーハ　プナストヴァン / タッド エーヴァ　メー　ルーパム　イダン　プラパッシャ //

君は、私のこのすさまじい形相を見たが、もはや怖れうろたえる必要はない。恐れずに、喜んで、また私の元の姿を見るがいい。』と。

Sañjaya uvāca:
Ity arjunaṁ vāsudevas that'oktvā
svakaṁ rūpaṁ darśayāmāsa bhūyaḥ /
Āśvāsayāmāsa ca bhītam enaṁ
bhūtvā punaḥ saumya-vapur mah'ātmā // 50

サンジャヤ　ウヴァーチャ：
イテイ　アルジュナン　ヴァースデーヴァス　タトークトヴァー / スヴァカン　ルーパン　ダルシャヤーマーサ　ブーヤハ / アーシュヴァーサヤーマーサ　チャ　ビータム　エーナン / ブートヴァー　プナハ　サウンミャ・ヴァプル マハートマー //

サンジャヤが語ります。「ヴァースデーヴァ様は、アルジュナにこうおっしゃった後再び元の姿に戻られました。このようにして、大いなる霊魂の持ち主は、怖れおののいていたアルジュナを慰められたのでございます。」と。

Arjuna uvāca:
Dṛṣṭv'edaṁ mānuṣaṁ rūpaṁ tava saumyaṁ janārdana /
Idānīm asmi saṁvṛttaḥ sacetāḥ prakṛtiṁ gataḥ // 51

アルジュナ　ウヴァーチャ：
ドリシュトヴェーダン　マーヌシャン　ルーパン　タヴァ　サウンミャン　ジャナールダナ / イダーニーム　アスミ　サンヴリッタハ　サチェーターハ　プラクリティン　ガタハ //

そこでアルジュナが申します。『おお、ジャナールダナ（クリシュナ）様！　あなた様の優しい人間のお姿を見て、私の気持は落ちつき、元通りになりました。』と。

Śrī Bhagavān uvāca:
Sudurdarśam idaṁ rūpaṁ dṛṣṭavān asi yan mama /
Devā apy asya rūpasya nityaṁ darśana-kāṅkṣiṇaḥ // 52

シュリー　バガヴァーン　ウヴァーチャ：
スドゥルダルシャム　イダン　ルーパン　ドリシュタヴァーン　アシ　ヤン ママ / デーヴァー　アピ　アッシヤ　ルーパッシヤ　ニッテャン　ダルシャナ・カーンクシナハ //

さらに至高者が言われます。『いましがた君が見た私の姿は、めったに見られるものではない。神々ですら、この姿をなんとか見たいものだと、常々願ってはいるのだが。

N'āhaṁ vedair na tapasā na dānena na c'ejyayā /
Śakya evaṁ-vidho draṣṭuṁ dṛṣṭavān asi māṁ yathā // 53

ナーハン　ヴェーダイルナ　タパサー　ナ　ダーネーナ　ナ チェッジャヤー / シャッキャ　エーヴァン・ヴィドー　ドラシュトゥン ドリシュタヴァーン　アシ　マーン　ヤター //

いましがた君が見たような私の姿は、ヴェーダを学ぼうが、厳しい苦行や慈善や供犠（くぎ）をいくら重ねようが、そう簡単に見られるものではない。

Bhaktyā tv'ananyayā śakya aham evaṁ-vidho'rjuna /
Jñātuṁ draṣṭuṁ ca tattvena praveṣṭuṁ ca paraṁtapa // 54

バクテャー　トヴァナンニャヤー　サッキャ　アハム　エーヴァン・ヴィドールジュナ / ジュニャートゥン　ドラシュトゥン チャ　タットヴェーナ　プラヴェーシュトゥン　チャ　パランタパ //

アルジュナよ！　私を信じ愛しきることによってのみ、私の真実の姿を見ることも知ることもでき、さらに私の中へと入ってくることさえできるのだ。おお敵を殲滅（せんめつ）する勇者（アルジュナ）よ！

Mat-karma-kṛn mat-paramo mad-bhaktaḥ saṅga-varjitaḥ /
Nirvairaḥ sarva-bhūteṣu yaḥ sa mām eti pāṇḍava // 55

マット•カルマ•クリン マット•パラモー　マッド•バクタハ　サンガ•ヴァルジタハ / ニルヴァイラハ　サルヴァ・ブーテーシュ　ヤハ サマーム　エーティ　パーンダヴァ //

私を愛慕して私のために働き、私を至上目的として一切の欲望から離れ、一切の生類に思いやりをもつ人は、疑いなく私の中に入ってくる。パーンドゥ王の息子（アルジュナ）よ！』と。

Iti Viśvarūpadarśanayogaḥ nāma ekādaśo'dhyāyaḥ

イティ　ヴィシュヴァルーパ・ダルシャナ・ヨーガハ
ナーマ　エーカダショーッデャーヤハ

Dvādaśo'dhyāyaḥ:Bhaktiyogaḥ

ドヴァーダショーッデャーヤハ：バクティ・ヨーガハ

第１２章　信愛（バクティ）の道

Arjuna uvāca:
Evaṁ satata-yuktā ye bhaktās tvāṁ paryupāsate /
Ye c'āpy akṣaram avyaktaṁ teṣāṁ ke yoga-vittamāḥ // 1

アルジュナ　ウヴァーチャ：
エーヴァン　サタタ・ユクター　イェー　バクタース　トヴァーン　パーリユパーサテー / イェー　チャーピ　アクシャラム　アッヴャクタン　テーシャーン　ケー　ヨーガ・ヴィッタマーハ //

さらにアルジュナが問います。『常にあなた様にしっかりと心を向け礼拝している信者と、不滅にして非顕現の大実在（ブラフマン）を礼拝する信者とでは、どちらがヨーガに精通しているのでしょうか？』と。

Śrī Bhagāvan uvāca:
Mayy āveśya mano ye māṁ nitya-yuktā upāsate /
Śraddhayā paray'opetās te me yukta-tamā matāḥ // 2

シュリー　バガヴァーン　ウヴァーチャ：
マイ　アーヴェーッシヤ　マノー　イェー　マーン　ニッテャ・ユクター　ウパーサテー / シュラッダヤー　パラヨーペータース　テー　メー　ユクタ・タマー　マターハ //

至高者が答えられます。『常に私にしっかりと心を向け、絶対不動の信念をもって私を拝んでいる人こそ、ヨーガに最も精通している人だ、と私は考える。

Ye tv akṣaram anirdeśyam avyaktaṁ paryupāsate /
Sarvatra-gam acintyaṁ ca kūṭa-stham acalaṁ dhruvam // 3

イェー　トゥ　アクシャラム　アニルデーッシヤム　アッヴャクタン　パリユパーサテー / サルヴァットラ・ガム　アチンテャン　チャ

クータ・スタム　アチャラン　ドルヴァム //

だが、不滅にして言葉では表し得ぬ存在、非顕現の実在にして、あらゆるところに遍満する知覚を超えたる存在、不変不動にして永遠なる存在*を礼拝し、

*宇宙の根本原理ブラフマンのこと。

Sanniyamy'endriya-grāmaṁ sarvatra sama-buddhayaḥ /
Te prāpnuvanti mām eva sarva-bhūta-hite ratāḥ // 4

サンニヤンミェーンドリヤ・グラーマン　サルヴァットラ　サマ・ブッダヤハ / テー　プラープヌーヴァンティ　マーム　エーヴァ　サルヴァ・ブータ・ヒテー　ラターハ //

しかも諸々の感覚を抑制し、あらゆる生きものを平等に扱い、彼らの福利のため働いている人達もまた、終(つい)には私のもとへと到達する。

Kleśo'dhikataras teṣām avyakt'āsakta-cetasām /
Avyaktā hi gatir duḥkhaṁ dehavadbhir avāpyate // 5

クレーショーディカタラス　テーシャーン　アッヴャクターサクタ・チェータサーム / アッヴャクター　ヒ　ガティル　ドゥフカン　デーハヴァドビル　アヴァーッピャテー //

だがこうした人々の間では、至高者の非人格的な相（姿）に心を寄せる人達の方が難しい立場に立つであろう。なぜなら、肉体をもつ者が、形相を持たない存在を最高目標とし、それに達しようとするのは至難の業だからである*。

*仏教では、阿弥陀佛や大日如来などの絶対者を信仰する方法を易行道(いぎょうどう)、様々な修行により自性を悟って解脱するのを難行道(なんぎょうどう)という。

Ye tu sarvāṇi karmāṇi mayi sannyasya mat-parāḥ /
Ananyen'aiva yogena māṁ dhyāyanta upāsate // 6

イェー　トゥ　サルヴァーニ　カルマーニ　マイ　サンニャッシヤ　マト・パラーハ / アナンニエーナイヴァ　ヨーゲーナ　マーン　デャーヤンタ　ウパーサテー //

だが私を最高目標と定め、すべての行為を私のために捧げ、常に私のことのみを想い礼拝する人達、

Teṣām ahaṁ samuddhartā mṛtyu-saṁsāra-sāgarāt /
Bhavāmi nacirāt pārtha mayy āveśita-cetasām // 7

テーシャーム　アハン　サムッダルター　ムリットュ・サンサーラ・サーガラート / バヴァーミー　ナチラート　パールタ　マイ　アーヴェーシタ・チェータサーム //

つまり常に自分の心を私に結びつけている人達にとって、私は、彼らを速やかに生死の海から救い出す救い主となるのだ。プリター王の息子（アルジュナ）よ！

Mayy eva mana ādhatsva mayi buddhiṁ niveśaya /
Nivasiṣyasi mayy eva ata ūrdhvaṁ na saṁśayaḥ // 8

マイ エーヴァ　マナ　アーダツヴァ　マイ　ブッディン　ニヴェーシャヤ / ニヴァシッシヤシ　マイ　エーヴァ　アタ　ウールドヴァン　ナ　サンシャヤハ //

それ故、常に私のことのみを想い、己の知性のすべてを私に委（ゆだ）ねるがいい。そうすることにより、君は疑いなく、これから常に私の中に住むこととなる。

Atha cittaṁ samādhātuṁ na śaknoṣi mayi sthiram /
Abhyāsa-yogena tato māṁ icch'āptuṁ dhanañjaya // 9

アタ　チッタン　サマーダートゥン　ナ　シャクノーシ　マイ　スティラム / アッビャーサ・ヨーゲーナ　タトー　マーン　イッチャープトゥン　ダナンジャヤ //

だがもし君が、自分の心をしっかりと私に結びつけられないのなら、精神集中行（アッビャーサヨーガ）を実習し、私に到達するよう努めるがよい。富の征服者（ダナンジャヤ）、アルジュナよ！

Abhyāse'pi asamartho'si mat-karma-parmo bhava /
Mad-artham api karmāṇi kurvan siddhim avāpsyasi // 10

アッビャーセーピ　アサマルトーシ　マト・カルマ・パラモー　バヴァ / マド・アルタム　アピ　カルマーニ　クルヴァン　シッディム　アヴァープシヤシ //

だがもし、君が精神集中行(アッビャーサヨーガ)を実修できなかった場合には、すべての行為を私のためにするがいい。そうすることによっても、君は完成の域(いき)に到達するであろう。

Ath'aitad api aśakto'si kartuṁ mad-yogam āśritaḥ /
Sarva-karma-phala-tyāgaṁ tataḥ kuru yat'ātmavān // 11

アタイタド　アピ　アシャクトーシ　カルトゥン　マド・ヨーガム　アーシュリタハ / サルヴァ・カルマ・ファラ・テャーガン　タタハ　クル　ヤタートマヴァーン //

しかし、もしそれさえもできないのなら、私に帰依し、心から私の助けを求めなさい。そして自分の心を抑制し、自分のやるすべての行為の結果に心を向けないことだ。

Śreyo hi jñānam abhyāsāt jñānād dhyānaṁ viśiṣyate /
Dhyānāt karma-phala-tyāgas tyāgāc chanter anantaram // 12

シュレーヨー　ヒ　ジュニャーナム　アッビャーサート　ジュニャーナード　デャーナン　ヴィシッシヤテー / デャーナート　カルマ・ファラ・テャーガス　テャーガーッ　チャンテール　アナンタラム //

精神集中行(アッビャーサヨーガ)よりも知識を究(きわ)める方がよく、知識を究めるよりも瞑想を実修する方が勝(まさ)り、瞑想よりも行為の結果を放棄する方がさらに優(すぐ)れている。何故なら、それを放棄*すればただちに心の平安が得られるからだ。

＊欲を捨てること。これが欲しい、こうなって欲しい等々。仏教では四大心といって、慈・悲・喜・捨の心を尊び、最後の捨徳が最も尊く、かつ難しいとされる。

Adveṣṭā sarva-bhūtānāṁ maitraḥ karuṇa eva ca /
Nirmamo nirahaṅkāraḥ sama-duḥkha-sukhaḥ kṣamī // 13

アドヴェーシュター　サルヴァ・ブーターナーン　マイットラハ　カルナ　エーヴァ　チャ / ニルマモー　ニラハンカーラハ　サマ・ドゥフカ・スカハ　クシャミー //

すべての生類に対して悪意を持たず、彼らに対して親切であって同情心をもち、我執(がしゅう)も所有欲もなく、幸不幸を等しく平静に受け入れ、

他者に対して寛大である人や、

Santuṣṭaḥ satatāṁ yogī yat'ātmā dṛḍha-niścayaḥ /
Mayy arpita-mano-buddhir yo mad-bhaktaḥ sa me priyaḥ // 14

サントゥシュタハ　サタターン　ヨーギー　ヤタートマー　ドリダ・ニシュチャヤハ / マイ　アルピタ・マノー・ブッディル　ヨー　マド・バクタハ　サ　メー　プリヤハ //

常に足ることを知って心豊かで、しっかりと瞑想し、自制し、断固たる信念をもち、心と知性を私に委(ゆだ)ねる人は、私にとって最も愛すべき人達なのである。

Yasmān n'odvijate loko lokān n'odvijate ca yaḥ /
Harṣ'āmarṣa-bhay'odvegair mukto yaḥ sa ca me priyaḥ // 15

ヤスマーン　ノーッドヴィジャテー　ローコー　ローカーン　ノードヴィジャテー　チャ　ヤハ / ハルシャーマルシャ・バヨーッドヴェーガイル　ムクトー　ヤハ　サ　チャ　メー　プリヤハ //

誰をも不安にさせず、また誰からも心の平安を乱されない人、喜怒哀楽の感情に捉われない人、このような人達を私は愛する。

Anapekṣaḥ śucir dakṣa udāsīno gata-vyathaḥ /
Sarvārambha-parityāgī yo mad-bhaktaḥ sa me priyaḥ // 16

アナペークシャハ　シュチル　ダクシャ　ウダーシーノー　ガタ・ヴャクタハ / サルヴァーランバ・パリッテャーギー　ヨー　マド・バクタハ　サ　メー　プリヤハ //

他人に頼らず、清純で、何事にも素早く対処する人、また何事も心配せず悩まず、あらゆる野心を捨て去って、ひたすら私に帰依する人、このような人達を私は愛する。

Yo na hṛṣyati na dveṣṭi na śocati na kāṅkṣati /
Śubh'āśubha-parityāgī bhaktimān yaḥ sa me priyaḥ // 17

ヨー　ナ　フリッシヤティ　ナ　ドヴェーシュティ　ナ　ショーチャティ　ナ　カーンクシャティ / シュバーシュバ・パリッテャーギー　バクティマーン　ヤハ　サ　メー　プリヤハ //

どんな事物にも有頂天にならず、人を憎むこともなく、悲しみも欲望も無い人、吉凶善悪に超然として心動かさず、ひたすら私への信仰心をもつ人、このような人達を私は愛する。

Samaḥ śatrau ca mitre ca tathā mān'āpamānayoḥ /
Śītoṣṇa-sukha-duḥkheṣu samaḥ saṅga-vivarjitaḥ // 18

サマハ　シャットラウ　チャ　ミットレー　チャ　タター　マーナーパマーナヨーホ / シートーシュナ・スカ・ドゥフケーシュ　サマハ　サンガ・ヴィヴァルジタハ //

友も敵も等しく扱い、名誉不名誉に関心なく、寒暑苦楽に平気であり、苦楽にも超然としており、いかなるものにも執着せぬ人や、

Tulya-nindā-stutir maunī santuṣṭo yena kenacit /
Aniketaḥ sthira-matir bhaktimān me priyo naraḥ // 19

トゥッリヤ・ニンダー・ストゥティル　マウニー　サントゥシュトーイェーナ　ケーナチト / アニケータハ　スティラ・マティル　バクティマーン　メー　プリヨー　ナラハ //

毀誉褒貶（きよほうへん）に平然としており、無駄な口をきかず、何事にも満足し、住所住居に執著（しゅうじゃく）せず、一途に私を信じる人、そういう人達を私は愛する。

Ye tu dharmy'āmṛtam idaṁ yath'oktaṁ paryupāsate /
Śraddadhānā mat-paramā bhaktās te'tīva me priyāḥ // 20

イェー　トゥ　ダルミャームリタム　イダン　ヤトークタン　パリユパーサテー / シュラツダダーナー　マト・パラマー　バクターステーティーヴァ　メー　プリヤーハ //

これまでに述べてきた永遠不滅の真道を歩み、私を究極至上の目的とみなし、私を心から信じ敬愛する人、こうした人達を私はこの上なく愛するのだ』と。

Iti Bhaktiyogaḥ nāma dvādaśo'dhyāyaḥ

イティ　バクティ・ヨーガハ ナーマ　ドヴァーダショーッデャーヤハ

Trayodaśo'dhyāyaḥ:
Kṣetrakṣetrajñavibhāgayogaḥ

トラヨーダショーッデャーヤハ：
クシェーットラ・クシェーットラジュニャ・ヴィバーグ・ヨーガハ

第１３章　場（物質源・肉体）と場の認識者（精神源・霊魂）識別の道

Arjuna uvāca:
Prakṛtiṁ puruṣaṁ c'aiva kṣetraṁ kṣetrajñam eva ca /
Etad veditum icchāmi jñānaṁ jñeyaṁ ca keśava // 1

アルジュナ　ウヴァーチャ：
プラクリティン　プルシャン　チャイヴァ　クシェーットラン　クシェーットラジュニャム　エーヴァ　チャ / エータッド　ヴェーディム　イッチャーミ　ジュニャーナン　ジュネーヤン　チャ　ケーシャヴァ //

アルジュナが申します。『プラクリティ*とプルシャ*について、クシェーットラ*（場）と場の認識者（霊魂）について、これら人間が知るべきを、私はぜひ学びたいのです。おお、ケーシャヴァ（クリシュナ）様！』と。

*自然、物質源。
*精神源。
*原語のクセートラは場所、田畑、野原、戦場などの意。ここでは"活動の場"の意味。

Śrī Bhagavān uvāca:
Idaṁ śarīraṁ kaunteya kṣetram ity abhidhīyate /
Etad yo vetti taṁ prāhuḥ kṣetra-jña iti tad-vidaḥ // 2

シュリー　バガヴァーン　ウヴァーチャ：
イダン　シャリーラン　カウンテーヤ　クシェーットラム　イティ　アビディーヤテー / エータッド　ヨー　ヴェーッティ　タン　プラーフフ　クシェーットラ・ジュニャ　イティ　タッド・ヴィダハ //

至高者が答えられます。『クンティー妃の息子（アルジュナ）よ！　この肉体が、場と呼ばれるものなのであり、そのことを知る人こそが場の認識者なのだ、と覚者達は言っている。

Kṣetra-jñaṁ c'āpi māṁ viddhi sarva-kṣetreṣu bhārata /
Kṣetra-kṣetra-jñayor jñānaṁ yat taj jñānaṁ mataṁ mama // 3

クシェーットラ・ジュニャン　チャーピ　マーン　ヴィッディ　サルヴァ・クシェートレーシュ　バーラタ / クシェーットラ・クシェーットラ・ジュニャヨール　ジュニャーナン　ヤット　タッ　ジュニャーナン　マタン　ママ //

バーラタ王の子孫（アルジュナ）よ！ 私こそが、あらゆる場（肉体）の中に存在する認識者（霊魂）であることを知りなさい。そして場（肉体）と場の認識者（霊魂）の両方を知ることが、真の知識なのだ、というのが私の考えである。

Tat kṣetraṁ yac ca yādṛk ca yad-vikāri yataś ca yat /
Sa ca yo yat-prabhāvaś ca tat samāsena me śṛṇu // 4

タト　クシェーットラン　ヤッ　チャ　ヤードリク　チャ　ヤド・ヴィカーリ　ヤタシュ　チャ　ヤト / サ　チャ　ヨー　ヤト・プラバーヴァシュ　チャ　タト　サマーセーナ　メー　シュリヌ //

さて、場とは何か、どのような性質をもち、どんな変化をし、何処から生じるのか、どうなるのか、そして場の認識者は誰で、どんな力をもっているのか、などについて簡単に説明するので、よく聞きなさい。

Ṛṣibhir bahudhā gītaṁ chandobhir vividhaiḥ pṛthak /
Brahma-sūtra-padaiś c'aiva hetumadbhir viniścitaiḥ // 5

リシビル　バフダー　ギータン　チャンドービル　ヴィヴィダイヒ　プリタク / ブラフマ・スーットラ・パダイシュ　チャイヴァ　ヘートゥマドビル　ヴィニシュチタイヒ //

このことは、祈祷（きとう）や讃歌の中で、多くの聖賢達によって語られており、ブラフマスートラ（ヴェーダンタ経典）においても、説得力をもって理路整然と説かれている。

Mahā-bhūtāny ahaṅkāro buddhir avyaktam eva ca /
Indriyāṇi daś'aikaṁ ca pañca c'endriya-gocarāḥ // 6

マハー・ブーターニ アハンカーロー　ブッディル　アッヴャクタム　エーヴァ　チャ / インドリヤーニ　ダシャイカン　チャ　パン

チャ　チェーンドリヤ・ゴーチャラーハ //

五大要素（地水火風空）、我念、理解力、気（非顕現の活力）、十根（肉体感覚）、心、五官の対象（色声香味触）など、

Icchā dveṣaḥ sukhaṁ duḥkhaṁ saṅghātaś cetanā dhṛtiḥ /
Etat kṣetraṁ samāsena savikāram udāhṛtam // 7

イッチャー　ドヴェーシャハ　スカン　ドゥフカン　サンガータシュ　チェータナー　ドリティヒ / エータット　クシェーツトラン　サマーセーナ　サヴィカーラム　ウダーフリタム //

また欲望、憎悪、喜楽、悲苦、身体の諸機能、知力、意志力など、場（肉体）に関するさまざまなことが、簡潔に説かれている。

Amānitvam adambhitvam ahiṁsā kṣāntir ārjavam /
Ācāry'opāsanaṁ śaucaṁ sthairyam ātma-vinigrahaḥ // 8

アマーニットヴァム　アダムビットヴァム　アヒンサー　クシャーンティル　アールジャヴァム / アーチャリヨーパーサナン　シャウチャン　スタイリヤム　アートマ・ヴィニッグラハハ //

謙虚、虚栄（見栄）を張らぬこと、非暴力、忍耐、正直、正しい師への奉仕、清潔、堅忍不抜（けんにんふばつ）、自制心など、

Indriy'ārtheṣu vairāgyam anahaṅkāra eva ca /
Janma-mṛtyu-jarā-vyādhi-duḥkha-doṣ'ānudarśanam // 9

インドリヤールテーシュ　ヴァイラーッギャム　アーナンカーラ　エーヴァ　チャ / ジャンマ・ムリッテュ・ジャラー・ヴャーディ・ドゥフカ・ドーシャーヌダルシャナム //

欲望の対象から心を離すこと、我執を無くすこと、生老病死を苦とみなし、その本質を究めること、

Asaktir anabhiṣvaṅgaḥ putra-dāra-gṛhādiṣu /
Nityaṁ ca sama-cittatvam iṣṭ'āniṣṭ'opapattiṣu // 10

アサクティル　アナビッシュヴァンガハ　プットラ・ダーラ・グリハーディシュ / ニッテャン　チャ　サマ・チッタットヴァム　イシュターニシュトーパパッティシュ //

あらゆる事物に執着しないこと、妻子や家庭に対する愛着を捨てること、

愉快なこと不愉快なことに遭っても、常に心を平静に保っていること、

Mayi c'ānanya-yogena bhaktir avyabhicāriṇī /
Vivikta-deśa-sevitvam aratir jana-saṁsadi // 11

マイ　チャーナンニャ・ヨーゲーナ　バクティル　アッヴャビチャーリニー / ヴィヴィクタ・デーシャ・セーヴィットヴァム　アラティル　ジャナ・サンサディ //

至高者（私）から決して心を離さず、世俗を離れて静かな処に独居し、俗世間の人々とは無益な交際をしないこと、

Adhyātma-jñāna-nityatvaṁ tattva-jñān'ārtha-darśanam /
Etad jñānam iti proktam ajñānaṁ yad ato'nyathā // 12

アッデャートマ・ジュニャーナ・ニッテャットヴァン　タットヴァ・ジュニャーナールタ・ダルシャナム / エータド　ジュニャーナム　イティ　プロークタム　アジュニャーナン　ヤド　アトーンニャター //

己の本性を悟（さと）ろうと常に努力すること、真の知識の究極の目的は何かを知ること、これこそが真の智慧であり、これに反することは、すべて無知無明である。

Jñeyaṁ yat tat pravakṣyāmi yat jñātv'āmṛtam aśnute /
Anādimat paraṁ brahma na sat tan n'āsad ucyate // 13

ジュネーヤン　ヤト　タト　プラヴァックシャーミ　ヤト　ジュニャートヴァームリタム　アシュヌテー / アナーディマト　パラン　ブラフマ　ナ　サト　タン　ナーサド　ウッチャテー //

さて永遠の生命を得るために、人がどうしても知らねばならぬもの、つまり無始無終の大霊ブラフマンについて説明しよう。まず、それは有と無を超越した存在である。

Sarvataḥ pāṇi-pādaṁ tat sarvato'kṣi-śiro-mukham /
Sarvataḥ śrutimal loke sarvam āvṛtya tiṣṭhati // 14

サルヴァタハ　パーニ・パーダン　タト　サルヴァトークシ・シロー・ムカム / サルヴァタハ　シュルティマル　ローケー　サルヴァム　アーヴリッテャ　ティシュタティ //

あらゆる処にその手や足があり、眼も頭も口もそして耳も、宇宙の

至る処にもっている。つまり、それ（ブラフマン）は、宇宙全体を覆いつくし、充満している。

Sarv'endriya-guṇ'ābhāsaṁ sarv'endriya-vivarjitam /
Asaktaṁ sarva-bhṛc c'aiva nirguṇaṁ guṇa-bhoktṛ ca // 15

サラヴェーンドリヤ・グナーバーサン　サラヴェーンドリヤ・ヴィヴァルジタム / アサクタン　サルヴァ・ブリッ　チャイヴァ　ニルグナン　グナ・ボークトリ　チャ //

それはあらゆる感覚器官の働きの中に現れるが、それ自身は感覚器官を持たず、他と関係なく自立していながら一切のものを支えており、物質性（グナ）を持っていないのに、それのもたらすものをすべて楽しんでいる。

Bahir antaś ca bhūtānām acaraṁ caram eva ca /
Sūkṣmatvāt tad avijñeyaṁ dūrasthaṁ c'āntike ca tat // 16

バヒル　アンタシュ　チャ　ブーターナーム　アチャラン　チャラム　エーヴァ　チャ / スークシュマットヴァート　タド　アヴィジュニェーヤン　ドゥーラスタン　チャーンティケー　チャ　タト //

それ（ブラフマン）は、全てのものの内にも外にも在り、不動でありながら動き、はるか遠くにも極めて近くにも在り、その精妙さはとても肉体感覚では認識できない。

Avibhaktaṁ ca bhūteṣu vibhaktam iva ca sthitam /
Bhūta-bhartṛ ca tat jñeyaṁ grasiṣṇu prabhaviṣṇu ca // 17

アヴィバクタン　チャ　ブーテーシュ　ヴィバクタム　イヴァ　チャ　スティタム / ブータ・バルトリ　チャ　タト　ジュネーヤン　グラシシュヌ　プラバヴィシュヌ　チャ //

それ（ブラフマン）は、完全に一なる存在なのに、あたかも個々に分かれて存在するかのように見え、万生万物の維持者であるのに、一切（全て）を絶滅したり、創造したりしてもいる。

Jyotiṣām api taj jyotis tamasaḥ param ucyate /
Jñānaṁ jñeyaṁ jñāna-gamyaṁ hṛdi sarvasya viṣṭhitam // 18

ジョーティシャーム　アピ　タッジョーティス　タマサハ　パラム　ウッチャテー / ジュニャーナン　ジュニェーヤン　ジュナーナ・ガンミャン　フリディ　サルヴァッシヤ　ヴィシュティタム //

それ（ブラフマン）は、光るものの光源であり、明暗を超えた存在でもある。また知識であり知識の対象でもあり、知識の究極の目的でもあって、個々全ての心臓（フリディ）*の中に住んでいる。

*フリディ＝胸、心臓、心、中心。

Iti kṣetraṁ tathā jñānaṁ jñeyaṁ c'oktaṁ samāsataḥ /
Mad-bhakta etad vijñāya mad-bhāvāy'opapadyate //19

イティ　クシェーットラン　ター　ジュニャーナン　ジュネーヤン　チョークタン　サマーサタハ / マド・バクタ　エータド　ヴィジュニャーヤ　マド・バーヴァーヨーパパッデャテー //

以上のように、場とは何か、知識とは何か、知識の対象とは何かについて、私は簡単に説明した。いま話したことを理解する私の信者だけが、私の至楽（しらく）の境地に入ることができよう。

Prakṛtiṁ puruṣaṁ c'aiva viddhy anādī ubhāvapi /
Vikārāṁś ca guṇāṁś c'aiva viddhi prakṛti-saṁbhavān // 20

プラクリティン　プルシャン　チャイヴァ　ヴィッディ　アナーディー　ウバーヴァピ / ヴィカーラーンシュ　チャ　グナーンシュ　チャイヴァ　ヴィッディ　プラクリティ・サンバヴァーン //

さて物質自然（プラクリティ）と霊魂（プルシャ）*は、ともに無始であることを知り、変化作用（ヴィカーラー）と三性質（トリグナ）*は、ともに物質自然（プラクリティ）から生ずることを知るがいい。

*精神源、生命。
*サットワ、ラジャス、タマス。

Kārya-kāraṇa-kartṛtve hetuḥ prakṛtir ucyate /
Puruṣaḥ sukha-duḥkhānāṁ bhoktṛtve hetur ucyate // 21

カーリヤ・カーラナ・カルトリットヴェー　ヘートフ　プラクリティル　ウッチャテー / プルシャハ　スカ・ドゥフカーナーン　ボークトリットヴェー　ヘートゥル　ウッチャテー //

あらゆる生物の肉体と感覚は、物質自然（プラクリティ）から生ずるが、それらが苦楽を経験するのは、霊魂（プルシャ）が彼らの主体として存在するからである。

Puruṣaḥ prakṛti-stho hi bhuṅkte prakṛti-jān guṇān /

Kāraṇaṁ guṇa-saṅgo'sya sad-asad-yoni-janmasu // 22

プルシャハ　プラクリティ・ストー　ヒ　ブンクテー　プラクリティ・ジャーン　グナーン / カーラナン　グナ・サンゴーッシヤ　サド・アサド・ヨーニ・ジャンマス //

霊魂（プルシャ）は、物質自然（プラクリティ）の中にあって、それから生ずる三性質（トリグナ）と関係を持ち、三性質（トリグナ）との係わり方に応じて、善または悪の子宮の中に宿り、この世に誕生してくる*。

*さまざまな生物の種類と環境。

Upadraṣṭā'numantā ca bhartā bhoktā mah'eśvaraḥ /
Param'ātm'eti c'āpy ukto dehe'smin puruṣaḥ paraḥ // 23

ウパッドラシュターヌマンター　チャ　バルター　ボークター　マヘーシュヴァラハ / パラマートメーティ　チャーピ　ウクトー　デーヘースミン　プルシャハ　パラハ //

この肉体の中には、根本主である至上霊（ルプシャ）が住んでおられ*、至上我（パラマートマー）*とも言われるが、さらに主宰神、全生物の活動の監督者、認可者、保護者、享受者、などとも言われる。

*個我と超魂または個霊と大霊、個体内にはこの二つがあるという考え。
*至上我＝真我＝大霊（ブラフマン）。

Ya evaṁ vetti puruṣaṁ prakṛtiṁ ca guṇaiḥ saha /
Sarvathā vartamāno'pi na sa bhūyo'bhijāyate // 24

ヤ　エーヴァン　ヴェッティ　プルシャン　プラクリティン　チャ　グナイヒ　サハ / サルヴァター　ヴァルタマーノピ　ナ　サ　ブーヨビジャーヤテー //

霊魂（プルシャ）と物質自然（プラクリティ）、またその三性質（トリグナ）の相互作用を理解する人は、現在どんな生き方をしていようと、決して地上に再生することはない*。

*自己の本性を知った人。つまり梵我一如を大悟した人は解脱自由を得る。

Dhyānen'ātmani paśyanti kecid ātmānam ātmanā /
Anye sāṅkhyena yogena karma-yogena c'āpare // 25

ディャーネーナートマニ　パッシャンティ　ケーチド　アートマーナム　アートマナー / アンニェー　サーンキイェーナ　ヨーゲーナ　カルマ・ヨーゲーナ　チャーパレー //

或る人は瞑想禅定を通じ純粋な心によって至上我（アートマーン）を覚り、或る人は理論哲学（サーンキャ）の知識によって悟り、また或る人は果報を求めぬ行為を通じて至上我（アートマーン）を見る*こととなる。

*それぞれラージャ・ヨーガ、ジュニャーナ・ヨーガ、カルマ・ヨーガの方法を指す。

Anye tvevam ajānantaḥ śrutvā'nyebhya upāsate /
Te'pi c'ātitaranty eva mṛtyuṁ śruti-parāyaṇāḥ // 26

アンニェー　トヴェーヴァム　アジャーナンタハ　シュルット
ヴァーンニェーッビャ　ウパーサテー / テーピ　チャーティータラ
ンティ　エーヴァ　ムリッテュン　シュルティ・パラーヤナーハ //

また或る人は、このような方法を一切知らないものの、他人から教えてもらって至高者を拝み始めるが、その教えを最高の拠り所として実践することにより、生死の鎖から解放される*。

*永遠の生命を得ること。本来、永遠の生命なのだが、生まれたり死んだりするものと錯覚し苦悩しているのが、無明無智の人々。

Yāvat sañjāyate kiñcit sattvaṁ sthāvara-jaṅgamam /
Kṣetra-kṣetrajña-saṁyogāt tad viddhi bharata'rṣabha // 27

ヤーヴァト　サンジャーヤテー　キンチト　サットヴァン　スター
ヴァラ・ジャンガマム / クシェーットラ・クシェーットラジュニャ・
サンヨーガート　タド　ヴィッディ　バラタルシャバ //

バーラタ族の最も優れた者（アルジュナ）よ！ 動くものも動かぬものも、生まれ出たものはことごとく、場（肉体）とその認識者（霊魂）との結合によるものであることを知りなさい。

Samaṁ sarveṣu bhūteṣu tiṣṭhantaṁ param'eśvaram /
Vinaśyatsv avinaśyantaṁ yaḥ paśyati sa paśyati // 28

サマン　サルヴェーシュ　ブーテーシュ　ティシュタンタン　パラ
メーシュヴァラム / ヴィナッシャツ アヴィナッシヤンタン　ヤハ
パッシヤティ　サ　パッシヤティ //

そしてすべての生物のなかにひとしく至上主（パラメーシュワラ）*が存在すると見る人は、必滅の体や現象の中に、不滅なるものが存在するという実相を見ているのだ。

＊至上神＝ブラフマンの神格化＝仏教の如来。

Samaṁ paśyan hi sarvatra samavasthitam īśvaram /
Na hinasty ātmanā'tmānaṁ tato yāti parāṁ gatim // 29

サマン　パッシヤン　ヒ　サラヴァットラ　サマヴァスティタム　イーシュヴァラム / ナ　ヒナスティ　アートマナートマーナン　タトー　ヤーティ　パラーン　ガティム //

あらゆる所にひとしく至上主が存在すると見る人は、決して自分で自分を傷つけることなく、まっすぐに至高の目的地へと向かっていく。

Prakṛty'aiva ca karmāṇi kriyamāṇāni sarvaśaḥ /
Yaḥ paśyati tathā'tmānam akartāraṁ sa paśyati // 30

プラクリッテャイヴァ　チャ　カルマーニ　クリヤマーナーニ　サルヴァシャハ / ヤハ　パッシヤティ　タタートマーナム　アカルターラン　サ　パッシヤティ //

すべての行為（カルマ）は、物質自然（プラクリティ）によってつくられた肉体が行うのであって、自己の本体（アートマン）とは無関係なのだと知る人は、物事の本質や実相を見抜いている。

Yadā bhūta-pṛthag-bhāvam eka-stham anupaśyati /
Tata eva ca vistāraṁ brahma saṁpadyate tadā // 31

ヤダー　ブータ・プリタグ・バーヴァム　エーカ・スタム　アヌパッシヤティ / タタ　エーヴァ　チャ　ヴィスターラン　ブラフマ　アンパッデャテー　タダー //

万有の個々の存在は本来一なるものであり、その一なるものが展開して千差万別に見えるのだと悟ったとき、その人はブラフマンと一体となる。

Anāditvān nirguṇatvāt paramātmā'yam avyayaḥ /
Śarīra-stho'pi kaunteya na karoti na lipyate // 32

アナーディットヴァーン　ニルグナットヴァート　パラマートマーヤム　アッヴャヤハ / シャリーラ・ストーピ　カウンテーヤ　ナ　カローティ　ナ　リッピャテー //

この至上我（パラマートマ）は不滅不変であり、物質自然（プラクリティ）の性質作用を超越している。それ故、クンティー妃の息子よ！　私は肉体の中に在るのに、何事もなさず、行為のいかなる影響も受けることはない。

Yathā sarva-gataṁ saukṣmyād ākāśaṁ n'opalipyate /
Sarvatr'āvasthito dehe tathā'tmā n'opalipyate // 33

ヤター　サルヴァ・ガタン　サウクシュミャード　アーカーシャン　ノーパリッピャテー / サルヴァットラーヴァスティトー　デーヘー　タタートマー　ノーパリッピャテー //

エーテル（アーカーシャ）は、到る処にあるが、その精妙さの故にどんな物にも汚されることがないように、霊魂（アートマ）もまた、体の中の至る処に存在するが、何ものにも影響され、汚されるということはない。

Yathā prakāśayaty ekaḥ kṛtsnaṁ lokaṁ imaṁ raviḥ /
Kṣetraṁ kṣetrī tathā kṛtsnaṁ prakāśayati bhārata // 34

ヤター　プラカーシャヤティ　エーカハ　クリツナン　ローカン　イマン　ラヴィヒ / クシェーットラン　クシェットリー　タター　クリツナン　プラカーシャヤティ　バーラタ //

一つの太陽がこの全世界を照らしているように、場（肉体）の中にある至上我（霊魂）も場（体）の全部を隅々まで照らしているのだ。バーラタ王の子孫（アルジュナ）よ！

Kṣetra-kṣetrajñayor evam antaraṁ jñāna-cakṣuṣā /
Bhūta-prakṛti-mokṣaṁ ca ye vidur yānti te param // 35

クシェーットラ・クシェーットラジュニャヨール　エーヴァム　アンタラン　ジュニャーナ・チャクシュシャー / ブータ・プラクリティ・モークシャン　チャ　イェー　ヴィドゥル　ヤーンティ　テー　パラム //

智慧の眼を開いて、場（肉体）と場の認識者（霊魂）との相違を見極め、物質自然（プラクリティ）の鎖から脱出する方法を知った人は、至上者のもとに必ず到達する。』と。

Iti Kṣetrakṣetrajñavibhāgayogaḥ nāma trayodaśo'dhyāyaḥ

イティ　クシェーットラ・クシェーットラジュニャ・ヴィバーグ・ヨーガハ
ナーマ　トラヨーダショーッデャーヤハ

Caturdaśo'dhyāyaḥ: Guṇatrayavibhāgayogaḥ
チャトゥルダショーッデャーヤハ：グナットラヤ・ヴィバーグ・ヨーガハ

第１４章　物質自然の三性質識別の道

Śrī Bhagavān uvāca:
Paraṁ bhūyaḥ pravakṣyāmi jñānānāṁ jñānam uttamam /
Yaj jñātvā munayaḥ sarve parāṁ siddhim ito gatāḥ // 1

シュリー　バガヴァーン　ウヴァーチャ：
パラン　ブーヤハ　プラヴァックシャーミ　ジュニャーナーン　ジュニャーナム　ウッタマム / ヤッ　ジュニャーットヴァー　ムナヤハ　サルヴェー　パラーン　シッディム　イトー　ガターハ //

至高者が語られます。『私はもう一度君に最高の知識を話して聞かせよう。それによって聖者達がことごとくこの世の束縛から解放され完成の域に達したという、その最高の知識を。

Idaṁ jñānam upāśritya mama sādharmyam āgatāḥ /
Sarge'pi n'opajāyante pralaye na vyathanti ca // 2

イダン　ジュニャーナム　ウパーシュリッテャ　ママ　サーダルンミャム　アーガターハ / サルゲーピ　ノーパジャーヤンテー　プライェー　ナ　ヴャタンティ　チャ //

その知識を体得することによって私と同じ状態になった人は、宇宙が創造される時にも生まれることがなく、破壊される時にも滅びの悲哀を味わうことはない。

Mama yonir mahad brahma tasmin garbhaṁ dadhāmy aham /
Saṁbhavaḥ sarva-bhūtānāṁ tato bhavati bhārata // 3

ママ　ヨーニル　マハド　ブラフマ　タスミン　ガルバン　ダダーミ　アハム / サンバヴァハ　サルヴァ・ブーターナーン　タトー　バヴァティ　バーラタ //

大いなるブラフマンは私の子宮であって、その中に私は種を蒔き、そこからあらゆる生物が生まれ出てくるのだ。バーラタ王の子孫（アルジュナ）よ！

Sarva-yonişu kaunteya mūrtayaḥ saṁbhavanti yāḥ /
Tāsāṁ brahma mahad yonir ahaṁ bīja-pradaḥ pitā // 4

サルヴァ・ヨーニシュ　カウンテーヤ　ムールタヤハ　サンバヴァンティ　ヤーハ / ターサーン　ブラフマ　マハド　ヨーニル　アハン　ビージャ・プラダハ　ピター //

クンティー妃の息子（アルジュナ）よ！ いかなる生命体も、すべて子宮から生まれてくるが、その子宮とは、大いなるブラフマンであり、私はその中に種をまく父なのだ。

Sattvaṁ rajas tama iti guṇāḥ prakṛti-saṁbhavāḥ /
Nibadhnanti mahā-bāho dehe dehinam avyayam // 5

サットヴァン　ラジャス　タマ　イティ　グナーハ　プラクリティ・サンバヴァーハ / ニバドナンティ　マハー・バーホー　デーへー　デーヒナム　アッヴャヤム //

サットワ、ラジャス、タマスの三性質は、すべてプラクリティから生じ、不滅の霊魂（魂）*を体にしっかりと縛りつけているのだ。勇者アルジュナよ！

*個生命。

Tatra sattvaṁ nirmalatvāt prakāśakam anāmayam /
Sukha-saṅgena badhnāti jñāna-saṅgena c'ānagha // 6

タットラ　サットヴァン　ニルマラットヴァート　プラーカーシャカム　アナーマヤム / スカ・サンゲーナ　バドナーティ　ジュニャーナ・サンゲーナ　チャーナガ //

これらの中でサットワは、清らかで光り輝く無垢（むく）の性質ではあるが、幸福を求め知識に憧（あこが）れるということで肉体をまとった魂を束縛する。おお、罪無き者（アルジュナ）よ！

Rajo rāg'ātmakaṁ viddhi tṛṣṇā-saṅga-samudbhavam /
Tan nibadhnāti kaunteya karma-saṅgena dehinam // 7

ラジョー　ラーガートマカン　ヴィッディ　トリシュナー・サンガ・サムッドバヴァム / タン　ニバドナーティ　カウンテーヤ　カルマ・サンゲーナ　デーヒナム //

またラジャスは、情熱の性質であるが、欲求と執着の心を生じ、人を物質的利益*のある仕事に縛りつけることを知るがいい。おお、クンティー妃の息子（アルジュナ）よ！

*名誉と利得。

Tamas tu ajñāna-jaṁ viddhi mohanaṁ sarva-dehinām /
Pramād'ālasya-nidrābhis tan nibadhnāti bhārata // 8

タマス　トゥ　アジュニャーナ・ジャン　ヴィッディ　モーハナン　サルヴァ・デーヒナーム / プラマーダーラッシヤ・ニッドラービス　タン　ニバドナーティ　バーラタ //

さらにタマスは、無知から生じ、肉体を持つあらゆる者を惑わすし、誤解、怠惰、多眠という性向によって、人の霊魂を縛りつけてしまう、ということを知るがいい。おお、バーラタ王の子孫（アルジュナ）よ！

Sattvaṁ sukhe sañjayati rajaḥ karmaṇi bhārata /
Jñānam āvṛtya tu tamaḥ pramāde sañjayaty uta // 9

サットヴァン　スケー　サンジャヤティ　ラジャハ　カルマニ　バーラタ / ジュニャーナム　アーヴリッテャ　トゥ　タマハ　プラマーデー　サンジャヤティ　ウタ //

サットワは人を幸福に結び付け、ラジャスは人を仕事に結び付けるが、タマスは人の識別力を曇らせ、誤謬に結び付けてしまう。バーラタ王の子孫（アルジュナ）よ！

Rajas tamaś c'ābhibhūya sattvaṁ bhavati bhārata /
Rajaḥ sattvaṁ tamaś c'aiva tamaḥ sattvaṁ rajas tathā // 10

ラジャス　タマシュ　チャービブーヤ　サットヴァン　バヴァティ　バーラタ / ラジャハ　サットヴァン　タマシュ　チャイヴァ　タマハ　サットヴァン　ラジャス　ター //

おおバーラタ王の子孫（アルジュナ）よ！　時にはサットワが優勢でラジャスとタマスを制したり、時にはラジャスが優勢でサットワとタマスを抑えたり、またある時はタマスがサットワとラジャスを支配したりする。

Sarva-dvāreṣu dehe'smin prakāśa upajāyate /
Jñānaṁ yadā tadā vidyād vivṛddhaṁ sattvam ity uta // 11

サルラヴァ・ドヴァーレーシュ　デーヘスミン　プラカーシャ　ウパジャーヤテー / ジュニャーナン　ヤダー　タダー　ヴィッデャード　ヴィヴリッダン　サットヴァム　イティ　ウタ //

肉体のあらゆる感覚器官（目耳鼻口肛門生殖器など）を通して、智慧の光が輝き出るのは、サットワが優勢な時である、と知るがいい。

Lobhaḥ pravṛttir-ārambhaḥ karmaṇām aśamaḥ spṛhā /
Rajasy etāni jāyante vivṛddhe bharatarṣabha // 12

ローバハ　プラヴリッティル・アーランバハ　カルマナーム　アシャマハ　スプリハー / ラジャシ　エーターニ　ジャーヤンテ　ヴィヴリッデー　バラタルシャバ //

また、物事に対する強烈な執着、活動の意欲、仕事への野心、焦燥感（しょうそうかん）、熱望などが心に生じるのは、ラジャスが優勢な時である。バーラタ族の勇者（アルジュナ）よ！

Aprakāśo'pravṛttiś ca pramādo moha eva ca /
Tamasy etāni jāyante vivṛddhe kuru-nandana // 13

アップラカーショープラヴリッティシュ　チャ　プラマードー　モーハ　エーヴァ　チャ / タマシ　エーターニ　ジャーヤンテー　ヴィヴリッデー　クル・ナンダナ //

さらに、陰気さ、無気力さ、誤解、迷いなどが現れるのは、タマスが優勢な時である。クル族の子孫（アルジュナ）よ！

Yadā sattve pravṛddhe tu pralayaṁ yāti deha-bhṛt /
Tadottama-vidāṁ lokān amalān pratipadyate // 14

ヤダー　サットヴェー　プラヴリッデー　トゥ　プララヤン　ヤーティ　デーハ・ブリト / タドーッタマ・ヴィダーン　ローカーン　アマラーン　プラティパッデャテー //

サットワが優勢の時に肉体が死を迎えたならば、その人の魂は、至高者を知る人達の住む清らかな世界へと上がっていく。

Rajasi pralayaṁ gatvā karma-saṅgiṣu jāyate /
Tathā pralīnas tamasi mūḍha-yoniṣu jāyate // 15

ラジャシ　プララヤン　ガットヴァー　カルマ・サンギシュ　ジャーヤテー / タター　プラリーナス　タマシ　ムーダ・ヨーニシュ　ジャーヤテー //

ラジャスの支配下で肉体が死んだ時には、その魂は仕事に追われる人々の世界に生まれ、タマスの支配下で肉体が死んだ時には、その魂は無知な女の胎内に宿ることとなる。

Karmaṇaḥ sukṛtasy'āhuḥ sāttvikaṁ nirmalaṁ phalam /
Rajasas tu phalaṁ duḥkham ajñānaṁ tamasaḥ phalam // 16

カルマナハ　スックリタッシヤーフフ　サーットヴィカン　ニルマラン　ファラム / ラジャサス　トゥ　ファラン　ドゥフカム　アジュニャーナン　タマサハ　ファラム //

サットワによる行動の結果は、善美で清らかであるが、ラジャスによる行動の結果は苦痛であり、タマスによる行動の結果は無知蒙昧(むちもうまい)である。

Sattvāt sañjāyate jñānaṁ rajaso lobha eva ca /
Pramāda-mohau tamaso bhavato'jñānam eva ca // 17

サットヴァート　サンジャーヤテー　ジュニャーナン　ラジャソーローバ　エーヴァ　チャ / プラマーダ・モーハウ　タマソー　バヴァトージュニャーナム　エーヴァ　チャ //

サットワからは真実の智識が生じ、ラジャスからは貪欲が生じ、そしてタマスからは誤謬(ごびゅう)と愚鈍(ぐどん)と無知が生じる。

Ūrdhvaṁ gacchanti sattva-sthā madhye tiṣṭhanti rājasāḥ /
Jaghanya-guṇa vṛtti-sthā adho gacchanti tāmasāḥ // 18

ウールドヴァン　ガッチャンティ　サットヴァ・スター　マッデーティシュタンティ　ラージャサーハ / ジャガンニャ・グナ　ヴリッティ・スター　アドー　ガッチャンティ　ターマサーハ //

サットワに生きる人々は次第に高い世界に上がり、ラジャスに生きる者達はこの世界に留まり、いまわしいタマスに生きる者達は、地獄のような世界へと落ちていく。

N'ānyaṁ guṇebhyaḥ kartāraṁ yadā draṣṭā'nupaśyati /
Guṇebhyaś ca paraṁ vetti mad-bhāvaṁ so'dhigacchati // 19

ナーニャン　グネーッビャハ　カルターラン　ヤダー　ドラシュターヌパッシヤティ / グネーッビャシュ　チャ　パラン　ヴェッティ　マド・バーヴァン　ソーディガッチャティ //

全ての行為は自分がするのではなく、これら三性質の作用にほかならぬ事を知り、しかも至上主はこれら三性質を超越した存在であることを知る人は、私のもとへと到達する。

Guṇān etān atītya trīn dehī deha-samudbhavān /
Janma-mṛtyu-jarā-duḥkhair vimukto'mṛtam aśnute // 20

グナーン　エーターン　アテーッテャ　トリーン　デーヒー　デーハ・サムッドバヴァーン / ジャンマ・ムリットュ・ジャラー・ドゥフカイル　ヴィムクトームリタム　アシュヌテー //

肉体をまとった霊魂が、その肉体を発生させる三性質を超越した時、誕生と老と死の苦より解脱し、物質界（このよ）にいるうちから不死の状態を獲得するのだ。』と。

Arjuna uvāca:
Kair liṅgais trīn guṇān etān atīto bhavati prabho /
Kim ācāraḥ kathaṁ c'aitāṁs trīn guṇān ativartate // 21

アルジュナ　ウヴァーチャ：
カイル　リンガイス　トリーン　グナーン　エーターン　アティートー　バヴァティ　プラボー / キム　アチャーラハ　カタン　チャイターンス　トリーン　グナーン　アティヴァルタテー //

そこでアルジュナが問います。『主よ！ 三性質を超越した人の特徴（しるし）を何とぞお教え下さい。その人はどんな生活をし行動をするのか、またどのようにして三性質を超越（乗り越え）るのかを？』と。

Śrī Bhagavān uvāca:
Prakāśaṁ ca pravṛttiṁ ca moham eva ca pāṇḍava /
Na dveṣṭi sampravṛttāni na nivṛttāni kāṅkṣati // 22

シュリー　バガヴァーン　ウヴァーチャ：
プラカーシャン　チャ　プラヴリッティン　チャ　モーハム　エーヴァ　チャ　パーンダヴァ / ナ　ドヴェーシュティ　サンプラヴリッターニ　ナ　ニヴリッターニ　カーンクシャティ //

至高者がお答えになります。『パーンドゥの息子（アルジュナ）よ！サットワの光輝、ラジャスの努力、またタマスの迷妄（めいもう）が現われても、それを厭（いと）わず、消えても追求しない人、

Udāśīnavad āśīno guṇair yo na vicālyate /
Guṇā vartanta ity eva yo'vatiṣṭhati n'eṅgate // 23

ウダーシーナヴァド　アーシーノー　グナイル　ヨー　ナ　ヴィチャーリャテー / グナー　ヴァルタンタ　イティ　エーヴァ　ヨーヴァティシタティ　ネーンガテー //

これら三性質の作用に影響されることなく、働いているのは三性質のみなりと静観し、それらから超然として不偏（ふへん）中立を保つ人、

Sama-duḥkha-sukhaḥ svasthaḥ sama-loṣṭāśma kāñcanaḥ /
Tulya-priy'āpriyo dhīras tulya-nind'ātma-saṁstutiḥ // 24

サマ・ドゥフカ・スカハ　スヴァスタハ　サマ・ローシュターシュマ　カーンチャナハ / トゥッリヤ・プリヤープリヨー　ディーラス　トゥッリヤ・ニンダートマ・サンストゥティヒ //

真我に定住して苦と楽とを区別せず、土塊（つちくれ）も石も黄金（こがね）も同等に見て、全ての事物に好悪の感情をおこさず、賞讃と非難、名誉と不名誉に心を動かさぬ人、

Mānāpamānayos tulyas tulyo mitr'āri-pakṣayoḥ /
Sarv'āraṁbha-parityāgī guṇ'ātītaḥ sa ucyate // 25

マーナーパマーナヨース　トゥッリヤス　トゥッリヨー　ミットラーリ・パックシャヨーホ / サルヴァーランバ・パリッテャーギーグナーティータハ　サ　ウッチャテー //

名誉と不名誉に心動かさず、友と敵を同じように扱い、仕事に対するいかなる野心も捨てた人、以上のような人は、これら三性質を超

越した人、と言えよう。

Māṁ ca yo'vyabhicāreṇa bhakti-yogena sevate /
Sa guṇān samatīty'aitān brahma-bhūyāya kalpate // 26

マーン　チャ　ヨーッヴャビチャーレーナ　バクティ・ヨーゲーナ　セーヴァテー / サ　グナーン　サマティーッテャイターン　ブラフマ・ブーヤーヤ　カルパテー //

不動の信仰心をもって私に仕える人こそ、これら三性質を乗り超え、遂にはブラフマンに到達する資格を有する人、なのだ。

Brahmaṇo hi pratiṣṭhā'ham amṛtasy'āvyayasya ca /
Śāśvatasya ca dharmasya sukhasy'aikāntikasya ca // 27

ブラフマノー　ヒ　プラティシュターハム　アムリタッシヤーヴャヤッシヤ　チャ / シャーシュヴァタッシヤ　チャ　ダラマッシヤ　スカッシヤイカーンティカッシヤ　チャ //

何故ならば、私こそがブラフマンの住居であり、即ち不死不滅の至高者であり、永遠の法則（ダルマ）であり、絶対の幸福*だからである』と。

*幸・不幸、悲・喜等の相対を超越した大歓喜。ブラフマンの本質をサッチーダナンダという。永遠の実在（サット）、完全円満な智慧（チット）、絶対至福（アーナンダ）。

Iti Guṇatrayavibhāgayogaḥ nāma caturdaśo'dhyāyaḥ

イティ　グナットラヤ・ヴィバーグ・ヨーガハ
ナーマ　チャトゥルダショーッデャーヤハ

Pañcadaśo'dhyāyaḥ: Puruṣottamayogaḥ
パンチャダソーッデャーヤハ：プルショーッタマ・ヨーガハ
第１５章　超越霊（滅・不滅を超越した普遍存在）の道

Śrī Bhagavān uvāca:
Ūrdhva-mūlam adhaḥ-śākham aśvatthaṁ prāhur avyayam /
Chandāṁsi yasya parṇāni yas taṁ veda sa veda-vit // 1

シュリー　バガヴァーン　ウヴァーチャ：
ウールドヴァ・ムーラム　アダハ・シャーカム　アシュヴァッタン　プラーフル　アッヴャヤム / チャンダーンシ　ヤッシャ　パルナーニ　ヤス　タン　ヴェーダ　サ　ヴェーダ・ヴィト //

至高者が語られます。『根は上に枝は下にあり、葉一枚一枚がヴェーダの讃歌で、決して枯れぬ菩提樹（アシュワッタ）があると言われているが、この樹を知る人こそ全ヴェーダを知っている人である。

Adhaśc'ordhvaṁ prasṛtās tasya śākhāḥ
guṇa-pravṛddhā viṣaya-pravālāḥ /
Adhaś ca mūlāny anusantatāni
karm'ānubandhīni maṇuṣya-loke // 2

アダシュチョールドヴァン　プラスリタース　タッシヤ　シャーカーハ / グナ・プラヴリッダー　ヴィシャヤ・プラヴァーラーハ / アダシュ　チャ　ムーラーニ　アヌサンタターニ / カルマーヌバンディーニ　マヌッシャ・ローケー //

菩提樹の枝は、物質自然の三性質の栄養分を吸収して上下に拡がり、感覚の対象がその若芽となっている。またこの樹には、下方の人間世界に伸びていく根があって、様々な俗世の仕事と絡み合っている。

Na rūpam asy'eha that'opalabhyate
n'ānto na c'ādir na ca saṁpratiṣṭhā /
Aśvattham enaṁ suvirūḍha-mūlam
asaṅga-śastreṇa dṛḍhena chittvā // 3

ナ　ルーパム　アシエーハ　タトーパラッビャテー / ナーントー　ナチャーディル　ナ　チャ　サンプラティシュター / アシュヴァッタム　エーナン　スヴィルーダ・ムーラム / アサンガ・シャストレーナ　ドリデーナ　チットヴァー //

この俗世界に住む者には、この樹の姿が見えず、初めも終わりも根ざす所も全くわからない。そこで人は大決心をし、“無執着”の斧をふりあげてこの頑強な根をもつ菩提樹を切り倒し、

Tataḥ padaṁ tat parimārgitavyaṁ
yasmin gatā na nivartanti bhūyaḥ /
Tam eva c'ādyaṁ puruṣaṁ prapadye
yataḥ pravṛttiḥ prasṛtā purāṇī // 4

タタハ　パダン　タト　パリマールギタッヴァン / ヤスミン　ガターナ　ニヴァルタンティ　ブーヤハ / タム　エーヴァ　チャーッデャン　プルシャン　プラパッディエー / ヤタハ　プラヴリッティヒ　プラスリター　プラーニー //

そこからは二度と戻っては来ないような最終境地を目指して進んで行かねばならぬ。一切の活動がそこから始まり永遠に展開していく大元神霊（プルシャ）*に、己の全てを托する、と言いながら。

*至上神を指す名前は宗教によって異なる。

Nirmāna-mohā-jita-saṅga-doṣā
adhyātma-nityā vinivṛtta-kāmāḥ /
Dvandvair vimuktāḥ sukha-duḥkha-saṁjñair
gacchanty amūḍhāḥ padam avyayaṁ tat // 5

ニルマーナ・モーハー・ジタ・サンガ・ドーシャー / アッデャートマ・ニッテャー　ヴィニヴリッタ・カーマーハ / ドヴァンドヴァイル　ヴィムクターハ　スカ・ドゥフカ・サンジュナイル / ガッチャンティ　アムーダーハ　パダム　アッヴャヤン　タト //

名声を求めず妄想を払い除けた人、執着心を克服し無欲になった人、苦楽の二元性を超越して真我に安住する人、至上神に己を全托する人、このような人々は、究極の目的地たる永遠の楽土（らくど）に必ず入る。

Na tad bhāsayate sūryo na śaśāṅko na pāvakaḥ /
Yad gatvā na nivartante tad dhāma paramaṁ mama // 6

ナ　タド　バーサヤテー　スールヨー　ナ　シャシャーンコー　ナ　パーヴァカハ / ヤド　ガットヴァー　ナ　ニヴァルタンテー　タド　ダーマ　パラマン　ママ //

私の住む至高妙楽の住処（すみか）とは、太陽も月も火も灯明も必要とせず、自ら光り輝いている処であり、一度ここに来た人は、再び物質界に戻ることは決してない。

Mam'aiv'āmśo jīva-loke jīva-bhūtaḥ sanātanaḥ /
Manaḥ-ṣaṣṭhānī'ndriyāṇi prakṛti-sthāni karṣati // 7

ママイヴァーンショー　ジーヴァ・ローケー　ジーヴァ・ブータハ　サナータナハ / マナハ・シャシュターニーンドリヤーニ　プラクリティ・スターニ　カルシャティ //

私自身の不滅の一部分が、物質世界（このよ）の生物に内在（やど）る霊魂となっているが、それが、物質自然（プラクリティ）の中にある五つの感覚と心とを、引き寄せている。

Śarīraṁ yad avāpnoti yac c'āpy utkrāmat'īśvaraḥ /
Gṛhītv'aitāni saṁyāti vāyur gandhān iv'āśayāt // 8

シャリーラン　ヤド　アヴァープノーティ　ヤッ　チャーピ　ウクラーマティーシュヴァラハ / グリヒーットヴァイターニ　サンヤーティ　ヴァーユル　ガンダーン　イヴァーシャヤート

霊魂（それ）は、肉体を纏（まと）ったり、捨てたりするとき、感覚や心を引き寄せて他所（よそ）へ運んでいくが、それは、ちょうど風が花から芳香（かおり）をとって他所（よそ）へ運んでいくようなものだ。

Śrotraṁ cakṣuḥ sparśanaṁ ca rasanaṁ ghrāṇam eva ca /
Adhiṣṭhāya manaś c'āyaṁ viṣayān upasevate // 9

シュロートラン　チャクシュフ　スパルシャナン　チャ　ラサナン　グラーナム　エーヴァ　チャ / アディシターヤ　マナシュ　チャーヤン　ヴィシャヤーン　ウパセーヴァテー //

霊魂（それ）はこのようにして、耳眼舌鼻触覚と意（心）を統括し、それらを通して様々な対象を、見、聞き、触り、味わい、嗅ぎ、考える、という経験をする。

Utkrāmantaṁ sthitaṁ vā'pi bhuñjānaṁ vā guṇ'ānvitam /
Vimūḍhā n'ānupaśyanti paśyanti jñāna-cakṣuṣaḥ // 10

ウトクラーマンタン　スティタン　ヴァーピ　ブンジャーナン　ヴァー　グナーンヴィタム / ヴィムーダー　ナーヌパッシャンティ　パッシャティ　ジュニャーナ・チャクシュシャハ //

霊魂が、物質自然の三性質とともに、ある肉体から他の肉体に移ったり、同じ肉体に留まったり、あるいはいろいろな対象を経験したりするのが、迷える者には見えないが、智慧の眼をもつ者には見える。

Yatanto yoginaś c'ainaṁ paśyanty ātmany avasthitam /
Yatanto'py akṛt'ātmāno n'ainaṁ paśyanty acetasaḥ // 11

ヤタントー　ヨーギナシュ　チャイナン　パッシャンティ　アートマニ　アヴァスティタム / ヤタントーピ　アクリタートマーノー　ナイナン　パッシャンテイ　アチェータサハ

修行する求道者達は、自己の本性を覚り、霊魂が自分の中に宿っているのを見るのだが、未熟で自覚に到らぬ者達は、たとえどんなに努力しても、不滅の霊魂を見ることはない。

Yad āditya-gataṁ tejo jagad bhāsayate'khilam /
Yac candramasi yac cāgnau tat tejo viddhi māmakam // 12

ヤド　アーディッテャ・ガタン　テージョー　ジャガド　バーサヤテーキラム / ヤッ　チャンドラマシ　ヤッ　チャーグナウ　タッテージョー　ヴィッディ　マーマカム //

全世界を照らす太陽の光は、私から発しているのであり、月の光も火の輝きも、すべて私から発しているのだ。

Gām āviśya ca bhūtāni dhārayāmy aham ojasā /
Puṣṇāmi c'auṣadhīḥ sarvāḥ somo bhūtvā ras'ātmakaḥ // 13

ガーム　アヴィッシヤ　チャ　ブーターニ　ダーラヤーミ　アハム　オージャサー / プシュナーミ　チャウシャディーヒ　サルヴァーハ　ソーモー　ブーットヴァー　ラサートマカハ //

私は、地球の中に入っては、私のエネルギーでそれを支え、水気を含む月となっては、大地の薬草を育て上げる。

Ahaṁ vaiśvānaro bhūtvā prāṇināṁ deham āśritaḥ /
Prāṇ'āpāna-samāyuktaḥ pacāmy annaṁ catur-vidham // 14

アハン　ヴァイシュヴァーナロー　ブーットヴァー　プラーニナーン　デーハム　アーシュリタハ / プラーナーパーナ・サマーユクタハ　パチャーミ　アンナン　チャトゥル・ヴィダム //

私は、生物の体の中に入って生命力の火となり、吸気（プラーナ）と呼気（アパーナ）に合し、体内に入ってくる四種類の食物を消化する。

Sarvasya c'āhaṁ hṛdi sanniviṣṭo
mattaḥ smṛtir jñānam apohanaṁ ca /
Vedaiś ca sarvair aham eva vedyo
vedānta-kṛd veda-vid eva c'āham // 15

サルラヴァッシヤ　チャーハン　フリディ　サンニヴィシュシトー / マッタハ　スムリティル　ジュニャーナム　アポーハナン　チャ / ヴェーダイシュ　チャ　サルヴァイル　アハム　エーヴァ　ヴェーッデョー / ヴェーダーンタ・クリド　ヴェーダ・ヴィド　エーヴァ　チャーハム //

私は全人類の心臓（むね）に住み、彼らに記憶と認識と忘却を与える。全ヴェーダは私を知るためのものであり、私はヴェーダを悉（ことごと）く知っており、ヴェーダンタの作者でもある。

Dvāv imau puruṣau loke kṣaraś c'ākṣara eva ca /
Kṣaraḥ sarvāṇi bhūtāni kūṭa-stho'kṣara ucyate // 16

ドヴァーヴ　イマウ　プルシャウ　ローケー　クシャラシュ　チャークシャラ　エーヴァ　チャ / クシャラハ　サルヴァーニ　ブーターニ　クータ・ストークシャラ　ウッチャテー //

この宇宙には、二種類の元霊体（プルシャ）──必滅のものと不滅のもの──がある。物質界の万物は無常にして必滅であり、神霊界のものはすべて常住不滅である。

Uttamaḥ puruṣas tu anyaḥ param'ātm'ety udāhṛtaḥ /
Yo loka-trayam āviśya vibharty avyaya īśvaraḥ // 17

ウッタマハ　プルシャス　トゥ　アンニャハ　パラマートメーティ　ウダーフリタハ / ヨー　ローカー・トラヤム　アーヴィッシャ　ビバルティ　アッヴャヤ　イーシュヴァラハ //

しかし、これら二つのものを超越した、至高の大霊が実在する。それは至上我（パラマートマ）とも呼ばれる不変不滅の主であり、宇宙三界に遍在して、それを支えている。

Yaśmāt kṣaram atīto'ham akṣarād api c'ottamaḥ /
Ato'smi loke vede ca prathitaḥ puruṣ'ottamaḥ // 18

ヤスマート　クシャラム　アティートーハム　アクシャラード　アピ　チョーッタマハ / アトースミ　ローケー　ヴェーデー　チャ　プラティタハ　プルショッタマハ //

私こそ滅不滅を超越した実在者に他ならず、私は全世界からも、またヴェーダ文典においても、至上主（プルショーッタム）*と呼ばれ、崇（あが）め讃（たた）えられている。

*または至高者、至上霊。

Yo mām evam asaṁmūḍho jānāti puruṣ'ottamam /
Sa sarvavid bhajati māṁ sarva bhāvena bhārata // 19

ヨー　マーム　エーヴァム　アサンムードー　ジャーナーティ　プルショーッタマム / サ　サルヴァヴィド　バジャティ　マーン　サルヴァ　バーヴェーナ　バーラタ //

私を迷うことなく至上主（プルショーッタム）であると受け取る人は、全てを知る人であり、バーラタ王の子孫（アルジュナ）よ！　その人は、私を全身全霊で礼拝し私に仕えるであろう。

Iti guhyatamaṁ śāstram idam uktaṁ mayā'nagha /
Etad buddhvā buddhimān syāt kṛta-kṛtyaś ca bhārata // 20

イティ　グッヒャタマン　シャーストラム　イダム　ウクタン　マヤーナガ / エータド　ブッドヴァー　ブッディマーン　シヤート　クリタ・クリッテャシュ　チャ　バーラタ //

おお罪無き者よ！　これまで私は最も深遠な真理を説いてきたが、これを理解する者は誰でも最高の賢者となり、為すべき事を完全に果たしたこととなるであろう。おおバーラタ王の子孫（アルジュナ）よ！』と。

Iti Puruṣottamayogaḥ nāma pañcadaśo'dhyāyaḥ

イティ　プルショーッタマ・ヨーガハ
ナーマ　パンチャダソーッデャーヤハ

Ṣoḍaśo'dhyāyaḥ: Daivāsurasampadvibhāgayogaḥ

ショーダショーッデャーヤハ：
ダイヴァースラ・サンパッド・ヴィバーガ・ヨーガハ

第１６章　神性と魔性を識別する道

Śrī Bhagavān uvāca:
Abhayaṁ sattva-saṁśuddhir jñāna-yoga-vyavasthitiḥ /
Dānaṁ damaś ca yajñaś ca svādhyāyas tapa ārjavam // 1

シュリー　バガヴァーン　ウヴァーチャ：
アバヤン　サットヴァ・サンシュッデイル　ジュニャーナ・ヨーガ・ヴャヴァスティティヒ / ダーナン　ダマシュ　チャ　ヤジュニャス チャ　スヴァーッデャーヤス　タパ　アールジャヴァム //

至高者が話されます。『無畏(むい)、清純、賢明、信心、慈善、忍耐、供養、聖典学習、苦行、正直、

Ahiṁsā satyam akrodhas tyāgaḥ śāntir apaiśunam /
Dayā bhūteṣu aloluptvaṁ mārdavaṁ hrīr acāpalam // 2

アヒンサー　サッテャム　アクローダス　テャーガハ　シャーンティル　アパイシュナム / ダヤー　ブーテーシュ　アロールプトヴァン　マールダヴァン　フリール　アチャーパラム //

非暴力、真実、温和、無欲、平静、度量、親切、節度、柔和(にゅうわ)、貞淑(ていしゅく)、真摯(しんし)

Tejaḥ kṣamā dhṛtiḥ śaucam adroho n'ātimānitā /
Bhavanti saṁpadaṁ daivīm abhijātasya bhārata // 3

テージャハ　クシャマー　ドリティヒ　シャウチャム　アッドローホー　ナーティマーニター / バヴァンティ　サンパダン　ダイヴィーム　アビジャータッシヤ　バーラタ //

強靭、寛容、平然、清純、柔和、謙虚、以上のような性質は、神に向かう高貴な人々に属するものである。バーラタ王の子孫（アルジュナ）よ！

Dambho darpo'bhimānaś ca krodhaḥ pāruṣyam eva ca /
Ajñānaṁ c'ābhijātasya pārtha saṁpadam āsurīm // 4

ダンボー　ダルポービマーナシュ　チャ　クローダハ　パールッシャム　エーヴァ　チャ / アジュニャーナン　チャービジャータッシヤ　パールタ　サンパダム　アースリーム //

見栄、横柄、自惚れ、怒り、粗暴、無知、こういう性質は、魔性に堕ちる低俗な人々に属するものである。プリター妃の息子（アルジュナ）よ！

Daivī saṁpad vimokṣāya nibandhāy'āsurī matā /
Mā śucaḥ saṁpadaṁ daivīm abhijāto'si pāṇḍava // 5

ダイヴィー　サンパド　ヴィモークシャーヤ　ニバンダーヤースリー　マター / マー　シュチャハ　サンパダン　ダイヴィーム　アビジャートーシ　パンーダヴァ //

神聖で高貴な性質は、人を解脱に導き、悪魔的で低俗な性質は、人を束縛へと導く。だが心配することはない。パーンドゥ王の息子（アルジュナ）よ！　君は神性をもって生まれてきているので。

Dvau bhūta-sargau loke'smin daiva āsura eva ca /
Daivo vistaraśaḥ prokta āsuraṁ pārtha me śṛṇu // 6

ドヴァウ　ブーター・サルガウ　ローケースミン　ダイヴァ　アースラ　エーヴァ　チャ / ダイヴォー　ヴィスターラシャハ　プロークタ　アースラン　パールタ　メー　シュリヌ //

この世界には二種類の創造物がある。一つは神性をもつもので、もう一つは魔性をもつものである。神性についてはもう十分に話したから、今度は魔性について聞くがいい。プリター妃の息子（アルジュナ）よ！

Pravṛttiṁ ca nivṛttiṁ ca janā na vidur āsurāḥ /
Na śaucaṁ nā'pi c'ācāro na satyaṁ teṣu vidyate // 7

プラヴリッティン　チャ　ニヴリッティン　チャ　ジャナー　ナ

ヴィドゥル　アースラーハ / ナ　シャウチャン　ナーピ　チャーチャーロー　ナ　サッテャン　テーシュ　ヴィッデャテー //

魔性の者達は、するべきことと、してはならぬことの区別を知らず、穢（けが）れており、無礼で、不誠実である。

Asatyam apratiṣṭhaṁ te jagad āhur anīśvaram /
Aparaspara-saṁbhūtaṁ kim anyat kāma-haitukam // 8

アサッテャム　アプラティシュタン　テー　ジャガド　アーフル　アニーシュヴァラム / アパラスパラ・サンブータン　キム　アンニャト　カーマ・ハイトゥカム //

彼等は言う。『この世界は幻影であり、何の規範もなく、神など存在しない。すべては性欲によって産まれ出たもので、そのほかには何もない』と。

Etāṁ dṛṣṭim avaṣṭabhya naṣṭ'ātmāno'lpa-buddhayaḥ /
Prabhavanty ugra-karmāṇaḥ kṣayāya jagato'hitāḥ // 9

エターン　ドリシュティム　アヴァシュタッビャ　ナシュタートマーノールパ・ブッダヤハ / プラバヴァンティ　ウグラ・カルマーナハ　クシャヤーヤ　ジャガトーヒターハ //

このような考えをもった、知性の低い、荒々しい、堕落した魂の持ち主達は、この世界を破滅させる代理人として生まれてきているのだ。

Kāmam āśritya duṣpūraṁ daṁbha-māna-mad'ānvitāḥ /
Mohād gṛhītvā'sad-grāhān pravartante'śuci-vratāḥ // 10

カーマム　アーシュリッテャ　ドゥシュプーラン　ダンバ・マーナ・マダーンーヴィターハ / モーハード　グリヒーットヴァーサド・グラーハーン　プラヴァルタンテーシュチ・ヴラターハ //

彼等は、欲望に身を浸し、貪欲（どんよく）で、見栄っ張りで、偽善的で、横柄（おうへい）で、高慢であり、さらに愚鈍で、しかも邪悪な考えと不純な決意とをもって、仕事をしている。

Cintām aparimeyāṁ ca pralay'āntām upāśritāḥ /
Kām'opabhoga-paramā etāvad iti niścitāḥ // 11

チンターム　アパリメーヤーン　チャ　プララヤーンターム　ウ

パーシュリターハ / カーモーパボーガ・パラマー　エーターヴァド イティ　ニシュチターハ //

また無数の心配事や苦労を抱えながら死んでいく彼らは、人間の最高の目的は肉体的欲望を満足させることであり、それが人生にとってのすべてである、と固く信じている。

Āśā-pāśa-śatair baddhāḥ kāma-krodha-parāyaṇāḥ /
Īhante kāma-bhog'ārtham anyāyen'ārtha-sañcayān //12

アーシャー・パーシャ・シャタイル　バッダーハ　カーマ・クローダ・パラーヤナーハ / イーハンテー　カーマ・ボーガールタム　アンニャーイェーナールタ・サンチャヤーン //

幾百幾千という希望の紐（ひも）に縛られ、情欲と怒りに身心をゆだねたまま、彼等は、己の肉体的快楽を求め、不法なやりかたで富を蓄積しようとする。

Idam adya mayā labdham imaṁ prāpsye manoratham /
Idam ast'īdam api me bhaviṣyati punar dhanam // 13

イダム　アッデャ　マヤー　ラブダム　イマン　プラーップシエー　マノーラタム / イダム　アスティーダム　アピ　メー　バヴィッシヤティ　プナル　ダナム //

彼等は、『俺（おれ）は現在これだけのものを所有している』とか、『この欲しいものをきっと手に入れるぞ』とか、『これは俺（おれ）のものだぞ』とか、『この富も俺（おれ）のものにして見せるぞ』などと言っている。

Asau mayā hataḥ śatrur haniṣye cā'parān api /
Īśvaro'haṁ ahaṁ bhogī siddho'haṁ balavān sukhī // 14

アサウ　マヤー　ハタハ　シャットルル　ハニッシエー　チャーパラーン　アピ / イーシュヴァローハン　アハン　ボーギー　シッドーハン　バラヴァーン　スキー //

また彼等は、『俺（おれ）はこの敵を殺したし、他の敵も皆殺しにしてやる。それで俺（おれ）はすべての支配者となり、すべてが俺（おれ）の楽しみのもととなるのだから、俺（おれ）は成功者で、有力者で、幸福者ということになる』とも言う。

Āḍhyo'bhijanavān asmi ko'nyo'sti sadṛśo mayā /
Yakṣye dāsyāmi modiṣya ity ajñāna-vimohitāḥ // 15

アーッデョービジャナヴァーン　アスミ　コーンニョースティ　サッドリショー　マヤー / ヤクシイェー　ダーッシヤーミ　モーディッショ　イティ　アジュニャーナ・ヴィモーヒターハ //

さらに彼等は、『俺（おれ）は金持ちで家柄がよく、俺（おれ）以上の者は他にはおるまい。また俺（おれ）は神々や祖霊に供養したり、人々に金や物を与えたりして喜びたいのだ』などと言って、無知なるが故の妄想を抱いている。

Aneka-citta-vibhrāntā moha-jāla-samāvṛtāḥ /
Prasaktāḥ kāma-bhogeṣu patanti narake'śucau // 16

アネーカ・チッタ・ヴィブラーンター　モーハ・ジャーラ・サマーヴリターハ / プラサクターハ　カーマ・ボーゲーシュ　パタンティ　ナラケーシュチャウ //

さまざまな事象に心を乱され、幻想の網にひっかかり、肉欲を満足させることに熱中している彼等は、悪臭漂（ただよ）う地獄へと真っさかさまに落ちていくのだ。

Ātma-saṁbhāvitāḥ stabdhā dhana-māna-mad'ānvitāḥ /
Yajante nāma-yajñais te daṁbhen'āvidhipūrvakam // 17

アートマ・サンバーヴィターハ　スタブダー　ダナ・マーナ・マダーンヴィターハ / ヤジャンテー　ナーマ・ヤジュニャイス　テー　ダンベーナーヴィディプールヴァカム //

自己満足（ひとりよがり）で、高慢で、自らの富と名声を鼻にかける彼等は、一切の経典の規定（きまり）を無視し*、単に見せびらかしのための祭祀や供養を行う。

＊供犠をするには聖典に定められた心得、方式があるのにそれを無視して自分勝手に行う。

Ahaṅkāraṁ balaṁ darpaṁ kāmaṁ krodhaṁ ca saṁśritāḥ /
Māṁ ātma-para-deheṣu pradviṣanto'bhyasūyakāḥ // 18

アハンカーラン　バラン　ダルパン　カーマン　クローダン　チャ

サンシュリターハ / マーム　アートマ・パラ・デーヘーシュ　プラドヴィシャントーッビャスーヤカーハ //

自己中心的で、乱暴で、横柄(おうへい)で、情欲を持ち、怒りっぽい、これら魔性の者どもは、彼ら自身と他者の体に内在(やど)る私（最高霊、真我）を嫌って見向きもしない*。

*一切生物の体内に宿る私＝霊魂即ち、霊的な問題にまったく無関心なこと。

Tān ahaṁ dviṣataḥ krūrān saṁsāreṣu nar'ādhamān /
Kṣipāmy ajasram aśubhān āsurīṣveva yoniṣu // 19

ターン　アハン　ドヴィシャタハ　クルーラーン　サンサーレーシュ　ナラーダマーン / クシィパーミ　アジャッスラム　アシュバーン　アースリーッシュヴェーヴァ　ヨーニシュ //

悪意を持ち、残酷で、他者に害を与える、こうした最低の人間どもを、私は繰り返しくりかえし、この世にいる魔族（阿修羅）の胎内に投げ入れるのだ。

Āsurīṁ yonim āpannā mūḍhā janmani janmani /
Mām aprāpy'aiva kaunteya tato yānti adhamāṁ gatim // 20

アースリーン　ヨーニム　アーパンナー　ムーダー　ジャンマニ　ジャンマニ / マーム　アップラーピヤイヴァ　カウンテーヤ　タトー　ヤーンティ　アダマーン　ガティム //

魔族の胎内に入って再生を繰り返し、さらに下方へ下方へと沈んで行き、クンティー妃の息子（アルジュナ）よ！　彼等は決して私に近づくことはない。

Tri-vidhaṁ narakasy'edaṁ dvāraṁ nāśanam ātmanaḥ /
Kāmaḥ krodhas-tathā lobhas tasmād etat trayaṁ tyajet // 21

トリ・ヴィダン　ナラカッシイェーダン　ドヴァーラン　ナーシャナム　アートマナハ / カーマハ　クローダス・タター　ローバス　タスマード　エータト　トラヤン　テャジェート //

人間の魂を堕落させてしまう地獄への門が三つあるが、肉欲、怒り、貪欲(どんよく)がそれである。それ故、正気の人間は、この三つを捨てなければならぬ。

Etair vimuktaḥ kaunteya tamo-dvārais tribhir naraḥ /
Ācaraty ātmanaḥ śreyas tato yāti parāṁ gatim // 22

エータイル　ヴィムクタハ　カウンテーヤ　タモー・ドヴァーライス　トリビル　ナラハ / アーチャラティ　アートマナハ　シュレーヤス　タトー　ヤーティ　パラーン　ガティム //

この三つの地獄門を避け得た人は、クンティー妃の息子（アルジュナ）よ！　自分の向上に役立つことを実践し、ついに究極の目的を達することであろう。

Yaḥ śāstra-vidhim utsṛjya vartate kāma-kārataḥ /
Na sa siddhim avāpnoti na sukhaṁ na parāṁ gatim // 23

ヤハ　シャーストラ・ヴィディム　ウッスリッジャ　ヴァルタテー　カーマ・カーラタハ / ナ　サ　シッディム　アヴァープノーティ　ナ　スカン　ナ　パラーン　ガティム //

聖典に示された教えを軽視し、欲望のままに行動する者は、生命体としての完成に達せず、真の幸福も得られず、至高の目的地に到達することもない。

Tasmāc chāstraṁ pramāṇaṁ te kāry'ākārya-vyavasthitau
Jñātvā śāstra-vidhān'oktaṁ karma kartum ihā'rhasi // 24

タスマーッ　チャーストラン　プラマーナン　テー　カーリヤーカーリヤ・ヴャヴァスティタウ / ジュニャーットヴァー　シャーストラ・ヴィダーノークタン　カルマ　カルトゥム　イハールハシ //

故に君は、聖典に示された教えを規範とし、するべきこととしてはならぬことを知り、その規範をよく心得た上で、さまざまな事を実行していきなさい。』と。

Iti Daivāsurasampadvibhāgayogaḥ nāma ṣoḍaśo'dhyāyaḥ

イティ　ダイヴァースラ・サンパッド・ヴィバーガ・ヨーガハ
ナーマ　ショーダショーッデャーヤハ

Saptadaśo'dhyāyaḥ: Śraddhātrayavibhāgayogaḥ

サプタダショーッデャーヤハ：シュラッダートラヤ・ヴィバーガ・ヨーガハ

第１７章　信仰の三面識別の道

Arjuna uvāca:
Ye śāstra-vidhim utsṛjya yajante śraddhayā'nvitāḥ /
Teṣāṁ niṣṭhā tu kā kṛṣṇa sattvam āho rajas tamaḥ // 1

アルジュナ　ウヴァーチャ：
イェー　シャーストラ・ヴィディム　ウッスリッジャ　ヤジャンテー　シュラッダヤーンヴィターハ / テーシャーン　ニシュター　トゥ カー　クリシュナ　サットヴァム　アーホー　ラジャス　タマハ //

アルジュナがさらに問います。『聖典の教えには従わないものの、篤(あつ)い信仰心をもって神を礼拝する人々は、おお、クリシュナ様！ サットワ、ラジャス、タマス*の、いったいどの性質に属するのでしょうか？』と。

*三性質(トリグナ)については第十四章参照

Śrī Bhagavān uvāca:
Tri-vidhā bhavati śraddhā dehināṁ sā svabhāva-jā /
Sāttvikī rājasī c'aiva tāmasī c'eti tāṁ śṛṇu // 2

シュリー　バガヴァーン　ウヴァーチャ：
トリ・ヴィダー　バヴァティー　シュラッダー　デーヒナーン　サースヴァバーヴァ・ジャー / サーットヴィキー　ラージャシー　チャイヴァ　ターマシー　チェーティ　ターン　シュリヌ //

至高者がお答えになります。『肉体をもった者達の信仰には、生まれつきの性質によって決まるサットワ、ラジャス、タマス、の三種類があるが、これからの私の説明をよく聴きなさい。

Śattv'ānurūpā sarvasya śraddhā bhavati bhārata /
Śraddhāmayo'yaṁ puruṣo yo yac-chraddhaḥ sa eva saḥ // 3

サットヴァーヌルーパー　サルラヴァッシヤ　シュラッダー　バヴァティ　バーラタ / シュラッダーマヨーヤン　プルショー　ヨーヤッ・チュラッダハ　サ　エーヴァ　サハ //

人は生まれつきの性格により、それぞれ異なる形の信仰をもつようになる。バーラタ王の子孫（アルジュナ）よ！　信仰はその人の性質を表し、どんな信仰をするかによって、その人の人格が決まる。

Yajante sāttvikā devān yakṣa-rakṣāṁsi rājasāḥ /
Pretān bhūta-gaṇāṁś c'ānye yajante tāmasā janāḥ // 4

ヤジャンテー　サーットヴィカー　デーヴァーン　ヤクシャ・ラクシャーンシ　ラージャサーハ / プレターン　ブータ・ガナーンシュチャーンニェー　ヤジャンテー　ターマサー　ジャナーハ //

サットワの性質を持つ者は、諸天善神を礼拝し、ラジャス性質をもつ者は、魔神鬼神の類を拝み、タマスの性質をもつ者は、死霊や幽鬼を拝む。

Aśāstra-vihitaṁ ghoraṁ tapyante ye tapo janāḥ /
Daṁbh'ā haṅkāra-saṁyuktāḥ kāma-rāga-balānvitāḥ // 5

アシャーストラ・ヴィヒタン　ゴーラン　タッピャンテー　イェータポー　ジャナーハ / ダンバー　ハンカーラ・サンユクターハ　カーマ・ラーガ・バラーンヴィターハ //

また聖典に示されていない方法で激しい禁欲や苦行をする者は、虚栄心や我執のためにそれを行い、色欲と執着のとりこになってしまう。

Karśayantaḥ śarīra-sthaṁ bhūta-grāmam acetasaḥ /
Māṁ c'aivā'ntaḥ śarīra-sthaṁ tān viddhy āsura-niścayān // 6

カルシャヤンタハ　シャリーラ・スタン　ブータ・グラーマム　アチェータサハ / マーン　チャイヴァーンタハ　シャリーラ・スタン　ターン　ヴィッディ　アースラ・ニシュチャヤーン //

こうした愚かな者どもは、肉体の中にあるすべての感覚を、そしてまたその中に住む私をも、苦しめる。彼らの行為は魔性的である、と心得よ。

Āhāras tv api sarvasya tri-vidho bhavati priyaḥ /
Yajñas-tapas-tathā dānaṁ teṣāṁ bhedaṁ imaṁ śṛṇu // 7

アーハーラス　トゥ　アピ　サルヴァッシヤ　トリ・ヴィドー　バ

ヴァティ　プリヤハ / ヤジュニャス・タパス・タター　ダーナン テーシャーン　ベーダン　イマン　シュリヌ //

彼らの好む食物には三種類あるが、供犠、苦行、布施についても同様である。では、それらの相違(ちがい)について説明するので、よく聞きなさい。

Āyuḥ-sattva-bal'ārogya sukha-prīti-vivardhanāḥ /
Rasyāḥ snigdhāḥ sthirā hṛdyā āhārāḥ sāttvika-priyāḥ // 8

アーユフ・サットヴァ・バラーローッギャ　スカ・プリーティ・ヴィヴァルダナーハ / ラッシヤーハ　スニグダーハ　スティラー　フリッデャー　アーハーラーハ　サーットヴィカ・プリヤーハ

生命力、体力、健康、幸福感、食欲などを増進する食物、また風味があり、脂肪に富み、滋養があり、心を和ませてくれる食物は、サットワの人達が好んで食べる。

Kaṭv-amla-lavaṇ'ātyuṣṇa tīkṣṇa-rūkṣa-vidāhinaḥ /
Āhārā rājasasy'eṣṭā duḥkha-śok'āmaya-pradāḥ // 9

カトゥ・アムラ・ラヴァナーテュシュナ　ティークシュナ・ルークシャ・ヴィダーヒナハ / アーハーラー　ラージャサッシイェーシュター　ドゥフカ・ショーカーマヤ・プラダーハ //

苦い、酸っぱい、塩辛い、熱い、辛い、乾燥した、刺激性の強い食物は、ラジャスの人達が好んで食べるが、こうした食物は、人に苦しみや悲しみや病気を引き起こしてしまう。

Yātayāmaṁ gatarasaṁ pūti paryuṣitaṁ ca yat /
Ucchiṣṭam api cā'medhyaṁ bhojanaṁ tāmasa-priyam // 10

ヤータヤーマン　ガタラサン　プーティ　パリユシタン　チャ　ヤト / ウッチシュタム　アピ　チャーメッーデャン　ボージャナン　ターマサ・プリヤム //

腐りかけた、不味(まず)い、悪臭のする、古い、食べ残した、不浄な食物*は、タマスの人達が好んで食べる。

*宗教上食べることが禁じられているもの。

Aphal'ākāṅkṣibhir yajño vidhi-dṛṣṭo ya ijyate /
Yaṣṭavyam ev'eti manaḥ samādhāya sa sāttvikaḥ // 11

アファファラーカーンクシビル　ヤシュノー　ヴィディ・ドリシュトーヤ　イッジャテー / ヤシュタッヴァム　エーヴェーティ　マナハ　サマーダーヤ　サ　サーットヴィカハ //

あくまでも聖典の指示に従い、何の報いも求めずに、ただ自らの義務として供養を行うのが、サットワの人達である。

Abhisaṁdhāya tu phalaṁ daṁbh'ārtham api c'aiva yat /
Ijyate bharata-śreṣṭha taṁ yajñaṁ viddhi rājasam // 12

アビサンダーヤ　トゥ　ファラン　ダンバールタム　アピ　チャイヴァ　ヤト / イッジャテー　バラタ・シュレーシュタ　タン　ヤジュニャン　ヴィッディ　ラージャサム //

しかし、バーラタ王家の最も秀れた者（アルジュナ）よ！　果報を求めたり、他人に見せびらかすためにやる供養は、ラジャスの人達がやる供養なのだ、と知るがいい。

Vidhihīnam asṛṣṭ'ānnaṁ mantra-hīnam adakṣiṇam /
Śraddhā-virahitaṁ yajñaṁ tāmasaṁ paricakṣate // 13

ヴィディヒーナム　アスリシュターンナン　マントラ・ヒーナム　アダクシナム / シュラッダー・ヴィラヒタン　ヤジュニャン　ターマサン　パリチャクシャテー //

聖典の指示するところに従わず、食物を供えず、真言（マントラ）を唱えず、僧侶に布施せず、信仰心を伴わぬ供犠（くぎ）は、タマスの性質の者達がやる供養だと言われる。

Deva-dvija-guru-prājña pūjanaṁ śaucam ārjavam /
Brahmacaryam ahiṁsā ca śārīraṁ tapa ucyate // 14

デーヴァ・ドヴィジャ・グル・パラジュニャ　プージャナン　シャウチャム　アールジャヴァム / ブラフマチャリャム　アヒンサー　チャ　シャリーラン　タパ　ウッチャテー //

神々を始め、長上の人や、導師や、賢者を礼拝し、清潔、正直、節制、非暴力を保つこと、これこそが、真の肉体的修行であり、苦行と言われるものなのだ。

Anudvega-karaṁ vākyaṁ satyaṁ priya-hitaṁ ca yat /
Svādhyāy'ābhyasanaṁ c'aiva vāṅmayaṅ tapa ucyate // 15

アヌドヴェーガ・カラン　ヴァーッキャン　サッテャン　プリヤ・ヒタン　チャ　ヤト / スヴァッデャーヤーッヴャサナン　チャイヴァ　ヴァーンマヤン　タパ　ウッチャテー //

また、他人の心を苛立(いらだ)たせず、常に真実を語り、心地よく有益な言葉を語ること、そしてヴェーダ聖典を規則的に学習すること、これが言葉の修行であり、苦行と言われるものなのだ。

Manaḥ-prasādaḥ saumyatvaṁ maunam ātma-vinigrahaḥ /
Bhāva-saṁśuddhir ity-etat tapo mānasam ucyate // 16

マナハ・プラサーダハ　サウンミャットヴァン　マウナム　アートマ・ヴィニッグラハハ / バーヴァ・サンシュッディル　イティ・エータト　タポー　マーナーサム　ウッチャテー //

心の平静さ、親切さ、寡黙(かもく)さ、自制、純朴さを保つこと、これが心の修行であり、苦行と言われるものなのだ。

Śraddhayā parayā taptaṁ tapas tat trividhaṁ naraiḥ /
Aphal'ākāṅkṣibhir-yuktaiḥ sāttvikaṁ paricakṣate // 17

シュラッダヤー　パラヤー　タプタン　タパス　タト　トリヴィダン　ナライフ / アファラーカーンクシビル・ユクタイヒ　サーットヴィカン　パリチャクシャテー //

体と言と心の三種の修行を、堅固な信仰を持つ人々が、何らの果報(むくい)を求めずに行う時、これをサットワの修行と言う。

Satkāra-māna-pūj'ārthaṁ tapo daṁbhena c'aiva yat /
Kriyate tad iha proktaṁ rājasaṁ calam adhruvam // 18

サトカーラ・マーナ・プージャールタン　タポー　ダンベーナ　チャイヴァ　ヤト / クリヤテー　タド　イハ　プロークタン　ラージャサン　チャラム　アッドゥルヴァム //

衆人の歓迎や尊敬や崇拝を受けようとして、ただ見せかけのために行う苦行は、ラジャスの修行と言い、不安定で決して長続きはしない。

Mūḍha-grāheṇ'ātmano yat pīḍayā kriyate tapaḥ /
Parasyotsādan'ārthaṁ vā tat tāmasam udāhṛtam // 19

ムーダ・グラーヘナートマノー　ヤト　ピーダヤー　クリヤテー　タ

パハ / パラッシヨーッサーダナールタン　ヴァー　タト　ターマサム　ウダーフリタム //

愚かな考えから、いたずらに自分自身を傷つけ苦しめ、さらに他人をも台無しにしてしまう苦行を、タマスの修行と言う。

Dātavyam iti yad dānaṁ dīyate'nupakāriṇe /
Deśe kāle ca pātre ca tad dānaṁ sāttvikaṁ smṛtam // 20

ダータッヴャム　イティ　ヤド　ダーナン　ディーヤテーヌパカーリネー / デーシェー　カーレー　チャ　パーットレー　チャ　タド　ダーナン　サーットヴィカン　スムリタム //

適正な時に、適正な場所で、それに価する相手に対し、何の報いも期待せず、ただ自分の義務と心得て行う布施は、サットワの行為である。

Yat tu pratyupakār'ārthaṁ phalam uddiśya vā punaḥ /
Dīyate ca parikliṣṭaṁ tad dānaṁ rājasaṁ smṛtam // 21

ヤッ　トゥ　プラッテュパカーラールタン　ファラム　ウッディッシャ　ヴァー　プナハ / ディーヤテー　チャ　パリクリシュタン　タド　ダーナン　ラージャサン　スムリタム //

報いを期待したり、将来の見返りを望んでしたり、また惜しみながら出す布施は、ラジャスの行為と言われる。

Adeśa-kāle yad dānam apātrebhyaś ca dīyate /
Asatkṛtam avajñātaṁ tat tāmasam udāhṛtam // 22

アデーシャ・カーレー　ヤド　ダーナム　アパーットレーッビャシュチャ　ディーヤテー / アサトクリタム　アヴァジュニャータン　タト　ターマーサム　ウダーフリタム //

不適当な場所で、不適当な時に、それに価しない相手に対し、しかも相手を尊敬せず無礼な態度でする布施は、タマスの行為と言われる。

Om tat sad iti nirdeśo brahmaṇas-tri-vidhaḥ smṛtaḥ /
Brāhmaṇās tena vedāś ca yajñāś ca vihitāḥ purā // 23

オーム　タト　サド　イティ　ニルデーショー　ブラフマナス・トリ・ヴィダハ　スムリタハ / ブラーフマナース　テーナ　ヴェーダーシュ　チャ　ヤジュニャーシュ　チャ　ヴィヒターハ　プラー //

オーム、タット、サット ― これらは絶対実在（ブラフマン）を示す三つの言葉であるが、創造の元始（はじめ）に、ヴェーダ讃歌や供犠（くぎ）の唱和（しょうわ）や僧侶（バラモン）の声明（しょうみょう）は、みなこれによって作られたのだ。

Tasmād om ity udāhṛtya yajña-dāna-tapaḥ-kriyāḥ /
Pravartante vidhān'oktāḥ satataṁ brahma-vādinām // 24

タスマード　オーム　イティ　ウダーフリッテャ　ヤジュニャ・ダーナ・タパハ・クリヤーハ / プラヴァルタンテー　ヴィダーノクターハ　サタタン　ブラフマ・ヴァーディナーム //

故に、ヴェーダの聖典を信奉する人々は、聖典の規則に従って供犠（くぎ）や布施や苦行を行なう時、必ず初めに聖語の「オーム」を唱えるのだ。

Tad iti anabhisandhāya phalaṁ yajña-tapaḥ-kriyāḥ /
Dāna-kriyāś ca vividhāḥ kriyante mokṣa-kāṅkṣibhiḥ // 25

タッド　イティ　アナビサンダーヤ　ファラン　ヤジュニャ・タパハ・クリヤーハ / ダーナ・クリヤーシュ　チャ　ヴィヴィダーハ　クリヤンテー　モークシャ・カーンクシビヒ //

物質界を解脱して真の自由を願う人々は、物質次元の果報（むくい）をなんら期待せず供犠（くぎ）や修行や布施を行う時、聖語の「タット」を唱えるのだ。

Sad-bhāve sādhu-bhāve ca sad ity etat prayujyate /
Praśaste karmaṇi tathā sac-chabdaḥ pārtha yujyate // 26

サド・バーヴェー　サードゥ・バーヴェー　チャ　サド　イティ　エータト　プラユッジャテー / プラシャステー　カルマニ　ターサッ・チャブダハ　パールタ　ユッジャテー //

聖語「サット」は、実在と至善の意味に用いられ、またお目出度い行為や善行に対しても「サット」が用いられる。プリター妃の息子（アルジュナ）よ！

Yajñe tapasi dāne ca sthitiḥ sad iti c'ocyate /
Karma c'aiva tad-arthīyaṁ sad iti ev'ābhidhīyate // 27

ヤジュネー　タパシ　ダーネー　チャ　スティティヒ　サド　イティ　チョーッチャテー / カルマ　チャイヴァ　タッド・アルティー

ヤン　サド　イティ　エーヴァービディーヤテー //

さらに、供犠や修行や布施を行うに際し、不動の信念でそれを続けることも「サット」であり、それを常に至高者に結び付けて行なうことも、「サット」と言われる。

Aśraddhayā hutaṁ dattaṁ tapas taptaṁ kṛtaṁ ca yat /
Asad ity ucyate pārtha na ca tat pretya no iha // 28

アシュラッダヤー　フタン　ダッタン　タパス タプタン　クリタン　チャ　ヤト / アサド　イティ　ウッチャテー　パールタ　ナ　チャ　タト　プレーッテャ　ノー　イハ //

しかしながら、信仰のない者が、どんな供犠や修行や布施を行なおうとも、それは「アサット*」とよばれ、プリター妃の息子（アルジュナ）よ！　現世においても来世においても全く無益なのだ』と。

*空虚、非実在。

Iti Śraddhātrayavibhāgayogaḥ nāma saptadaśo'dhyāyaḥ

イティ　シュラッダートラヤ・ヴィバーガ・ヨーガハ
ナーマ　サプタダショーッデャーヤハ

Aṣṭadaśo'dhyāyaḥ:Mokṣayogaḥ

アシュタダショーッデャーヤハ：モークシャ・ヨーガハ

第１８章　解脱の道

Arjuna uvāca:
Sannyāsasya mahā-bāho tattvam icchāmi veditum /
Tyāgasya ca hṛṣīkeśa pṛthak keśi-niṣūdana // 1

アルジュナ　ウヴァーチャ：
サンニャーサッシヤ　マハー・バーホー　タットヴァム　イッチャーミ　ヴェーディトゥム / テャーガッシヤ　チャ　フリシーケーシャ　プリタク　ケーシ・ニシューダナ //

アルジュナがさらに申します。『ケーシ鬼を滅した御方であり、無限の力を持っておられるクリシュナ様！　私は、出家の本当の意味について、また離欲（サンニャーサ）*の意味についても知りたいので、何とぞ御教示下さい』と。

＊または捨離、放棄、離果。

Śrī Bhagavān uvāca:
Kāmyānāṁ karmaṇāṁ nyāsaṁ sannyāsaṁ kavayo viduḥ /
Sarva-karma-phala-tyāgaṁ prāhus tyāgaṁ vicakṣaṇāḥ // 2

シュリー　バガヴァーン　ウヴァーチャ：
カーミャーナーン　カルマナーン　ニャーサン　サンニャーサン　カヴァヨー　ヴィドゥフ / サルヴァ・カルマ・ファラ・テャーガン　プラーフス　テャーガン　ヴィチャクシャナーハ //

至高者が答えられます。『名利（みょうり）を求める活動（カーミャ）を止めることを、聖者達は出家（サンニャーサ）と言い、仕事の成果への期待を止めることを、賢者達は離欲（テャーガ）と呼んでいる。

Tyājyaṁ doṣavad ity eke karma prāhur manīṣiṇaḥ /

Yajña-dāna-tapaḥ-karma na tyājyam iti c'āpare // 3

テャージャン　ドーシャヴァド　イティ　エーケー　カルマ　プラーフル　マニーシナハ / ヤジュニャ・ダーナ・タパハ・カルマ　ナ　テャーッジャム　イティ　チャーパレー //

ある学者は〈いかなる活動も必ず何らかの悪を含むから、止めるべし〉と言い、またある学者は〈供犠と布施*と修行だけは止めるな〉と言う。

＊布施の二種：物施—金品を寄付すること、法施—真理の言葉を伝えること。

Niścayaṁ śṛṇu me tatra tyāge bharata-sattama /
Tyāgo hi puruṣa-vyāghra tri-vidhaḥ saṁprakīrtitaḥ // 4

ニシュチャヤン　シュリヌ　メー　タットラ　テャーゲー　バラタ・サッタマ / テャーゴー　ヒ　プルシャ・ヴャーッグラ　トリ・ヴィダハ　サンプラキールティタハ //

バーラタ王家で最も秀れた人（アルジュナ）よ！　離欲に関する私の究極の考えを聞きなさい。おお、人類のなかで最も秀れた人（アルジュナ）よ！　一般に〈離欲には三種類がある〉と説かれてきている。

Yajña-dāna-tapaḥ-karma na tyājyaṁ kāryam eva tat /
Yajño dānaṁ tapaśc'aiva pāvanāni manīṣiṇām // 5

ヤジュニャ・ダーナ・タパハ・カルマ　ナ　テャーッジャン　カーリヤム　エーヴァ　タト / ヤジュニョー　ダーナン　タパシュチャイヴァ　パーヴァナーニ　マニーシナーム //

供犠と布施と修行に関する行為は、止めることなく、自ら進んで行いなさい。なぜなら、この三つの行為は、賢者をさらに浄化してくれるからだ。

Etāny api tu karmāṇi saṅgaṁ tyaktvā phalāni ca /
Kartavyānī'ti me pārtha niścitaṁ matam uttamam // 6

エーターニ　アピ　トゥ　カルマーニ　サンガン　テャクトヴァー　ファラーニ　チャ / カルタッヴァーニーティ　メー　パールタ　ニシュチタン　マタム　ウッタマム //

だが、これらの活動をするときは、仕事にも執着せず、結果をも期待せず、当然の義務だと思って行うことだ。プリター妃の息子（アルジュナ）よ！　これが私の結論である。

Niyatasya tu sannyāsaḥ karmaṇo n'opapadyate /
Mohāt tasya parityāgas tāmasaḥ parikīrtitaḥ // 7

ニヤタッシヤ　トゥ　サンニャーサハ　カルマノー　ノーパパッデャテー / モーハート　タッシヤ　パリッテャーガス　ターマサハ　パリキールティタハ //

定められた義務を捨ててはならぬ。判断を誤り、為すべき義務の遂行を怠るならば、そのような仕事放棄は、タマス的な離欲(テャーガ)と言われるであろう。

Duḥkham ity eva yat karma kāya-kleśa-bhayāt tyajet /
Sa kṛtvā rājasaṁ tyāgaṁ n'aiva tyāga-phalaṁ labhet // 8

ドゥフカム　イティ　エーヴァ　ヤト　カルマ　カーヤ・クレーシャ・バヤート　テャジェート / サ　クリットヴァー　ラージャサン　テャーガン　ナイヴァ　テャーガ・ファラン　ラベート //

また、肉体的な苦痛を恐れての仕事放棄は、ラジャス的な離欲(テャーガ)であり、決して霊的向上を望むことはできぬであろう。

Kāryam ity eva yatkarma niyataṁ kriyate'rjuna /
Saṅgaṁ tyaktvā phalaṁ c'aiva sa tyāgaḥ sāttviko mataḥ // 9

カーリヤム　イティ　エーヴア　ヤト　カルマ　ニヤタン　クリヤテールジュナ / サンガン　テャクトヴァー　ファラン　チャイヴァ　サ　テャーガハ　サーットヴィコー　マタハ //

アルジュナよ！　名誉や利得に関心を持たず、仕事の結果にも執着せず、ただ自分のなすべき義務を果たす、という放棄は、サットワ的な離欲(テャーガ)と見なされる。

Na dveṣṭy akuśalaṁ karma kuśale n'ānuṣajjate /
Tyāgī sattva-samāviṣṭo medhāvī chinna-saṁśayaḥ // 10

ナ　ドヴェーシュティ　アクシャラン　カルマ　クシャレー　ナーヌシャッジャテー / テャーギー　サットヴァ・サマーヴィシュトー

メーダーヴィー　チンナ・サンシャヤハ //

サットワ的な性質をもち、すべての疑念を払い、しっかりと信念を確立した離欲者は、いやな仕事を嫌うことも、面白そうな仕事に心惹(ひ)かれることもない。

Na hi deha-bhṛtā śakyaṁ tyaktuṁ karmāṇy aśeṣataḥ /
Yas tu karma-phala-tyāgī sa tyāgī'ty abhidhīyate // 11

ナ　ヒ　デーハ・ブリター　シャッキャン　テャクトゥン　カルマーニ　アシェーシャタハ / ヤス　トゥ　カルマ・ファラ・テャーギー　サ　テャーギーティ　アブディディーヤテー //

肉体をまとった者が、活動を全く止めてしまうということは不可能だが、仕事の結果を全く放棄することはできるし、そうした人は、真の離欲者と呼ばれる。

Aniṣṭam iṣṭaṁ miśraṁ ca tri-vidhaṁ karmaṇaḥ phalam /
Bhavaty atyāgināṁ pretya na tu sannyāsināṁ kvacit // 12

アニシュタム　イシュタン　ミシュラン　チャ　トリ・ヴィダン　カルマナハ　ファラム / バヴァティ　アッテャーギナーン　プレーッテャ　ナ　トゥ　サンニャーシナーン　クヴァチト //

離欲せぬ者は、死後において、その生前の行為に応じて、快と不快とその混合の三種類の果報(むくい)*を受ける。しかし、離欲(テャーガ)生活を送った者は、そのような果報(むくい)を受けることはない。

*快の果報(むくい)（天上界）、不快の果報(むくい)（地獄界）、混合の果報(むくい)（人間界）。

Pañc'aitāni mahā-bāho kāraṇāni nibodha me /
Sāṁkhye kṛtānte proktāni siddhaye sarva-karmaṇām // 13

パンーチャイターニ　マハー・バーホー　カーラナーニ　ニボーダ　メー / サーンキェー　クリターンテー　プロークターニ　シッダイェー　サルヴァ・カルマナーム //

無敵の勇士（アルジュナ）よ！ すべての行為を完成させる五つの要因を、哲学書(サーンキャ)*が説いているが、これに関する私の言葉をよく聞きなさい。

＊奥義書。ヴェーダ（智慧）の究極的結論を説く哲学。

Adhiṣṭhānaṁ tathā kartā karaṇaṁ ca pṛthag-vidham /
Vividhāś ca pṛthak-ceṣṭā daivaṁ c'aiv'ātra pañcamam // 14

アディシターナン　タター　カルター　カラナン　チャ　プリタグ・ヴィダム / ヴィヴィダーシュ　チャ　プリタク・チェシュター　ダイヴァン　チャイヴァーットラ　パンチャマム //

肉体（行為の場）、個我（行為者）、各種の感覚器官、各種の運動機能（エネルギー）、そして最後に摂理（または神意）、これら五つが、行為を完成させるための要因である。

Śarīra-vāṅ-manobhir yat karma prārabhate naraḥ /
Nyāyyaṁ vā viparītaṁ vā pañc'aite tasya hetavaḥ // 15

シャリーラ・ヴァーン・マノービル　ヤト　カルマ　プラーラバテー　ナラハ / ニャーッヤン　ヴァー　ヴィパリータン　ヴァー　パンチャイテー　タッシヤ　ヘータヴァハ //

正しい行為であろうと不正な行為であろうと、体と心と言葉でやるいかなる行為も、この五つの要因が関わっている。

Tatr'aivaṁ sati kartāram ātmānaṁ kevalaṁ tu yaḥ /
Paśyati akṛta-buddhitvān na sa paśyati durmatiḥ // 16

タットライヴァン　サティ　カルターラム　アートマーナン　ケーヴァラン　トゥ　ヤハ / パッシヤティ　アクリタ・ブッディットヴァーン　ナ　サ　パッシヤティ　ドゥルマティヒ //

そうした場合、理解力の乏しい者は、自分ひとりが行為者だと思い、物事の真相を見ることができないでいる。

Yasya n'āhaṁkṛto bhāvo buddhir yasya na lipyate /
Hatvāpi sa imāṁl lokān na hanti na nibadhyate // 17

ヤッシヤ　ナーハンクリトー　バーヴォー　ブッディル　ヤッシヤ　ナ　リッピャテー / ハットヴァーピ　サ　イマーンル　ローカーン　ナ　ハンティ　ナ　ニバッデャテー //

しかし、こうした自己中心的な考えに毒されていない人は、たとえ彼処（そこ）に居並ぶ人々を殺したにせよ、自分がしたことにはならないし、その業報（むくい）を受けることもない。

Jñānaṁ jñeyaṁ parijñātā tri-vidhā karma-codanā /
Karaṇaṁ karma kart'eti tri-vidhaḥ karma-saṁgrahaḥ // 18

ジュニャーナン　ジュネーヤン　パリジュニャーター　トリ・ヴィダー　カルマ・チョーダナー / カラナン　カルマ　カルテーティ　トリ・ヴィダハ　カルマ・サングラハハ //

知識とその対象とそれを知る者、この三つが行為の誘因となり、行為者と行為と行為する感覚器官、この三つが行為を構成する土台となる。

Jñānaṁ karma ca kartā ca tridh'aiva guṇa-bhedataḥ /
Procyate guṇa-saṁkhyāne yathāvac chṛṇu tānyapi // 19

ジュニャーナン　カルマ　チャ　カルター　チャ　トリダイヴァ　グナ・ベーダタハ / プローッチヤテー　グナ・サンキャーネー　ヤターヴァッ　チュリヌ　ターンニャピ //

知識とその対象と行為をなす者、これらはそれぞれ、物質自然の性質（グナ）の相違によってさらに三種類に分けられる、と哲学書（サーンキャ）に説いているが、これに関する私の説明を聞きなさい。

Sarva-bhūteṣu yen'aikaṁ bhāvam avyayam īkṣate /
Avibhaktaṁ vibhakteṣu taj jñānaṁ viddhi sāttvikam // 20

サルヴァ・ブーテーシュ　イェーナイカン　バーヴァム　アッヴャヤム　イークシャテー / アヴィバクタン　ヴィバクテーシュ　タッジュニャーナン　ヴィッディ　サーットヴィカム //

あらゆる存在の中に不滅の一者が実在することを知り、無数の異なる形に分かれているものの中に、分けられざる一者が存在することを見る知識、それは、サットワ的知識である。

Pṛthaktvena tu yaj jñānaṁ nānā-bhāvān pṛthag-vidhān /
Vetti sarveṣu bhūteṣu taj jñānaṁ viddhi rājasam // 21

プリタクトヴェーナ　トゥ　ヤッ　ジュニャーナン　ナーナー・バーヴァーン　プリタグ・ヴィダーン / ヴェッティ　サルヴェーシュ　ブーテーシュ　タッ　ジュニャーナン　ヴィッディ　ラージャサム //

あらゆるものの中に、いろいろ違った種類があり、それぞれ別々のものとして存在していると見る知識、それは、ラジャス的知識である。

Yat tu kṛtsnavad ekasmin kārye saktam ahaitukam /
Atatv'ārthavad alpaṁ ca tat tāmasam udāhṛtam // 22

ヤッ　トゥ　クリツナヴァド　エーカスミン　カーリイェー　サクタム　アハイトゥカム / アータットヴァールタヴァド　アルパン　チャ　タッ　ターマサム　ウダーフリタム //

一部分をあたかも全てあるかのように、理由も根拠もなく思い込んでしまう知識、それは、タマス的知識である。

Niyataṁ saṅga-rahitam arāga-dveṣataḥ kṛtam /
Aphala-prepsunā karma yat tat sāttvikam ucyate // 23

ニヤタン　サンガ・ラヒタム　アラーガ・ドヴェーシャタハ　クリタム / アファラ・プレープスナー　カルマ　ヤッ　タト　サットヴィカム　ウッチャテー //

聖典に定められた行為を、愛着心も嫌悪感も持たず、さらにその結果も求めず、一切執着せずに行なった場合、それは、サットワ的行為である。

Yat tu kām'epsunā karma s'āhaṁkāreṇa vā punaḥ /
Kriyate bahul'āyāsaṁ tad rājasam udāhṛtam // 24

ヤッ　トゥ　カーメープスナー　カルマ　サーハンカーレーナ　ヴァー　プナハ / クリヤテー　バフラーヤーサン　タド　ラージャサム　ウダーフリタム //

自分の欲望を満たすため、また自分を良く見せるため、大いに苦労しながらやる行為、それは、ラジャス的行為である。

Anubandhaṁ kṣayaṁ hiṁsām anapekṣya ca pauruṣam /
Mohād ārabhyate karma yat tat tāmasam ucyate // 25

アヌバンダン　クシャヤン　ヒンサーム　アナペーックシヤ　チャ　パウルシャム / モーハード　アーラーッビャテー　カルラマ　ヤッタト　ターマサム　ウッチャテー //

将来への影響や、いろいろな物の損失や、他者への迷惑や、自分の力量のことを考えず、ただ気ままに、自分の思いつくままにやる行為、それは、タマス的行為である。

Mukta-saṅgo'nahaṁ-vādī dhṛty-utsāha-samanvitaḥ /
Siddhy-asiddhyor nirvikāraḥ kartā sāttvika ucyate // 26

ムクタ・サンゴーナハン・ヴァーディー　ドリティ・ウツサーハ・サマンヴィタハ / シィッディ・アシィッデョール　ニルヴィカーラハ　カルター　サーットヴィカ　ウッチャテー //

執着心も利己心もなく、強固な意志をもって熱心に仕事し、成功にも失敗にも心を動揺させない人は、サットワ的行為者と言われる。

Rāgī karma-phala-prepsur lubdho hiṁs'ātmako'śuciḥ /
Harṣa-śok'ānvitaḥ kartā rājasaḥ parikīrtitaḥ // 27

ラーギー　カルマ・ファラ・プレープスル　ルブドー　ヒンサートマコーシュチヒ / ハルシャ・ショーカーンヴィタハ　カルター　ラージャサハ　パリキールティタハ //

情熱的で、仕事の結果に執着し、貪欲（どんよく）で、嫉妬心が強く、不純で、成功に狂喜し失敗に絶望する者は、ラジャス的行為者と言われる。

Aykutaḥ prākṛtaḥ stabdhaḥ śaṭho naiṣkṛtiko'lasaḥ /
Viṣādī dīrgha-sūtrī ca kartā tāmasa ucyate // 28

アユクタハ　プラークリタハ　スタブダハ　シャトー　ナイシュクリティコーラサハ / ヴィシャーディー　ディールガ・スーットリーチャ　カルター　ターマサ　ウッチャテー //

節度なく、俗悪野卑で、高慢で、不正直で、悪意があり、怠惰で、元気なく、優柔不断な者は、タマス的行為者と言われる。

Buddher bhedaṁ dhṛteśc'aiva guṇatas tri-vidhaṁ śṛṇu /
Procyamānam aśeṣeṇa pṛthaktvena dhanañjaya // 29

ブッデール　ベーダン　ドリテーシュチャイヴァ　グナタス　トリ・ヴィダン　シュリヌ / プローッチャマーナム　アシェーシェーナ　プリタクトヴェーナ　ダナンジャヤ //

さて今度は、知性と強固な意志に関し、物質自然の性質（グナ）の影響による三つの区別について、これから私が、全体的に、個別的に、説明するからよく聞きなさい。富の征服者（アルジュナ）よ！

Pravṛttiṁ ca nivṛttiṁ ca kāry'ākārye bhay'ābhaye /
Bandhaṁ mokṣaṁ ca yā vetti buddhiḥ sā pārtha sāttvikī // 30

プラヴリッティン　チャ　ニヴリッティン　チャ　カーリヤーカーリイェー　バヤーバイェー / バンダン　モークシャン　チャ　ヤーヴェーッティ　ブッディヒ　サー　パールタ　サーットヴィキー //

仕事をすることとしないこと、するべきこととしてはならぬこと、怖（おそ）れるべきことと怖（おそ）れてはならぬこと、また束縛するものと自由に導くもの、これらをよく分別する知性は、サットワ的知性である。

Yayā dharmam adharmaṁ ca kāryaṁ c'ākāryam eva ca /
Ayathāvat prajānāti buddhiḥ sā pārtha rājasī // 31

ヤヤー　ダルマム　アダルマン　チャ　カーリヤン　チャーカーリヤム　エーヴァ　チャ / アヤターヴァト　プラジャーナーティ　ブッディヒ　サー　パールタ　ラージャシー //

正しい信仰と不正な信仰との区別、するべきこととしてはならぬことの区別、これが識別できないような知性は、ラジャス的知性である。プリター妃の息子（アルジュナ）よ！

Adharmaṁ dharmam iti yā manyate tamasā'vṛtā /
Sarv'ārthān viparītāṁś ca buddhiḥ sā pārtha tāmasī // 32

アダルマン　ダルマム　イティ　ヤー　マンニャテー　タマサーヴリター / サルヴァールターン　ヴィーパリーターンシュ　チャ　ブッディヒ　サー　パールタ　ターマシー //

正しくない信仰を正しいと、また正しい信仰を正しくないと、すべてを反対に取り違えてしまう、妄想と無知の暗闇に覆われたような知性は、タマス的知性である。

Dhṛtyā yayā dhārayate manaḥ-prāṇ'endriya-kriyāḥ /
Yogen'āvyabhicāriṇyā dhṛtiḥ sā pārtha sāttvikī // 33

ドリッテャー　ヤヤー　ダーラヤテー　マナハ・プラーネンードリヤ・クリヤーハ / ヨーゲーナーッヴャビチャーリンニャー　ドリティヒ　サー　パールタ　サーットヴィキー //

心や呼吸法や体の諸感覚を制御していく意志を、ヨーガの修行によって確固不動なものとする、そういう決意は、サットワ的決意である。プリター妃の息子（アルジュナ）よ！

Yayā tu dharma-kām'ārthān dhṛtyā dhārayate'rjuna /
Prasaṅgena phal'ākāṅkṣī dhṛtiḥ sā pārtha rājasī //34

ヤヤー　トゥ　ダルマ・カーマールターン　ドリッテャー　ダーラーヤテールジュナ / プラサンゲーナ　ファラーカーンクシー　ドリティヒ　サー　パールタ　ラージャシー //

しかしアルジュナよ！信仰や肉体的快楽や財産への追求心を強め、それぞれの努力の結果にこだわろうとする、そういう決意は、ラジャス的決意である。プリター妃の息子（アルジュナ）よ！

Yayā svapnaṁ bhayaṁ śokaṁ viṣādaṁ madam eva ca /
Na vimuñcati durmedhā dhṛtiḥ sā pārtha tāmasī // 35

ヤヤー　スヴァプナン　バヤン　ショーカン　ヴィシャーダン　マダム　エーヴァ　チャ / ナ　ヴィムンチャティ　ドゥルメーダー　ドリティヒ　サー　パールタ　ターマシー //

夢想や恐怖や悲哀や落胆そして自惚れ、そうした心の状態をいつまでも捨てようとしない、そのような愚か者の決意は、タマス的決意である。プリター妃の息子（アルジュナ）よ！

Sukhaṁ tu idānīṁ tri-vidhaṁ śṛṇu me bharata'rṣabha /
Abhyāsād ramate yatra duḥkh'āntaṁ ca nigacchati // 36

スカン　トゥ　イダーニーン　トリ・ヴィダン　シュリヌ　メー　バラタルシャバ / アッビャーサード　ラマテー　ヤットラ　ドゥフカーンタン　チャ　ニガッチャティ //

バーラタ族で最も秀れた者（アルジュナ）よ！ 長い修練を経てそれを獲得することができ、それによって苦しみが消えてしまうような三種類の幸福について、私の説明を聞きなさい。

Yat tad agre viṣam iva pariṇāme'mṛt'opamam /
Tat sukhaṁ sāttvikaṁ proktam ātma-buddhi-prasāda-jam // 37

ヤッ　タド　アグレー　ヴィシャム　イヴァ　パリナーメームリトーパマム / タッ　スカン　サーットヴィカン　プロークタム　アートマ・ブッディ・プラサーダ・ジャム //

初めは毒薬のように苦しくても、終りには甘露となるような、真我を悟る清純な知性から生じる喜びは、サットワ的幸福と言われる。

Viṣay'endriya-saṁyogād yat tad agre'mṛt'opamam /
Pariṇāme viṣam iva tat sukhaṁ rājasaṁ smṛtam // 38

ヴィシャイェーンドリヤ・サンヨーガード　ヤッ　タド　アグレームリトーパマム / パリナーメー　ヴィシャム　イヴァ　タッ　スカン　ラージャサン　スムリタム //

初めは甘露のようであっても、終りには毒薬となるような、感覚とその対象との接触から生じる喜びは、ラジャス的幸福と言われる。

Yad agre c'ānubandhe ca sukhaṁ mohanam ātmanaḥ /
Nidr'ālasya-pramād'otthaṁ tat tāmasam udāhṛtam // 39

ヤド　アグレー　チャーヌバンデー　チャ　スカン　モーハナム　アートマナハ / ニッドラーラッシヤ・プラマードーッタン　タッ　ターマサム　ウダーフリタム //

自己の本性について、初めから終わりまで妄想(もうそう)を抱き、惰眠(だみん)や怠惰や怠慢から生じる喜びは、タマス的幸福と言われる。

Na tad asti pṛthivyāṁ vā divi deveṣu vā punaḥ /
Sattvaṁ prakṛtijair muktaṁ yad ebhiḥ syāt tribhir guṇaiḥ // 40

ナ　タド　アスティ　プリティッヴャーン　ヴァー　ディヴィ　デーヴェーシュ　ヴァー　プナハ / サットヴァン　プラクリティジャイルムクタン　ヤド　エービヒ　シヤート　トリビル　グナイヒ //

この地上界においても、また神々の住む天上界においても、物質自然(プラクリティ)から生じる三性質(トリグナ)と無関係なものは存在しない。

Brāhmaṇa-kṣatriya-viśāṁ śūdrāṇāṁ ca parantapa /
Karmāṇi pravibhaktāni svabhāva-prabhavair guṇaiḥ // 41

ブラーフマナ・クシャットリヤ・ヴィシャーン　シュードラナーン　チャ　パランタパ / カルマーニー　プラヴィバクターニ　スヴァバーヴァ・プラバヴァイル　グナイヒ //

敵を滅ぼす勇者（アルジュナ）よ！　バラモン、クシャットリヤ、ヴァイッシャ、そしてスードラ*は、それぞれが生来持っている性質（グナ）に応じて、それぞれの義務（しごと）が定められている。

*インドにおける四階級（カースト）：バラモン＝僧侶、宗教家、学者など、クシャトリア＝軍人、王族、政治家、ヴァイッシャ＝商人、農民、スードラ＝肉体労働者。

Śamo damas tapaḥ śaucaṁ kṣāntir ārjavam eva ca /
Jñānaṁ vijñānam āstikyaṁ brahma-karma svabhāva-jam // 42

シャモー　ダマス　タパハ　シャウチャン　クシャーンティル　アールジャヴァム　エーヴァ　チャ / ジュニャーナン　ヴィジュニャーナム　アースティッキャン　ブラフマ・カルマ　スヴァバーヴァ・ジャム //

平静、自制、修行、純潔、寛容、正直、知識、正覚、信仰、これらは、バラモン生来の性質に応じて定められた、バラモンのなすべき義務（しごと）である。

Śauryaṁ tejo dhṛtir dākṣyaṁ yuddhe c'āpy apalāyanam /
Dānam īśvara-bhāvaś ca kṣātraṁ karma svabhāva-jam // 43

シャウリヤン　テージョー　ドリティル　ダークシヤン　ユッデー　チャーピ　アパラーヤナム / ダーナム　イーシュヴァラ・バーヴァシュ　チャ　クシャーットラン　カルマ　スヴァバーヴァ・ジャム //

武勇、勇敢、決断力、知謀、戦闘における勇気、寛大、指導力、これらは、クシャットリア生来の性質に応じて定められた、クシャットリヤのなすべき義務（しごと）である。

Kṛṣi-gaurakṣya-vāṇijyaṁ vaiśya-karma svabhāva-jam /
Paricary'ātmakaṁ karma śūdrasy'āpi svabhāva-jam // 44

クリシ・ガウラックシュヤ・ヴァーニッジャン　ヴァイッシャ・カルマ　スヴァバーヴァ・ジャム / パリチャリヤートマカン　カルマ　シュードラッシヤーピ　スヴァバーヴァ・ジャム //

農耕、牛飼い、商売は、ヴァィッシャの天性に応じて定められた義務（しごと）であり、労働と他人への奉仕は、スードラの天性に応じて与えられた義務（しごと）である。

Sve sve karmaṇy abhirataḥ saṁsiddhiṁ labhate naraḥ /
Sva-karma-nirataḥ siddhiṁ yathā vindati tacchṛṇu // 45

スヴェー　スヴェー　カルマニ　アビラタハ　サンシッディン　ラバテー　ナラハ / スヴァ・カルマ・ニラタハ　シッディン　ヤターヴィンダティ　タッチュリヌ //

自分に生来与えられた義務（しごと）を遂行することによって、その人は完成の域に達する。では、どうしたらそれが可能になるのか、私の説明をさらに聞きなさい。

Yataḥ pravṛttir bhūtānāṁ yena sarvam idaṁ tatam /
Sva-karmaṇā tam abhyarcya siddhiṁ vindati mānavaḥ // 46

ヤタハ　プラヴリッティル　ブーターナーン　イェーナ　サルヴァム　イダン　タタム / スヴァ・カルマナー　タム　アッビャルチャシッディン　ヴィンダティ　マーナヴァハ //

万有を生み出し、あらゆる時と所に偏在される御方を、自分に与えられた義務（しごと）の遂行を通じて礼拝する人が、究極の完成に達するのである。

Śreyān sva-dharmo viguṇaḥ para-dharmāt svanuṣṭhitāt /
Svabhāva-niyataṁ karma kurvan n'āpnoti kilbiṣam // 47

シュレーヤーン　スヴァ・ダルモー　ヴィグナハ　パラ・ダラマート　スヴァヌシュティタート / スヴァバーヴァ・ニヤタン　カルマクルヴァン　ナープノーティ　キルビシャム //

たとえ自分の義務（しごと）が完全にできなくても、他人の義務（しごと）を完全に行うよりは善く、天性によって定められた義務（しごと）を遂行していれば、人は決して罪を犯すことはない。

Sahajaṁ karma kaunteya sadoṣam api na tyajet /
Sarv'ārambhā hi doṣeṇa dhūmen'āgnir iv'āvṛtāḥ // 48

サハジャン　カルマ　カウンテーヤ　サドーシャム　アピ　ナ　テャジェート / サルヴァーランバー　ヒ　ドーシェーナ　ドゥメーナーグニル　イヴァーヴリターハ //

クンティー妃の息子（アルジュナ）よ！　たとえどんな欠点があろう

とも、自分の義務(しごと)を捨ててはならぬ。ちょうど火に煙がつきもののように、どんな事をやっても欠点はつきものなのだから。

Asakta-buddhiḥ sarvatra jit'ātmā vigata-spṛhaḥ /
Naiṣkarmya-siddhiṁ paramāṁ sannyāsen'ādhigacchati // 49

アサクタ・ブッディヒ　サルヴァットラ　ジタートマー　ヴィガタ・スプリハハ / ナイシュカルンミャ・シッディン　パラマーン　サンニャーセナーディガッチャティ //

何ものにも執着しない理性をもち、自己を抑制し何ごとも切望しない人は、その離欲(サンニャーサ)の修行を通して、全ての仕事から解放され、完成の境地に到達する。

Siddhiṁ prāpto yathā brahma that'āpnoti nibodha me /
Samāsen'aiva kaunteya niṣṭhā jñānasya yā parā // 50

シッディン　プラープトー　ヤター　ブラフマ　タタープノーティ　ニボーダ　メー / サマーセーナイヴァ　カウンテーヤ　ニシュター　ジュニャーナッシヤ　ヤー　パラー //

クンティー妃の息子（アルジュナ）よ！　どのようにしてこの完成の境地に達するか、円満完全なるブラフマンに達するかを、私からよく聞きなさい。

Buddhyā viśuddhayā yukto dhṛtyā'tmānaṁ niyamya ca /
Śabdādīn viṣayāṁs tyaktvā rāga-dveṣau vyudasya ca // 51

ブッデャー　ヴィシュッダヤー　ユクトー　ドリッテャートマーナン　ニヤンミャ　チャ / サブダーディーン　ヴィーシャーンス　テャクトヴァー　ラーガ・ドヴェーシャウ　ヴュダッシヤ　チャ //

正しい純粋な知性を身につけ、固い決意をもって自己の体と感覚を制御し、感覚的快楽をもたらす音や言葉を退け、物事に愛憎の念をもたぬ人、

Vivikta-sevī laghvāśī yata-vāk-kāya-mānasaḥ /
Dhyāna-yoga-paro nityaṁ vairāgyaṁ samupāśritaḥ // 52

ヴィヴィクタ・セーヴィー　ラグヴァーシー　ヤタ・ヴァーク・カーヤ・マーナサハ / デャーナ・ヨーガ・パロー　ニッテャン　ヴァイ

ラッーギャン　サムパーシュリタハ //

静かな場所に住み、少食で、体と心と言葉を抑制し、常に瞑想し、心を冷静に保つ人、

Ahaṁkāraṁ balaṁ darpaṁ kāmaṁ krodhaṁ parigraham /
Vimucya nirmamaḥ śānto brahma-bhūyāya kalpate // 53

アハンカーラン　バラン　ダルパン　カーマン　クローダン　パリッグラハム / ヴィムッチヤ　ニルママハ　シャーントー　ブラフマ・ブーヤーヤ　カルパテー //

我執、暴力、高慢、情欲、怒りを捨て、所有意識を持たず常に平静である人、こうした人は、ブラフマンと合一できる人である。

Brahma-bhūtaḥ prasannātmā na śocati na kāṅkṣati /
Samaḥ sarveṣu bhūteṣu mad-bhaktiṁ labhate parām // 54

ブラフマ・ブータハ　プラサンナートマー　ナ　ショーチャティ　ナカンークシャティ / サマハ　サルヴェーシュ　ブーテーシュ　マド・バクティン　ラバテー　パラーム //

ブラフマンの意識*を持ち、常に満たされた心を持っている人は、なんの望みも憂いもなく、全生物を平等に視、そして私に純粋な信愛を捧げる。

＊ブラフマンの本質は真実在(サット)、完全智(チット)、大歓喜(アーナンダ)であり、完全円満そのものだから、これ以上望むものはない。

Bhaktyā mām abhijānāti yāvān yaś-c'āsmi tattvataḥ /
Tato māṁ tattvato jñātvā viśate tad-anantaram // 55

バクテャー　マーム　アビジャーナーティ　ヤーヴァーン　ヤシュ・チャースミ　タットヴァタハ / タトー　マーン　タットヴァトー　ジュニャーットヴァー　ヴィシャテー　タド・アナンタラム //

人は信仰と愛を通じて、私の実相を知るようになる。そして私を知ると、彼は直ちに私の妙楽土(みょうらくど)に入ってくる。

Sarva-karmāṇy api sadā kurvāṇo mad-vyapāśrayaḥ /
Mat-prasādād avāpnoti śāśvataṁ padam avyayam // 56

サルヴァ・カールマーニ　アピ　サダー　クルヴァーノー　マド・

ヴァパーシュラヤハ / マト・プラサーダード　アヴァープノーティ　シャーシュヴァタン　パダム　アッヴャヤム //

どんな種類の仕事をしていようと、私に帰依する信愛者（バクタ）は、私の恵みにより、永遠不滅の妙楽土（みょうらくど）に入るのである。

Cetasā sarva-karmāṇi mayi sannyasya mat-paraḥ /
Buddhi-yogam upāśritya mac-cittaḥ satataṁ bhava // 57

チェータサー　サルヴァ・カルマーニ　マイ　サンニャッシヤ　マト・パラハ / ブッディ・ヨーガム　ウパーシュリッテャ　マッ・チッタハ　サタタン　バヴァ //

私を最高最終の目的とし、あらゆる行為を私に捧げるという気持ちを持ち、君の意識を常に私に定め、満たしておきなさい。

Mac-cittaḥ sarva-durgāṇi mat-prasādāt tariṣyasi /
Atha cet tvam ahaṅkārān na śroṣyasi vinaṅkṣyasi // 58

マッ・チッタハ　サルヴァ・ドゥルガーニ　マト・プラサーダート　タリッシヤシ / アタ　チェート　トヴァム　アハンカーラーン　ナ　シュローシュヤシ　ヴィナンクシヤシ //

君の心が私の上に定まっていれば、私の恵みにより、君の全ての障害は除かれるであろう。だが、自惚（うぬぼ）れてしまって私の言葉を聞かぬなら、君は滅びてしまうであろう。

Yad ahaṁkāram āśritya na yotsya iti manyase /
Mithy'aiṣa vyavasāyas te prakṛtis tvāṁ niyokṣyati // 59

ヤド　アハンカーラム　アーシュリッテャ　ナ　ヨーッツヤ　イティ　マンニャセー / ミッテャイシャ　ヴャヴァサーヤス　テー　プラクリティス　トヴァーン　ニヨークシヤティ //

たとえ君が身勝手な考えで『自分は戦わない』と思ったところで、君の決心は空（むな）しいものとなろう。なぜなら、武士（クシャットリア）としての天性により、君はどうしても戦わなければならなくなるからだ。

Svabhāva-jena kaunteya nibaddhaḥ svena karmaṇā /
Kartuṁ n'ecchasi yan mohāt kariṣyasy avaśo'pi tat // 60

スヴァバーヴァ・ジェーナ　カウンテーヤ　ニバッダハ　スヴェーナ　カルマナー / カルトゥン　ネーッチャシ　ヤン　モーハート　カリッシュヤシ　アヴァショーピ　タト //

クンティー妃の息子（アルジュナ）よ！ 君は迷いのため自分の為すべきことをやりたくないと思っているが、しかし自らの業(カルマ)と自性に駆り立てられ、結局君は同じことをやることになるであろう。

Īśvaraḥ sarva-bhūtānāṁ hṛd-deśe'rjuna tiṣṭhati /
Bhrāmayan sarva-bhūtāni yantr'ārūḍhāni māyayā // 61

イーシュヴァラハ　サルヴァ・ブーターナーン　フリッ・デーシェールジュナ　ティシュタティ / ブラーマヤン　サルヴァ・ブーターニ　ヤントラールーダーニ　マーヤヤー //

アルジュナよ！ 至高主（神）は全生物の胸に住み、神秘力(マーヤ)によって彼等を動かしておられる。まさに運転手が車を動かすように。

Tam eva śaraṇaṁ gaccha sarva-bhāvena bhārata /
Tat-prasādāt parāṁ śāntiṁ sthānaṁ prāpsyasi śāśvatam //62

タム　エーヴァ　シャラナン　ガッチャ　サルヴァ・バーヴェーナ　バーラタ / タト・プラサーダート　パラーン　シャーンティン　スターナン　プラーップシヤシ　シャーシュヴァタム //

バーラタ王の子孫（アルジュナ）よ！ だから君は、その御方に全身全霊をもって帰依し服従しなさい。そうすれば、その御方の恵みにより、君は必ず永遠の妙楽土(みょうらくど)に住めるようになる。

Iti te jñānam ākhyātaṁ guhyād guhyataraṁ mayā /
Vimṛśy'aitad aśeṣeṇa yath'ecchasi tathā kuru // 63

イティ　テー　ジュニャーナム　アーッキャータン　グッヒャード　グッヒャタラン　マヤー / ヴィムリッシャイタド　アシェーシェーナ　ヤテーッチャシ　タター　クル //

さて、私は君に、秘中の秘である知識をすべて語った。このことを深く考え、君は自分の望む通りの行動をとるがいい。

Sarva-guhyatamaṁ bhūyaḥ śṛṇu me paramaṁ vacaḥ /
Iṣṭo'si me dṛḍham iti tato vakṣyāmi te hitam // 64

サルヴァ・グッヒャタマン　ブーヤハ　シュリヌ　メー　パラマン　ヴァチャハ / イシュトーシ　メー　ドリダム　イティ　タトーヴァックシュヤーミ　テー　ヒタム //

無上甚深（むじょうじんじん）の真理（教え）に関する私の話を、もう一度よく聞きなさい。君は私の最愛の友だから、君にとって本当に役立つものを、もう一度話して聞かせよう。

Man-manā bhava mad-bhakto mad-yājī māṁ namas-kuru /
Mām ev'aiṣyasi satyaṁ te pratijāne priyo'si me // 65

マン・マナー　バヴァ　マド・バクトー　マド・ヤージー　マーン　ナマス・クル / マーム　エーヴァイッシヤシ　サッテャン　テー　プラティジャーネー　プリヨーシ　メー //

常に私を想い、私を信じ、私に供養し、私を礼拝しなさい。そうすれば、君は必ず私の住処（ところ）に来られる。君は私の信愛の友だから、そのことを君に約束する。

Sarva-dharmān parityajya mām ekaṁ śaraṇaṁ vraja /
Ahaṁ tvā sarva-pāpebhyo mokṣayiṣyāmi mā śucaḥ // 66

サルヴァ・ダルマーン　パリッテャッジャ　マーム　エーカン　シャラナン　ヴラジャ / アハン　トヴァー　サルヴァ・パーペーッビョー　モークシャイッシヤーミ　マー　シュチャハ //

あらゆる宗教の形式を斥（しりぞ）け、ただひたすら私に頼り、服従しなさい。そうすれば、私がすべての悪業報から君を救ってあげよう。だから、なんら心配することはない。

Idaṁ te n'ātapaskāya n'ābhaktāya kadācana /
Na c'āśuśrūṣave vācyaṁ na ca māṁ yo'bhyasūyati // 67

イダン　テー　ナータパスカーヤ　ナーバクターヤ　カダーチャナ / ナ　チャーシュシュルーシャヴェー　ヴァーチャン　ナ　チャ　マーン　ヨーッビャスーヤティ //

ただし、禁欲や修行をしない者、信仰心がなく私に奉仕をせぬ者、私のあら捜（さが）しをする者には、君は、決してこの秘密の知識を伝えてはならぬ。

Ya idaṁ paramaṁ guhyaṁ mad-bhakteṣu abhidhāsyati /
Bhaktiṁ mayi parāṁ kṛtvā mām ev'aiṣyaty asaṁśayaḥ // 68

ヤ　イダム　パラマン　グッヒャン　マド・バクテーシュ　アビダーシヤティ / バクティン　マイ　パラーン　クリットヴァー　マーム　エーヴァイッシヤティ　アサンシャヤハ //

だが、この秘密の知識を、私に対する篤い信仰心をもって、私の信者達に伝える人は、必ず私のもとへと到達する。

Na ca tasmān manuṣyeṣu kaścin me priya-kṛttamaḥ /
Bhavitā na ca me tasmād anyaḥ priyataro bhuvi // 69

ナ　チャ　タスマーン　マヌッシェーシュ　カシュチン　メー　プリヤ・クリッタマハ / バヴィター　ナ　チャ　メー　タスマード　アンニャハ　プリヤタロー　ブヴィ //

この世界において、その人以上に真心を込めて私に奉仕をする人はおらず、この世界の中で、その人以上に私が愛する人はいない。

Adhyeṣyate ca ya imaṁ dharmyaṁ saṁvādam āvayoḥ /
Jñāna-yajñena ten'āham iṣṭaḥ syām iti me matiḥ // 70

アッディェーシヤテー　チャ　ヤ　イマン　ダルミャン　サンヴァーダム　アーヴァヨーホ / ジュニャーナ・ヤジュネーナ　テーナーハム　イシュタハ　シヤーム　イティ　メー　マティヒ //

私たちのこの神聖な対話を学ぶ人は、その秀れた知性を私に供養し、私を崇(あが)め礼拝することであろう、と私はかたく信じている。

Śraddhāvān anasūyaś ca śṛṇuyād api yo naraḥ /
So'pi muktaḥ śubhān lokān prāpnuyāt puṇya-karmaṇām // 71

シュラッダーヴァーン　アナスーヤシュ　チャ　シュリヌヤード　アピ　ヨー　ナラハ / ソーピ　ムクタハ　シュバーン　ローカーン　プラープヌヤート　プンニャ・カルマナーム //

また反感を抱くことなく、この対話を素直に聞いて信じる人も、諸々の悪業報から解放され、善人たちの住む吉祥妙楽(きっしょうみょうらく)の世界へと入ることであろう。

Kaccid etac chṛutaṁ pārtha tvay'aik'āgreṇa cetasā /
Kaccid ajñāna-saṁmohaḥ pranaṣṭas te dhanañjaya // 72

カッチド　エータッ　チュルタン　パールタ　トヴァイカーグレーナ　チェータサー / カッチド　アジュニャーナ・サンモーハハ　プラナシュタス　テー　ダナンジャヤ //

プリター妃の息子（アルジュナ）よ！ 君は私の話をしっかり心して聞いたであろうか？ 富の征服者（アルジュナ）よ！ 君の無知と迷妄（まよい）は、これですっかりを追い払われたかな？』と。

Arjuna uvāca:
Naṣṭo mohaḥ smṛtir labdhā tvat-prasādān mayā'cyuta /
Sthito'smi gata-sandehaḥ kariṣye vacanaṁ tava // 73

アルジュナ　ウヴァーチャ：
ナシュトー　モーハハ　スムリティル　ラブダー　トヴァト・プラサーダーン　マヤーッチュタ / スティトースミ　ガタ・サンデーハハ　カリッシュエー　ヴァチャナン　タヴァ //

アルジュナが答えます。『クリシュナ様！ あなた様のお恵みにより、私の迷いは消え、正しい認識が得られました。いままでの疑惑は消え、私の信念はもうゆるぎません。あなた様のお言葉通りに行動いたします！』と。

Sañjaya uvāca:
Ity ahaṁ vāsudevasya pārthasya ca mahātmanaḥ /
Saṁvādam imam aśrauṣam adbhutaṁ roma-harṣaṇam // 74

サンジャヤ　ウヴァーチャ：
イティ　アハン　ヴァースデーヴァッシヤ　パールタッシヤ　チャ　マハートマナハ / サンヴァーダム　イマム　アシュラウシャム　アドブタン　ローマ・ハルシャナム

サンジャヤが語ります。「私は至高主クリシュナと偉大なる魂アルジュナの対話をこのように聞きましたが、そのあまりにも素晴らしい内容に、私の全身の毛が今逆立っています。

Vyāsa-prasādāc chrutavān etad guhyam ahaṁ param /
Yogaṁ yog'eśvarāt kṛṣṇāt sākṣāt kathayataḥ svayam // 75

ヴャーサ・プラサーダーッ　チュルタヴァーン　エータド　グッヒャム　アハン　パラム / ヨーガン　ヨーゲーシュヴァーラト　クリシュナート　サークシャート　カタヤタハ　スヴァヤム //

私は、ヴィヤーサ*の恩寵（恵み）により、最高にして最も神秘な知識について、すべてのヨーガを司さどるクリシュナ神が自ら直接語るのを、聞くことができたのです。

*マハーバーラタを編集した聖者。

Rājan saṁsmṛtya-saṁsmṛtya saṁvādam imam adbhutam /
Keśav'ārjunayoḥ puṇyaṁ hṛṣyāmi ca muhur-muhuḥ // 76

ラージャン　サンスムリッテャ・サンスムリッテャ　サンヴァーダム　イマム　アドブタム / ケーシャヴァールジュナヨーホ　プンニャン　フリシュヤーミ　チャ　ムフル・ムフフ //

おおドリタラーシュトラ大王様！ クリシュナとアルジュナの間に交わされたこの驚嘆すべき神聖な対話を、思い出せば思い出すほど、歓喜（喜び）が何度も何度も私の胸にこみ上げてまいります。

Tac ca saṁsmṛtya-saṁsmṛtya rūpam atyadbhutaṁ hareḥ /
Vismayo me mahān rājan hṛṣyāmi ca punaḥ-punaḥ // 77

タッ　チャ　サンスムリッテャ・サンスムリッテャ　ルーパム　アッテャドブタン　ハレーヘ / ヴィスマヨー　メー　マハーン　ラージャン　フリシュヤーミ　チャ　プナハ・プナハ //

至高主ハリ神の、あの驚くべき形相（姿）を、思い出せば思い出すほど、私の驚きは増し、私に大歓喜の波が、繰り返し繰り返し押し寄せてまいります。おおドリタラーシュトラ大王様！

Yatra yog'eśvaraḥ kṛṣṇo yatra pārtho dhanur-dharaḥ /
Tatra śrīr vijayo bhūtir dhruvā nītir matir mama // 78

ヤットラ　ヨーゲーシュヴァラハ　クリシュノー　ヤットラ　パールトー　ダヌル・ダラハ / タットラ　シュリール　ヴィジャヨー　ブーティル　ドルヴァー　ニーティル　マティル　ママ //

ヨーガの主宰神クリシュナのいますところ、弓の名手であるプリター妃の息子（アルジュナ）のいるところ、必ずや幸運と勝利と繁栄と健全な道義が実在することを私は確信しております」と。

Iti Mokṣayogaḥ nāma aṣṭadaśo'dhyāyaḥ:

イティ　モークシャ・ヨーガハ　ナーマ　アシュタダショーッデャーヤハ

Iti Śrīmad Bhagavad Gītā samāptā

イティ　シュリーマッド　バガヴァッド　ギーター　サマープター

Hariḥ Om Tatsat

ハリヒ　オーム　タットサット

以上で、解脱のヨーガと言われる１８章の
『シュリーマッド　バガヴァッド　ギーター』が終わります。

バガヴァッド・ギーター
ローマ字とカタカナに転写したサンスクリット原典とその日本語訳
Bhagavad Gītā

2006年02月19日第1刷発行
2020年04月29日第6刷発行

発行者　日本ヴェーダーンタ協会会長
印刷所　株式会社モリモト印刷
発行所　日本ヴェーダーンタ協会
249-0001 神奈川県逗子市久木 4-18-1
日本ヴェーダーンタ協会
(ラーマクリシュナ・ミッション日本支部)
Tel: 046-873-0428 Fax: 046-873-0592
E-mail: info@vedanta.jp Web: vedanta.jp
Twitter: @vedanta_jp
Printed in Japan

ISBN978-4-931148-64-2

C D（税抜き価格）

シュリマッド・バガヴァッド・ギーター

（「3 枚組」75:27、67:17、68:00 分、定価 5000 円）

サンスクリット語。インドの聖なる英知と至高の知恵の朗誦、全 18 章完全収録。

シュリマッド・バガヴァッド・ギーター選集

（79:06 分、定価 2200 円）

上記のギーター３枚組より抜粋し、１枚にまとめた CD。

Web: vedantajp.com/ ショップ